U0654356

工商管理系列教学案例

跨文化管理精品案例

魏小军　编著

上海交通大学出版社

内 容 提 要

本书为工商管理系列教学案例之跨文化管理精品案例。

全书共收录了18篇案例。案例由三部分组成:第一部分是6篇关于中国走向国际化中跨文化问题的案例,第二部分是6篇中国跨国企业在德国投资的跨文化管理案例,第三部分是6篇与国外跨国企业跨文化管理相关的案例。

大多数案例涉及中国跨国企业在对外投资中所涉及的战略及跨文化管理问题,如奇瑞汽车的国际化之路,钱江摩托收购意大利贝纳利公司,小肥羊火锅开拓加拿大市场,东软在美国的并购,中海油收购优尼科失利,等等。同时,书中还涉及了近年来发生的有重要影响的经典跨文化案例,如佳士得的兽首拍卖,星巴克搬出故宫。这些案例既是第一次对近年来影响重大且与中国跨国企业跨文化管理相关案例的总结,又对企业跨文化问题教学和管理者决策有启迪和借鉴意义。

本书适合经济管理专业本科生、MBA 和企业培训时使用。

图书在版编目(CIP)数据

跨文化管理精品案例/魏小军编著. —上海:上海交通
大学出版社,2011(2019重印)
ISBN 978-7-313-06885-9

Ⅰ. 跨… Ⅱ. 魏… Ⅲ. 企业管理—案例 Ⅳ. F270

中国版本图书馆 CIP 数据核字(2010)第 201037 号

跨文化管理精品案例
魏小军 编著
上海交通大学出版社出版发行
(上海市番禺路 951 号 邮政编码 200030)
电话:64071208
常熟市文化印刷有限公司 印刷 全国新华书店经销
开本:710mm×1000mm 1/16 印张:17 字数:256千字
2011 年 1 月第 1 版 2019 年 3 月第 6 次印刷
ISBN 978-7-313-06885-9/F 定价:58.00 元

版权所有 侵权必究
告读者:如发现本书有印装质量问题请与印刷厂质量科联系
联系电话:0512-52219025

前　言

随着全球一体化进程的不断深入,跨国公司成为全球经济的主体之一,随之而来的则是跨国公司所面临的跨文化管理问题。跨国公司内部已经成为地球村的一个缩影,来自不同国家拥有不同文化背景的人汇集到一起共同工作,不可避免地会产生一些由于地域不同、文化宗教信仰不同所引起的冲突,如何解决这些冲突与矛盾成为各大跨国公司在管理上所面临的难题与挑战。德国大众在中国发展得"有声有色"似乎正应了"外来的和尚会念经"这样一句谚语,但再看看其他公司在华的发展道路似乎就没有这么幸运了,例如日本的笔记本生产商富士通最后不得不面临撤出中国的窘境。看来并不是每个外来的和尚都会念经,都能把经念好。这背后隐藏的原因究竟是什么?

除此之外,对外贸易在一国国民生产总值中也占有相当重要的地位,而对外贸易往往也面临着很严重的文化冲突的问题,只有处理好这些问题才能在对外贸易中占据主动地位以避免一些不必要的麻烦。特别是近些年,中国经济发展迅猛,国际化程度日益加深,很多中国公司都面临着国际收购兼并的问题,例如被大家所熟知的中海油收购优尼科、可口可乐收购汇源果汁等。中海油为了收购优尼科,之前做了大量的准备工作,其老总也对收购成功持相当乐观的态度,但最终在最后关头功亏一篑未能如愿。相对于中海油收购优尼科而言,可口可乐对汇源果汁的收购之路似乎从一开始就充满了"崎岖",收购消息一经抛出就在社会上引起了极大的反响与讨论,甚至一时间占据了各大报纸的经济和社会版版面,很多人甚至扬言,如果收购案成功则以后再也不会购买两家的产品,但可口可乐公司仍不为所动,想要将收购进行到底,但最终"折戟"于中国的反垄断法下。在这些失败的收购兼并的案例中,官方给出的原因都很简单,但是不难看出其背后还隐藏着更加深层和关键的原因,这些都是值得我们深刻思考和探讨的。

本书就是通过选取生动翔实的典型案例引发读者对于跨文化管理的深入思考,并且通过这些具有代表性的成功或失败的案例让读者自己总结其中的经验和教训。

中国有句富有哲理的古话"以铜为鉴,可以正衣冠;以人为鉴,可以明得失;以史为鉴,可以知兴替"。通过案例分析得到有用的信息和经济信号并为己所用,在处理相关问题时不再是一头雾水不知所措。读者在通过案例进行思考的同时,也是一个思维训练的过程,为以后解决跨文化的沟通管理问题提供一种思维方式。本书以实际案例为蓝本,兼具实践性与理论性,希望能给读者提供一定的帮助。

本书由魏小军设计编写思路、原则、大纲,并对案例进行了修改、定稿;黄颖、刘睿参与了前言、附录1及附录2的撰写和修改工作。在每一个案例的开始部分,我们使用了哈佛及毅伟商学院的案例写作模式,将案例撰写团队进行了署名。

本书的出版得到了上海交通大学案例中心陈德智教授的指导。齐壬、张新新、刘睿同学帮助审校了部分内容,在此一并衷心地感谢。在编写案例时参考了大量相关文献,借此机会,也对有关作者表示衷心的感谢!

尽管我们努力客观地去呈现案例资料,但由于这些案例涉及的问题既深又广,难免挂一漏万,甚至有不当的地方,恳请读者批评指正。

魏小军

2010 年 9 月 28 日

目　　录

当地文化特点,抓住世界经济波动所带来的机遇,为自己的跨国发展奠定了良好的开端。面对文化冲突,奇瑞高层在坚持自己原则的同时也较快适应了他国文化。这就是奇瑞能够不断提升汽车销售量,打开国际市场的原因。

钱江摩托之梦:中国成本,欧洲品牌,日本质量　/　039

贝纳利和它的新的中国管理者——钱江集团所面临的一个关键问题是,提升贝纳利品牌在世界范围的优势和销售网络的有效性,从而能够提高市场占有率。贝纳利的产品,尤其是它的摩托车同市场上最重要的对手进行竞争都具有很大的潜力,可是它在美国和欧洲的市场占有率却极低。钱江集团希望通过贝纳利的品牌效应在渗透到西方市场时遇到的问题少一些,可是,由于必须重新建立跨国品牌形象以及跨国的供应链关系而引起了一些耽搁。尤其是对于提升销售量来说,市场投资、售后助理和客户服务都是必要的。

东软的业务成长及国际化探索　/　048

作为一家中国领先的IT解决方案与服务供应商,东软集团的触角直达日本、欧洲、中东及北美市场,并通过收购国外公司进行着快速的扩张。东软美国公司作为东软集团旗下的全资子公司之一,其建立是积极拓展北美市场,在全球范围内配置资源,优化东软的全球化交付与服务网络,构造公司核心竞争力的重要步骤。一方面,母公司的投资是东软美国公司的主要资金来源;另一方面,母公司对东软美国公司的直接投资也需要通过中国政府的审批才可以完成。当前,公司面对的重要课题之一是满足公司国际化发展的人才招聘、培训及整合和使用等。

中国石油行业国际化中的文化障碍　/　056

中国是一个油气资源贫乏的国家,长期以来,不得不依靠大量进口来满足国内的需求。随着中国经济的不断高速发展,国内对于石油能源的需求也变得越来越旺盛。政府及企业开始关注,如何才能有效获取资源以保障国内经济的发展,同时又确保国家的能源安全。作为国内石油三大巨头——中石化、中石油及中海油,长期处于石油工业的垄断地位。这三家国有企业肩负着重任,走上了一条由原本单纯的贸易逐步转为向海外进行投资、并购的道路。然而,这是一条崎岖艰难的路。中国的石油企业进行了一系列的并购,结果令人吃惊震撼:中国石油企业海外并购有着极高的失败率。这究竟是为什么呢?并不低的出价,真诚的态度,却屡遭失败的打击。中国的石油企业在海外的投资也不尽如人意。此番情况下,国际化道路中的跨文化交融成了重要的一环。企业与当地民众的冲突究竟该何去何从?

中国高等教育的国际化探索 / 067

随着社会的发展,人们对教育的要求越来越高。商科逐渐成为一个热门的选择。在全国各高校中,有1800多所高校开设了商学院,以此来吸引学生,一时之间,高校间的竞争异常激烈,不仅在于学生的质量,同样也在于学生的数量。由于对学校设备的不断投资,学校纷纷向银行贷款,而要想学校能稳定地运作,源源不断的生源成了基础。面对日益增加的高校教育供给和逐渐减少的生源,扬子江大学商学院院长不禁担忧起来。作为一所非全国重点院校,身处算不上优越的地理位置,如何才能从众多高校中破茧而出,吸引学生,并且吸引有潜质的学生呢?想到中国改革开放,国门渐宽,国外的院校也加入到抢生源的行列中,院长比对国内外教育文化上的差异以及学校管理上的不同,一个计划逐渐在脑海中成形。

第二部分　中国跨国企业在德国投资的跨文化管理案例

杜克普爱华携手上工申贝 / 077

上工申贝集团在德国建立的上工(欧洲)控股有限公司,经历了长达数年的谈判,仅以100万欧元收购了杜克普爱华股份有限公司。但德国的上工(欧洲)控股公司还保证另外提供给杜克普爱华公司一笔借款。这笔资金全部由上海的上工申贝集团来筹措。此外,西德意志州银行通过一笔贷款也参与到了这一收购中来。无论是收购活动中所有参与者的公告,还是上工申贝集团收购杜克普爱华公司的实际情况,都显示出这并不是一次恶意收购,而是各方都乐观其成的一项举措。接下来,上工面临的是收购后的管理层结构和人事管理及对文化差异的处理的挑战。

瓦德里希科堡公司结缘北京第一机床厂 / 087

通过收购一家技术领先的子公司以达到打入世界市场是很多中国企业跨国收购的直接目的。2002年英格索尔国际公司签署破产时,北京第一机床厂的管理层就已经开始着手对其子公司瓦德里希科堡公司收购进行审核。一年后提出了报价。然而因为当时无人相信中国人有这个收购能力,收购未能实现。但风云突变,当济根市海库勒斯机床厂,这个新的母公司对瓦德里希科堡公司不再有兴趣的时候,2005年10月24日北京第一机床厂终于收购成功。一个公司被一家外国公司收购,在企业文化方面都会有一段刻骨铭心的经历,这种情况下一个弗兰肯中型企业和一个中国国有集团的合并使这段经历更加难忘。

联想德国:从 IBM 标志到联想集团的新起点 / 096

联想德国在招聘新员工时注重的是申请者的能力,而不是国籍。原则上,空缺的职位首先在集团内部进行全球招标,然后才到企业外招聘。在此过程中,企业采取"来自全世界"的原则,意思是雇用"来自各种文化背景的最优人选",就像企业人力资源招聘总监所说的那样。在这里"软实力"特别受重视,首先是自主性、参与精神和企业行为方式。定期举办跨文化培训活动是人力发展计划的固定组成部分。与此同时,对各个国家的客户都要用所在国家的语言同他们交流。人事管理系统是由中国和外国的管理人员共同建立的,在此过程中,无论西方的还是中国的体系都不会被优先或完整地采用,而更多地是将两种文化的优点结合起来。

中国企业国际化"样板工程":宝钢欧洲有限公司 / 104

宝钢欧洲有限公司作为"中国大型企业在海外"的模范性代表,在两个方面担任着领头羊的角色:即"试验"和"榜样"。中国的大量企业很难做到具有国际竞争力,他们面临的矛盾是一方面在国内市场书写着企业成功的故事,另一方面海外业务上却犹豫不决甚至遭到挫折。这些公司的高层管理者在观察到宝欧这个宝钢国际化的成功的"样板工程"后,应该很快能从中得出关键的结论。

如果说目前很多德国同行在中国企业中还没有看到能与自己竞争的实力的话，随着更多的企业像宝欧那样成功地国际化，这些德国同行的判断恐怕很快就要改变了。

德国五矿有限公司：在杜塞尔多夫由买方变为卖方 / 112

在新的人事战略指引下，德国五矿有限公司中出现了三个员工群体：北京总部派出的中国员工、在德国出生或生活的中国员工以及德国本土员工。伴随着过去几年发生的变化，一个设在德国的中国公司的发展轮廓逐渐清晰起来了：日常的工作由本地员工负责——他们已经占到职工总数的90%以上。战略规划则由中德管理人员共同制定。对德国员工来说，供职于中国企业也没有什么奇怪的，特别是当所有事情都规范在德国的法律框架内，而且权衡利弊，优势尽显的时候。

海尔中国的跨国企业集团：在德国安家落户 / 121

2006年海尔德国引入了被称为"1+1+n组合"的系统：每个团队应由一名外部行业专家(1)和一个中国专业人员(1)领导，并根据需要再加入若干当地员工(n)。外部专家无论来自哪一国，都需要具备该行业多年的销售经验并有过成功陪同其他企业进入市场的经历。这个系统的运用参照了美国市场的先例。中国专家由青岛总部派遣。通过这种外部专家和内部助推力的组合，整个网络吸收了外部人员的多年专业知识，使之可以在整个企业中传播。这种知识的传递也在德国子公司中得到了推广，从而提高了子公司与总部或其他所在地之间联络工作的效率，例如避免了在生产部门和营销部门之间出现沟通问题，同时海尔也通过对新市场需求作出快速反应而保持了竞争力——这是一个特别有效的模式："思想全球化，行动本地化"。

第三部分　国外跨国企业跨文化管理相关的案例

兽首拍卖动了谁的奶酪 / 131

中国拥有着长达五千年的文明史，近代以来，由于国力衰弱导致受到西方的经济和军事侵略。1860 年英法联军在洗劫圆明园之后,包括十二尊兽首人身的大批文物下落不明。如今,随着中国经济实力逐渐增强,国人要求西方劫掠者归还中国被劫掠的文物的声音越来越高。也有一部分爱国人士在海外文物拍卖市场上出巨资拍得中国文物,随后将其捐赠给国家,这一行为受到了海内外的广泛关注,中国文物在拍卖品市场上也变得越来越抢手,屡创新高的拍卖价格引起了藏品持有者的兴趣。然而,中国政府对待被外国劫掠的文物则不支持企业或者个人通过竞拍获得,而且努力通过外交途径要求文物持有者将其归还中国。在 2008 年末和 2009 年初,一场关于圆明园兽首拍卖的问题引起了国内外的广泛关注,其戏剧性的发展过程值得我们对其进行深入的分析和研究。

星巴克在故宫:紫禁城中的文化较量 / 144

星巴克 2000 年入驻在北京故宫,到 2007 年竟然宣布撤出北京故宫。为何原本被故宫管理层邀请而入最后却不得不离开呢? 2007 年,央视著名主持人对星巴克高层提出,并不认同星巴克开在北京故宫这一神圣严肃的地方,同时,认为这是对中国文化的不尊敬的表现。星巴克高层对此做出了明确的解释。然而,事情的发展出乎人们的预料,原本一场简单的商业案例却牵动了无数中国人。鉴于互联网的高速发展,中国网民在此事件中起了推波助澜的作用。将东西方文化融合,星巴克不是第一起案例了,然而却是极其引人瞩目的一起。星巴克作为首家专业咖啡企业上市,在世界各地享有盛誉。中国更是它的一个巨大市场。然而,在这次文化交融试水中,星巴克历经 7 年却败下阵来。可是,我们不禁要问,它真的是败的那一方吗? 尽管退出故宫舞台,星巴克却选择了一个恰好的时机,也在退出时对所有中国网民做出了解释。在这一场战役中,倒是"受害方"故宫无法解释为何当初要引进星巴克到故宫。由此,星巴克依然稳固了自己的形象,依然被中国消费者所喜爱。

文化与管理的生动实践:一家英国跨国公司在中国的经历 / 152

中国 MBA 毕业生卫晓明在 20 世纪 90 年代参与了一个大型中英合资企业的成立和运作。其有血有肉的经历揭示了国际商务活动中文化的深度、复杂、能量、生命和幽默,以及创造性地应用可行、有效的跨文化管理策略和方法的重要性。

在加拿大埃德蒙顿的布克公司的首席采购官必须做一个关于从香港子公司第一海洋贸易公司采购的决定。第一海洋是布克设立的全资附属子公司，布克可以利用其从中国和其他亚洲厂商采购家具。该公司认为，与利用制造商的代理商相比，通过在中国建立子公司可以获得较低的成本和更少的商品交货时间。本案例提供了布克和第一海洋的历史和一些家具业背景信息，以及布克的家具采购如何完成。虽然布克已在中国建立了第一海洋为其采购提供了一个采购选择，但布克内部采购利用第一海洋所占的比例低于科姆的预计水平，同时金融危机对企业来说是一个严峻的考验。维持企业的生存，并且顺利熬过寒冬，这是当下最为重要的事情。

一个企业的成功也许在某些人眼里仅仅是获取巨额盈利，而在 The Body Shop 的创办人 Dame Anita Roddick 看来，成功的意义远远不止这些。一个企业存在的意义也不只是扩大企业规模、拓展业务。企业，必须承担起自己的社会责任。这是对社会的回报。任何一个企业或者一个人存在于社会，虽是独立的个体却又是紧紧相连，必然彼此影响。不像有些企业依靠纯经济手段、策略来发展企业，Dame Anita Roddick 把企业的社会责任这种想法运用在经营之中，也成功地实现了跨国投资、管理。并且，不仅获得了巨大收益也获得了人们的尊敬。早在企业创办稍有起色时，Anita 就开始与一些贫困地区的厂商合作，帮助解决他们的生活困难，并且时刻关注地球环境问题、人权等。而如今，众多企业也开始致力于回馈社会，塑造企业健康的形象。毫无疑问，The Body Shop 是这一领域的领头羊。

本案例描述了欧洲知名企业法波集团在中国市场的国际化经营历程，解释了合资企业——法波坚石成立以来取得丰硕成果的深层次原因。然而，这些成就的取得也不是一帆风顺的，其中经历了双方的辛勤工作以及持续的相互适应。本文对法波集团的发展历程以及国际化之路进行了详细描述之后，聚焦于在中国市场的经营情况,法波坚石从成立到成功的道路以及未来企业文化发展的前景。具体而言,该案例详细讲述了欧洲与中方合作伙伴的首次正面交锋,例如他们如何建立相互的信任,如何制定详细的商业规划。同时,还涉及了法波坚石成立与发展过程中,组织结构、人事交流与沟通、品牌化、服务与自我实现、人力资源等方面的问题以及解决过程。

第一部分

中国企业国际化中跨文化案例

小肥羊火锅开拓加拿大市场的启示①

案例导读

　　小肥羊是国内知名的连锁餐饮企业,发展快,口碑好,更是国内第一家引进外资的餐饮企业。在国内,小肥羊有着大规模的连锁店和产业链条,同时,还将自己的产品延伸至全国各大超市。小肥羊凭借自己别具一格的蒙古草原文化及具有鲜明特色的产品在国内火锅业首屈一指。不满足于内地发展的小肥羊将自己的业务拓展到了港澳甚至是海外国家如加拿大等地。然而,在国外的发展不尽如人意,小肥羊的出海之路走得坎坎坷坷。在国内也遭遇到由于扩张过猛导致的品牌形象问题。改变企业战略,适应调整国外市场成了小肥羊的大问题。

导言

　　小肥羊入选了 2007 年度"中国消费者权益信用十佳单位"。2006 年,小肥羊的营业额较上年增加近十亿元,在中国服务业企业 500 强中,名次也比 2005 年提前了三位,位列第 157 位。从 1999 年至今,小肥羊从一家小规模的餐馆,发展成为拥有超过 700 多家连锁店,并且拥有自己的屠宰加工厂及汤料加工流水线的大型连锁公司,成为目前中国连锁餐饮业中规模最大、发展最快的企业。

---

　　①　本案例由加拿大安大略省雅逊大学国际研究院院长林晓华博士、广东外语外贸大学杜玉平博士及加拿大艾伯塔省麦科文大学商学院亚太研究中心主任魏小军博士编写。此案例仅作为课堂讨论的材料,作者无意阐明案例是否有效地应对了一个管理情景。为了保密,作者可能在案例中有意隐去了真实姓名或其他信息。未经书面授权,禁止任何形式的复制、收藏或转载。

其下属的小肥羊肉业公司于 2005 年通过了 ISO9001：2000 国际质量体系认证、HACCP 国际食品安全认证及"绿色食品"认证，具备出口的资格。2006 年小肥羊做出"冲出中国，走向世界"的决策，同年 7 月 26 日，与欧洲知名投资公司 3i 集团、普凯基金合作，引进 2500 万美元投资。小肥羊不仅成为内地第一家引入外资的餐饮连锁企业，还引进了先进的管理经验和国际化人才，有效缓解了小肥羊发展中人才紧缺的难题。同时，这一举措也将推动民族餐饮文化走向世界的经济舞台，促进我国餐饮业快速、有序发展，为中国的餐饮企业走向规范化和国际化开辟可借鉴的道路。小肥羊现已成功进入了日本、加拿大和美国等国际市场，并且取得了可喜的成绩。然而，在如何扎根国际市场并成为国际化的中国餐饮品牌方面，小肥羊还面临着巨大的挑战。

公司的发展和营销模式的变革

1999 年 8 月，从 30 张桌子、50 多名员工、不足 400 平方米的小餐馆起家，小肥羊的第一家火锅店在包头市开业。这是一家以自然人做发起人的股份制公司，公司以小肥羊火锅连锁为主业，兼营调味品加工及小肥羊肉业开发加工业。2000 年，小肥羊开始在北京、上海和深圳开设直营和连锁加盟店；2001 年，小肥羊在河北省设立了第一家省级总代理，从此开始了以加盟为主的疯狂的快速扩张。2006 年 6 月，商务部公布 2005 年度中国餐饮百强榜，小肥羊以 45.7 亿元的销售收入第四次名列第二。仅次于拥有肯德基、必胜客等著名餐饮品牌的百胜餐饮集团。小肥羊通过收购羊肉、各类农副产品，累计扶持带动包头周边地区、锡盟农牧户 18 万户，增加收入 20 多亿元，仅羊肉一项，就直接为农牧户增加收入 7 亿元左右。小肥羊羊肉系列产品除在公司的店面使用外，已进入全国各大城市的大型超市。截至 2006 年底，小肥羊已形成了以总部包头为中心，呈放射状分布，全国的连锁店超过 721 家，拥有 3 个全资控股子公司、7 个分公司、1 个物流配送中心、6 个省级总代理（代理 8 个省）、6 个市级代理。按照商务部统计口径，小肥羊 2006 年销售总额超过 57.5 亿元，缴纳税款 2 亿元。在如此短的时间内，小肥羊的成绩不得不令人刮目相看，即使声名显赫的北京老字号"全聚德"也不过年销售额 10 亿元，而小肥羊的平均年销售额高达 30 多亿元。

三次营销模式的变革

小肥羊从 1999 年开业到 2006 年底,其营销模式经历了三次变革。

第一次营销模式的变革:广泛加盟特许。2000 年至 2002 年,小肥羊追求规模效应和资金的原始积累,广泛接受加盟特许经营商,采取一种类似于区域主加盟商的区域管理模式。即在各省找一个单店作为一级加盟商,让其对当地投资者进行言传身教,在一定区域内先打开市场,接着每一个店的成功再引来更多的加盟者。加盟者主要向一级加盟商申请,各地单店主要对一级加盟商负责,总部主要对一级加盟商负责,一般一级加盟商报上来的新加盟者总部都会允许加盟。

第二次营销模式的变革:清理整顿。2000 年至 2002 年间的过分快速无序的特许经营给小肥羊带来了经营混乱,对加盟商管理甚至一度失控。为此,2003 年起,小肥羊开始全面清理整顿,不再接受加盟特许经营商,同时对公司组织结构进行改革,即逐步减少省级代理商。至今,小肥羊的省级总代理已由 6 家减少至 4 家。

第三次营销模式的变革:回归直营。2005 年底,小肥羊门店数已经达到720 家。其中,直营店 80 家,加盟店达到 640 家;而在 52.5 亿元的总营业额中,直营店收入仅为 7 亿元。小肥羊意识到与自己企业扩张模式相反,肯德基和麦当劳在中国主要是采取直营连锁的方式,对特许加盟一直都很谨慎。肯德基虽然在中国已有 1500 家门店,但是特许加盟店只占 5% 左右。在中国的 600 多家麦当劳餐厅中,也只有一家特许加盟店。小肥羊第三次变革主要战略是以自营为主,加大自营开店,同时提升加盟店的质量。一类城市主要是自营,较好的二三级城市也争取自营。600 多家加盟店,最终保留的也就 300 家左右。小肥羊从 2005 年下半年开始已经花费 7 000 万全资收购 14 家业绩突出的加盟店。2006 年,小肥羊关闭了海外加盟的大门,只做直营店,但允许合作伙伴参股。小肥羊对加盟商的管理将进一步完善。

关键成功因素:产品的差异化

小肥羊营销的不只是一种产品,而是整体产品概念。在现代营销学中,产品的概念具有宽广的外延和丰富的内涵。产品是指能满足顾客需要和欲望的有形物品和无形服务的总和。Philip Kotler 认为产品包含五个层次：核心利益、基础产品、期望产品、附加产品和潜在产品。从五个层次分析，三个品牌的产品就凸显出明显的差异（见图1）。

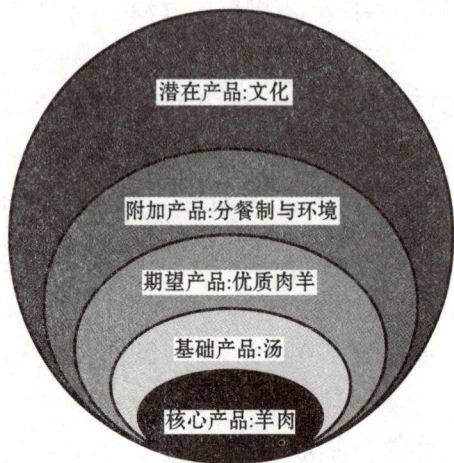

图1　小肥羊产品层次分析

（1）核心产品：羊肉。羊肉被中医称之为肉中人参。它性温不燥，味甘不腻，能益气血，有壮肾阳、补虚劳等医疗作用。据科学检测分析，羊肉极具营养，富含蛋白质、碳水化合物以及多种微量元素，属于高蛋白、低脂肪。特别是羊肉中含有的大量左旋肉碱，目前已被 19 个国家作为婴幼儿营养品的添加剂。我国营养（学）专家王宜也曾对羊肉的营养价值做出了点评，给予高度评价："羊肉营养价值很高，夏季食羊肉可迅速补充精力、消除疲劳、增进食欲、改善睡眠；冬季食羊肉，更能补气养血、保肝健胃、固肾壮阳、滋阴养颜。"

（2）基础产品：汤。小肥羊从开业之初就定位了自己的经营特色，即"不蘸小料涮肥羊"。所谓"不蘸小料"就是让占据了餐桌千百年、配料繁琐的小料一族，从人们的视线中消失了，取而代之的是更完美的锅底汤料。小肥羊汤料中有桂圆、草果、枸杞、党参等几十种滋补调味品，桂圆补益心脾、补血安神、生津液、润五脏之。枸杞明目、润肤、乌发、美颜。党参减少胃酸分泌，保护胃黏膜可以抗御胃溃疡，对抗衰老有所帮助。草果味辛、温、无毒，治心腹痛，止呕补胃，下气，消酒毒……各种滋补品相辅相成，对身体有极好的滋补作用。事实证明，集多种滋补品为一体、严格按比例研配而成的小肥羊火锅汤料长期食用有多种滋补功效。而且在涮羊肉的时候既去掉羊肉腥、膻味，同时又保留了其味道的鲜美，集色、香、味、补于一身，这种食法较传统的沾着小料涮羊肉更便捷、更科学、更美味、更有营养。锅底汤料分清汤和麻辣汤两种。汤料香辣适口，回味悠长。同时，一次性锅底料确保卫生、安全、可靠。由于这种汤料的出现，从某种意义上讲，改变了"众口难调"的传统观念。

（3）期望产品：优质肉羊。小肥羊火锅的专用羊肉均选自纯天然、无污染的内蒙古锡林郭勒天然牧场提供的优质肉羊品种——六月龄乌珠穆沁羊，其肉质不仅鲜嫩多汁、不膻不腥，而且味美爽口，特别是由于天然牧场未遭受任何污染，其肉品被国家认定为绿色食品，对人体大有裨益。小肥羊的羊肉加工工艺已处于全国的领先水平，部位分割肉品如上脑肉、肋腹肉、元宝肉、A级板肉等多达20余种，肉业公司将不断开发出更多精细化的产品，满足市场的多层次需求。小肥羊肉业公司采用国际领先的屠宰流水线及加工设备，引进国际先进的低温排酸及速冻保鲜技术，全封闭、无菌、恒温的生产车间完全按照欧盟卫生标准设计建造，羊肉经待宰、牵羊、刺杀放血、转挂、预剥、扯皮、冷藏、分割、剔骨、冷却排酸、出腔、包装、冻结、冷冻等工序才能进入市场。且屠宰的每道工序均采用同步卫生检疫法进行检疫，整个加工过程严格按照HACCP要求，通过对产品生产过程和检验过程的严格控制来实现对产品高品质的追求。小肥羊肉业的生产标准已经逐步成为这个行业的标准。现在小肥羊肉业的部分加工标准，甚至超过了欧洲的标准。

（4）附加产品：分餐制与环境。尽管市面上火锅很多，但不蘸小料，且拥有多种滋补调味品的锅底料，迎合了消费者食疗、食补的心理需求，也适应人们快节奏的饮食需要。"涮"有着诸多优点：较烧烤卫生，较洋快餐有营养，较正式中餐快捷，而且随意、方便，各取所需，不必为不想吃又摆在面前的菜品烦恼。小肥羊的分餐制火锅的食法解决了中餐分餐难的问题，汤料一次性使用后就废弃，味道鲜美又营养卫生。火锅的汤菜也都是定点选用农家自产的无公害蔬菜，让加诸在火锅身上关乎卫生的难题迎刃而解，使"涮"又上一层楼，提高了一个档次。小肥羊在注重保留传统特色精华的同时不断发展创新。过去只是单一的涮羊肉火锅，现在已发展成为拥有烤羊排、烤小羊腿、红烧羊杂和烙羊肉饼、羊肉水饺等多个品种；过去火锅只是单纯的涮羊肉，现在则已发展成为拥有涮羊肉、炖羊蟹、脱骨羊肉和羊杂等多个系列火锅品种。小肥羊包头神华店位于包头市精品聚集的包头神华商圈内,与神华国际酒店、神华影院、永盛城超市、亿佰购物中心、蓝天购物广场等多家高级娱乐、经营场所相毗邻,门前的停车场地可同时提供 200 个泊车位,其地理位置非常优越。神华店所用装修建材均系绿色环保材料,装修风格雍容、大气,有民族特色,整体给人以华丽、舒适、温馨的感觉。

(5) 潜在产品:文化。小肥羊选择了以辽阔的草原文化为依托,把绿色健康的饮食观念带到全国,在做餐饮的同时也做出了文化。中国人对吃很讲究。吃,在中国是一种文化;中国人对文化很重视。羊,在中国是一种"图腾"。小肥羊结合饮食文化与草原羊文化为一身,让消费者在这里吃出了文化和品味。小肥羊的羊肉来自国际生态环境保护圈内的锡林郭勒大草原,锡林郭勒大草原是世界闻名的四大草原之一,是中国唯一被纳入国际生态圈的无污染草原自然保护区,也是内蒙古草原的主要天然草场。这里的植物种类十分丰富,这里的天清爽得看不到一丝阴霾,这里的水纯净得滤不到一点尘埃,这里的草绿得找不到一分杂色。小肥羊在倡导绿色餐饮的同时倡导"文化餐饮",成为无形草原文化的有力载体,是更多国内外人士了解内蒙古草原文化和中国文化的窗口。

在加拿大餐饮业的竞争态势分析

就在全国百年、几十年的老店仍在当地稳扎稳打,做着本地"旗帜"的时候,"小肥羊"却在很短的时间内走向世界。小肥羊在海外市场的扩张最早可以追溯到 2003 年 11 月,当时小肥羊第一家境外连锁店在美国洛杉矶开张。2005 年 10 月 12 日,小肥羊北美地区第一家直营店(北美 1 号店)多伦多分店开业。2006 年,小肥羊关闭了海外加盟的大门,只做直营店,但允许合作伙伴参股。2006 年第二家多伦多分店开业。2007 年 3 月在温哥华和蒙特利尔也各开了一家分店。2009 年 1 月小肥羊在渥太华的新店也开张了。

加拿大餐饮业概况

在 2003 年时,由于非典、疯牛病、企业丑闻、股票市场的不稳定,以及 9·11 事件后的余波致使加拿大餐饮行业曾经遭到重大冲击。但是由于经济的日趋稳定发展、国际投资以及大量移民的涌入和国民需求的逐步提高,加拿大餐饮业在近几年一直处于上升趋势并趋于稳定增长,随之带动了餐饮业的就业状况

（见图2）。

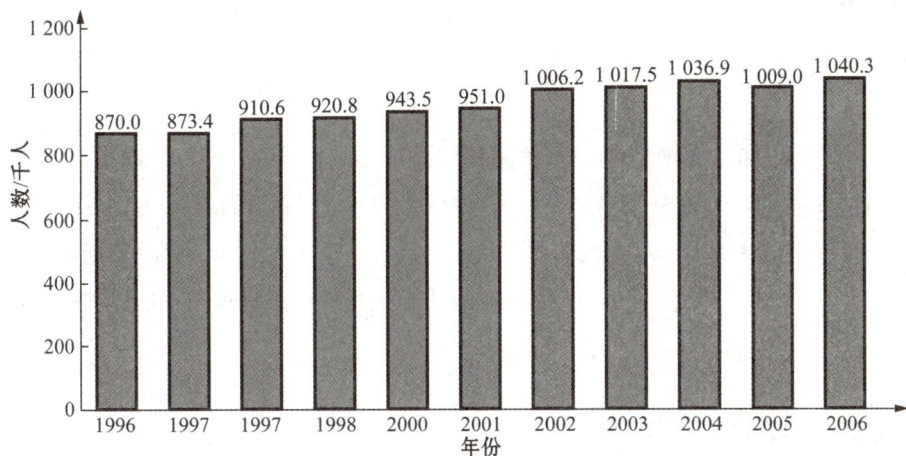

图2　1996～2006年加拿大餐饮业就业情况

2004年，加拿大年计餐饮业消费预期增长4.2%，达433亿加币，是加拿大重要的支柱性产业，占总国民生产总值4%以上，每年为加拿大就业市场创造1/10的新工作。在2006年工作统计中，餐饮就业占据总就业市场的6.3%，餐饮业岗位分类多，所需不同劳动力的分布不均（见图3）。

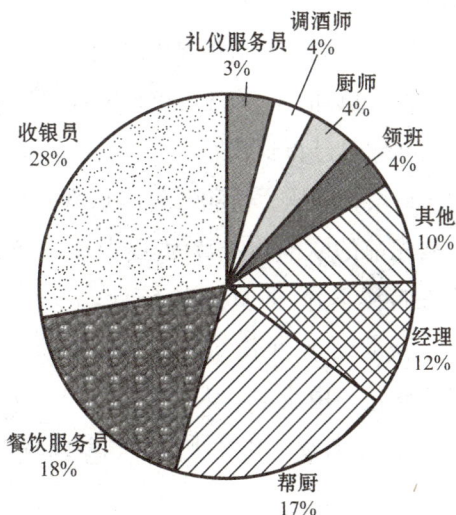

图3　2006年加拿大餐饮业不同岗位就业情况

就目前统计,有超过63000家独立餐饮销售店,其中63%为独资企业。加拿大餐饮业可分为快餐、自助、服务性餐饮消费。近几年,健康食品成为加拿大人的饮食侧重点,越来越多的人关注这一饮食信息,为加拿大饮食也带来新商机。

2005年,加拿大消费者用于食品和饮品市场的消费为1310亿加币,食品和无酒精饮品占年均家庭消费的9.3%,位居世界发达12国的第10位。其中710亿为农副产品市场消费,占总消费的54.2%;350亿为餐饮业消费,包括饭店和酒店,占总消费的26.7%;240亿为酒精饮料消费,占总消费的18.3%(数据来自Agriculture and Agri-food Canada)。

加拿大餐饮业发展方向及原因

加拿大2006年度消费者报告指出,食品的营养价值、成分、品牌和便利程度在加拿大家庭食品消费选择上起了重要作用。加拿大人的健康意识以及食品和健康的观念已逐步深入人心,不再满足于传统的加拿大饮食。

加拿大人的饮食偏好出现变化,并且在饮食的消费方式上呈现多样化,总结起来大致有以下几个原因:

人口结构比例变化

现在加拿大人口总数为3.24千万,预期10年的年增长将为0.83%。加拿大年龄大于45岁的占人口总数的40%,到2016年将增长为45%,老龄化将成为另一增长趋势。人口问题早已得到政府的关注,近些年来大批移民涌入加拿大缓解了一些加拿大人口增长的压力。2005年,260000新移民移居加拿大,而且主要的移民人群已从先前的欧洲逐步转为亚洲、南美洲、非洲和印度。加拿大的家庭人口数目也在持续下降,据2004年统计,平均人口每家为2.55人且多数为双收入家庭,与20世纪60年代63%单方收入家庭相比,家庭成分以及家庭结构已发生了明显变化。由于家庭人口数目减少,收入增加,家庭的人均可支配收入也随之增加,因此消费水平有所提高。多民族人口结构的社会给予各类食品以发展空间。

消费者关心的几大食品问题

在2000到2005年之间,食品的年均通货膨胀率2.7%,物价是决定选择的因素之一。除此之外,健康和营养、质量和食品新鲜程度、安全性和食品市场供给量、便利性、多样性、信息可靠性、产品说明都是决定产品销售关键性因素。

饮食消费模式多样化

加拿大人的饮食结构和场所已发生了明显变化,很多加拿大人已习惯了多渠道购买食物。2005 年加拿大人饮食模式调查表明,此模式将随着加拿大人均年龄的变化而变化。调查还显示,45 岁以上人群多喜欢居家饮食而且主要消费焦点为高品质、营养、快捷和便利的食品。另一显著饮食趋势是:规范合理的健康饮食管理与相应年龄搭配组合。加拿大人为了避免慢性疾病和肥胖忧患,越来越关注饮食成分和就餐搭配。第三种趋势是:多种族食品和饭店增加了加拿大饮食业的多样性。官方统计证明,加拿大人很满意世界饮食文化和饭店带来的多样性食物,加拿大人喜欢尝试新鲜美味的异国美食。越来越多的年轻夫妇和工作家庭,越来越青睐外卖形式的食品,他们喜欢高品质的食品和服务,快捷、便利及美味的食品成为取代自己烹饪的最佳选择。

火锅以及中餐在加拿大的现行位置与趋势

加拿大是个特别的多民族国家,中餐在加拿大已成为加拿大饮食业必不可少的组成部分并且广受大众欢迎。早期中餐多以香港风味和台湾风味为主,他们在加拿大本地人中已经建立了比较深固的中餐形象,这主要归因于早期的香港和台湾移民。近年来,随着大量大陆移民的涌入,多种风味的中餐已进入加拿大餐饮市场。如今很多新饭店和菜系已被多数本地人接受,而且新中餐的整体正在逐步步入更深层次的加拿大餐饮行业。多伦多中餐主要集中在 4 个区域:中国城(Chinatown),世嘉宝(Scarborough),烈志文山(Richmonhill),万锦市(Markham),4 个区域有明显价格区分。

火锅在众多中餐中可被视为一个机会良好的单一特色市场,因为它不仅受广泛大陆人喜爱,更颇受香港、台湾以及加拿大本地人的喜爱。香港人非常喜欢吃火锅,尤其在过年期间和冬天,他们也称之为打边炉,他们认为吃火锅象征着日子红红火火。早期的香港中餐已经将火锅成功地推向加拿大饮食市场,而且在加拿大也已建立良好的饮食形象,成功地得到多数加拿大人的认可和好评。

多伦多小肥羊的市场分析

小肥羊作为一个国内知名品牌,想在加拿大打开市场就一定要了解熟悉市场,准确定位自己,有计划有策略地打开加拿大市场。我们将以价格、市场形象、传统母国文化为基准进行深入的分析。

价格对比

多伦多的整体中餐价格定位在平均每位税前 $3.99 到 $50 之间。价格多根据饮食地段、饭店等级、就餐环境、点菜规格和服务质量来区分。在大多伦多地区,中国城多定价为中低价标准,世嘉宝趋于中等价位,而烈志文山和万锦市以及其他中小成熟、中餐稀少地域多以中高档价位为主。小肥羊目前的市场定位趋于整体中餐位置的中上等。在火锅分支里,由于多伦多的火锅各家价格并无太大不同,所以小肥羊趋于均价偏高位置。

在本地市场形象

小肥羊集团在国内已营造了相当大的名望和无可代替的市场位置。但就加拿大市场而言,小肥羊还需要做很大的努力。在小肥羊刚刚进入多伦多的那一年,小肥羊曾在华人消费者当中形成不可忽视的影响。但是由于它并未在当地推广,也没做任何市场开发致使小肥羊的生意日趋冷淡。这不仅使其没能在打入当地整体市场,也没能在当地华人市场发挥其优势。就目前来讲,小肥羊在加拿大本地市场形象尚未建立完善,仍处于低谷区。

风格与传统母国文化

小肥羊有其别树一帜和无可代替的火锅风格,它将其独特的口味带到了加拿大。它保留了其一贯的汤料和烹饪风格。就继承母国文化而言,其将良好的中国蒙古特色火锅与草原文化引进了加拿大多伦多餐饮市场。但是小肥羊只是采取单纯地直接进入方式,没有考虑到与当地文化融合,虽保持了自己的风格,但一成不变、不随环境改变而改变,没能成功吸引当地居民。相较外资进入中国,如百胜、麦当劳,进入中国市场适应一段时间后,逐步改变自己的食品,以中国的传统与自己的特色相结合吸引了更多客户。由此看出,在进入海外市场时,坚持自己的母国文化固然重要,小肥羊还需将自己的蒙古草原特色与加拿大的文化有机融合在一起。

小肥羊的市场定位

与当地知名连锁餐厅和知名餐饮相比,小肥羊还有很长的路要走。当地知名餐饮业,如 THE KEG,RedLobster,它们都有近 40 年的历史,在加拿大已占有大量市场。加拿大还是以西餐为主的国家,虽然中餐在加拿大很流行也得到广泛欢迎和接受,但还是不能与大型连锁店相比。在多伦多,中国族裔有近 26 万人,占多伦多总人数的 4.5%;多伦多的总亚洲人数,包括南亚、菲律宾、韩国、日本等亚洲民族近 71 万,占多伦多总人数的 12.4%。火锅多受亚洲人钟爱,就加拿大家庭的消费潜力,小肥羊首先应当以亚洲人为主,并同时积极探索广泛吸引本地人主流市场的策略来经营。

事实上,目前小肥羊在加拿大中餐市场的定位还不明确。中国人主要经营的餐饮项目和菜系可分为 14 类,包括:①火锅;②东北菜,北京菜,饺子;③川菜;④上海菜;⑤粥,小炒;⑥粤菜,海鲜酒家;⑦日本料理;⑧韩国烧烤;⑨凉茶铺和休闲餐厅;⑩大牌档和快餐;⑪自助餐;⑫越南粉;⑬卡拉 OK 和酒吧;⑭其他餐厅小吃店。

就中餐而言,我们可以将多伦多的中餐馆在多伦多餐饮市场的不同餐馆形象分为 5 大种类:

(1) 已建立良好声誉的知名品牌,如 Mandarine 和 Springrolls。它们处于中餐第一类饭店,多以提供高品质食品和服务以及高档优雅就餐环境为主。其已经在当地享有一定声誉并以高价面对顾客,多采取结合西餐特色中西合并的烹饪方式。

(2) 有特色的超过 3 家分店的连锁中国餐馆,如强记鸡粥和半亩园。此类餐馆在华人消费者里享有高声誉和名望,也有独特的菜肴风味。价位适中,并且比较好地保留了原有的母国文化。

(3) 小型的有中国特色的中国餐馆,如辣妹子和新丝绸之路。此类餐馆多保持原有母国文化并提供风味特色菜肴,特别得到众多年轻华人尤其是大陆移民钟爱,价位采取较高价位战术。

(4) 一般的茶餐厅和小吃店,如鸿福堂和大有名堂。此类餐馆,多数为单一特色,价位较低,也保持一定的母国文化,多被年轻人所接受。

(5) 大排档和快餐系列,即位于商场内的 Food Court。此类食物快捷方便,多为上班族提供,价格定位为低档,并且继承较少的母国文化,但是此类食物颇受当地人喜欢,品牌不是主要因素。

小肥羊在北美的目标市场定位为:高档中餐火锅。它的预期定位为保留高母国文化、被本地消费者广泛接受、处于高价位的火锅。消费人群多集中于亚洲人和45岁以下的中青年本地人,此类人群正好与多伦多当地消费人群数目和分布成反比。小肥羊目前低价为每位14.99加币,在火锅餐厅里位于普通水平,所有多伦多火锅店在各所属区域里消费价格差异不大。即使小肥羊低价位、中高档,它也算是处于平均水平。小肥羊保持了它的原有特色,并且在加拿大也独树一帜,可是就小肥羊的形象而言,它的市场和销售方面并非非常突出,它的品牌优势、口号和传统没有能够在加拿大普遍传播。

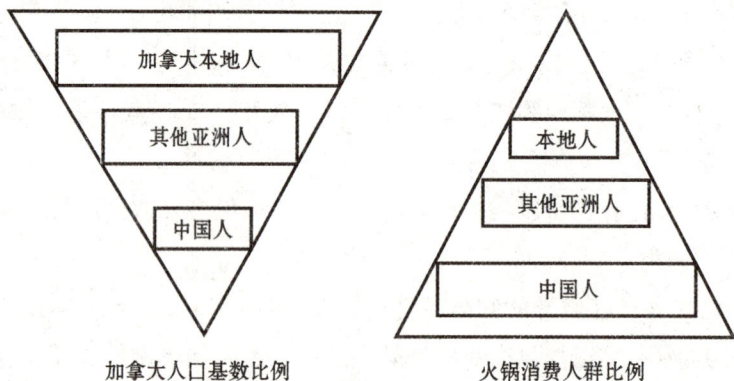

图4　加拿大人口与火锅消费人群比例

想要突出小肥羊的优势,大力开拓北美市场,小肥羊必须结合自身资源、资本能力和竞争优势,针对客户群体来分析其所在市场。MADARIN之所以能成为加拿大家喻户晓的高消费知名餐厅(周末每位22.99加币,平时每位18.999加币),是因为它在过去20多年里探索出独特的经营理念。MADARIN相信团队合作,除了高品质多样化的饭菜、高质量服务、优雅的就餐环境之外,它有独特的管理方式和经营模式。现如今MADARIN已有53家分店,消费人群从儿童到老人络绎不绝,它是一个成功典范,将资源、竞争以及客户完美地组合在了一起。又如强记鸡粥、火车头等归类排名为第2类中餐,这些餐厅之所以有名,是因为他们有招牌菜和固定的消费群体。固定消费需要时间来累计,同时他们都在扩大经营范围,这些需要大量资本来支持。

小肥羊需要大范围地通过各种广告途径来宣传其竞争优势,需要资本运筹扩大市场,同时需要吸引多方面的消费群体。同时,小肥羊需要适应当地市场,提高服务质量和改变经营理念,在保持原有风味的同时要大胆创新来迎合本地市场。

关键挑战因素分析

目前,小肥羊正从"单一型餐饮企业"向"集团化多元化经营"转变。那些延伸出的产业链条,正在变成小肥羊的核心竞争力,成为某一个行业的第一品牌。小肥羊2003年悄然在海外市场登陆,在香港、澳门、台湾、加拿大开出了7家海外店面,并在美国、日本、澳大利亚等60多个国家申请注册了"小肥羊"商标。2006年7月26日,3i、普凯两大海外投资机构联手投资2 500万美元,获得了小肥羊20%~30%的股份,小肥羊也成为了中国大陆第一家引进海外私募基金的餐饮企业。融资后,董事会也迎来了新成员,两名来自3i,一名来自普凯,分别代表外资股东出任执行董事,在董事会的重大决议上拥有一票否决权。另外,还引入两名来自香港肯德基和汉堡王国际总裁的高管出任公司独立非执行董事。小肥羊承诺三年内业绩复合年增长率不低于40%,即小肥羊每年的利润和销售额同比增长40%以上。如果完不成约定目标,小肥羊将向对方提供补偿。引进境外投资者主要是为了企业国际化,使冲击中式餐饮香港上市第一股的步伐提速。小肥羊已通过安永会计师事务所的审计,且达到香港上市所要求"三年盈利业绩""三年利润达到800万港元以上"两个条件。通过世界级会计师事务所审计的纯餐饮公司,目前中国只有小肥羊一家企业。

小肥羊原本采取的是一种类似于区域主加盟商的区域管理模式。这种树型的管理结构,减少了申请加盟及管理上的很多烦琐环节,大大加快了小肥羊在各地扩张的步伐,使整个企业飞速发展。小肥羊所采取的这种特许加盟的模式,在创业初期,为小肥羊在全国各地攻城拔寨立下了汗马功劳。但在成长的道路上,不能光靠加盟这一剂猛药,更应关注成长背后留下的空白。由于总部对特许加盟店控制力不足,没有统一的品牌管理,没有统一的店铺风格、经营场所等细节规范,统一的物流体系、采购体系也十分缺乏,而餐饮连锁业所具备的特色的标准化规范体系更无从谈起,造成小肥羊难以在质量、品牌以及管理上进行统一,使得其各地形象不统一、财务预算监控不善,而在人员配备上容易成本过高,同时原料的配送和保鲜也成问题,小肥羊品牌失控,危机逐渐爆发。

"土豆片有厚有薄,店面有大有小、有楼上有楼下,甚至还有平房。如果在同一家店接连吃 10 顿,你会发现每次都有不同的感觉。"某餐饮连锁管理咨询公司的负责人言语犀利地说道。"虽然小肥羊对外宣传加盟前的培训效果不错,但真实情况仍然是人员素质不高,从普通人员到中层管理干部,小肥羊缺少一个人才的中流砥柱。"这位负责人意见中肯。而与品牌生存根基息息相关的采购与物流体系的落后,使得原料的配送和保鲜问题日益突出,许多分店长为此困扰不已。对特许加盟店控制力不足,就难以在质量、品牌以及管理上进行统一,这也是连锁经营最忌讳之处。"首先是小肥羊对加盟店的管理意识薄弱,其次是能力有限,用几家单店的管理模式来管理 700 家店面自然吃紧。而 1 亿元与 50 亿元的销售额之间意义差别也非同小可,小肥羊所需要改造的问题已经升级为整个企业的流程再造问题。"某业内人士认为。

小肥羊多年来官司不断、纠纷扰扰的形象也十分惹人注目。从 2001 年推广特许加盟的经营模式后,各界对小肥羊褒贬不一。省级市区区 20 万元的加盟费让小肥羊的门槛陡然降低,但标准降低的后果是进入者层次混乱。曾经有件事情令人深思。西安的"小肥羊"陕西总店操作间的菜板上,被卫生执法人员发现有脏物,随后"小肥羊"总部发布公告,声明陕西总店只是代理商,并宣布与其决裂。"此类做法可代表小肥羊对加盟商的态度及管理方法。"某大学市场营销系的教授如此评价。

甚至有人评论:"小肥羊前面开一家,后面关一家。"虽然这种言论过激,但不可否认的是,小肥羊在选址上、加盟商避免自相残杀和加盟管理上的确不够谨慎。

为了维护品牌形象,从 2003 年底开始,小肥羊大刀阔斧开始进行改革,将前期追求加盟数量的扩张模式调整为专注品牌信誉、确保稳健经营的方向上来。对于各地合约到期又做不好的加盟者,小肥羊一律收回改为直营;并坚定地将上海、北京、西安、深圳、天津等五大城市定为直营的战略城市;同时,到 2007 年小肥羊取消了全部省级代理商,直接由总部加盟中心管控各个加盟店。

与国内不同的是，小肥羊在海外的发展由直营改为了加盟。自此，小肥羊决定走加盟直营一体化战略。

2006年之后，小肥羊就没有再在国外开设直营店，均以加盟为主。起初以为将控制权牢牢握住手中才是最好的方法，但是出于对市场了解的担忧，现在还是选择了合资，由当地华人自行管理。小肥羊已转让日本、美国、加拿大公司股权。至此，小肥羊退出了除港澳外在海外的全部直营业务。可以说，小肥羊的"出海"战略并不算很成功，而是一路坎坷。在他们看来，海外开店远比国内更具风险。的确，海外市场具有较强的不可控性。小肥羊在美国两年里的利润非常低，而在日本更是出现亏损。

7年之痒

在人们的揣测和期待中，在经历了快速扩张——被大量假冒——加盟管理失控——品牌危机——商标注册等一系列的考验和困难之后，小肥羊在艰难与阻碍中愈挫愈勇，走过了不平凡的历程。随着过去的2006年，小肥羊又平稳度过了从速度向高度的跨跃，一举成为我国首家引进外资的大型餐饮连锁企业。

在过去的7年当中，尽管小肥羊连续3次使用了股份这样的"最高手段"来吸引和稳定人才队伍，但是由于中国餐饮服务人才尤其是高端人才的匮乏是整个行业面临的普遍问题，人才供应不足一直都是影响小肥羊快速发展的关键因素。

以小肥羊自身为例，小肥羊公司及其下属连锁店直接安排就业人数超过了6万多人，但是其中城市待业人员约占35％，下岗职工约占30％，农村进城务工人员占30％，其余的只占到5％。

"人才缺乏和浪费"是小肥羊内部资料在谈到企业不足之处时出现频率最高的几个字眼。一个可以作为例证的事实是，虽然小肥羊通过统一标准装修等视觉识别（Ⅵ）方式、统一羊肉及相关原料配送等手段初步实现了对加盟店的规范化管理，并且2006年小肥羊把加盟费支付方式由3年一次性付清提高为5年一次性付清，但小肥羊还是没有像肯德基、麦当劳等国际餐饮连锁巨头那样采用按照营业额的一定比例来支付加盟费的惯用方式。

由此可见，事实上，小肥羊的出海困局并非资金或是贷款信誉之类，而是缺乏对海外市场的理解和进行国际扩张所需的人才。

结语与启示

"小肥羊"打造中餐国际品牌

内蒙古小肥羊餐饮连锁有限公司与国际大型投资机构 3i 集团、普凯基金公司正式签订合作协议后,两家外资公司将投资 2 500 万美元与"小肥羊"共同打造世界级中餐品牌。"小肥羊"也成为我国第一家引进外资的连锁餐饮企业。

因看好"小肥羊"7 年发展 720 家店的高成长性,自 2005 年起先后有 20 多家国内外基金向"小肥羊"伸出橄榄枝。此次 3i 击败摩根、高盛等竞争对手,成为"小肥羊"最大的战略投资者,是因为它给"小肥羊"树立国际品牌带来了具体的操作经验。此次它为"小肥羊"引入的两位独立董事分别担任过汉堡王的国际总裁和香港肯德基公司的运营总监。

伴随着基金公司的介入,"小肥羊"冲击中式餐饮香港上市第一股的步伐提速。据悉,目前国内餐饮企业中全聚德、谭鱼头等都在做上市准备。"小肥羊"方面表示,冲击中餐第一股虽不是目标,但已通过安永会计师事务所的审计,且达到香港上市所要求"3 年盈利业绩、3 年利润达到 800 万港元以上"2 个条件。并且通过世界级会计师事务所审计的纯餐饮公司,目前只有"小肥羊"一家企业。

小肥羊之外的投资机会

两家海外机构注资小肥羊 2 500 万美元,这是内地第一家引入外资的餐饮企业。市场分析人士指出,引入外资应该是小肥羊谋划上市的前奏曲,而且多半会选择在港股市场以 H 股形式上市。

2008 年 6 月,小肥羊在香港联交所挂牌上市,成为中国"火锅第一股"。

外资看好消费产业

对于为何看好小肥羊,本次主导注资的 3i 集团亚洲区助理总监王岱宗表示,3i 对于中国的消费行业一向看好,认为这是未来最能平稳受益于中国经济高速发展的产业。过去一年中除了小肥羊之外,3i 还分别向巴黎春天百货和分众传媒这两个同属消费类的企业注资,显示了它们看好消费类企业是一贯的判断。

事实上,消费类企业不仅为 3i 这样的私募股本投资者看好,已上市的众多消费股也被众多 QFII、基金和券商视为 A 股市场最有上升潜力的板块之一。

附件 1

本案例分析所需理论框架

英国 CRANFIELD 克兰菲尔德管理学院提出的"顾客阶梯模型":1 潜在顾客—2 顾客—3 客户—4 支持者—5 宣传者—6 伙伴。1～2 重点放在新顾客上(顾客的争取),3～6 重点放在发展关系和扩大关系上(顾客的保持)。

消费者购买阶段:知晓—了解—信任—购买。

关系营销六大市场模型:内部市场、雇员市场、顾客市场、推荐市场、影响市场、供应市场。

关系管理链:在价值连上自始至终创造和维持互惠互利的优越关系,最终实现客户价值的增加。

六大市场分成内部和外部两大市场,关系链的管理是在两大市场协调运作的框架下进行的,而关系链管理也必须保证内部市场与外部市场的不断融合;同时,内部市场与外部市场的分类将员工的满意度提高到了非常主要的单位。在两大市场计划的整合下,整个关系链分成五个步骤:①确定价值内涵;②细分目标和定位;③运作、支付体系;④已交付价值分析;⑤控制、反馈。

顾客满意内涵:物质层次、精神层次、社会层次。

顾客满意度的测量:品质、设计、数量、时间、价格、服务、品位。

服务满意度指标体系:绩效、保证、完整性、便利性、情绪/环境。

附件 2

"小肥羊"大事记

• 1999 年 8 月,小肥羊酒店开业。

• 1999 年 10 月,小肥羊第一家连锁店开业。

• 1999 年 10 月,小肥羊物流配送公司成立。

- 2002 年 1 月,内蒙古小肥羊餐饮连锁有限公司深圳分公司成立。

- 2002 年 3 月,荣获"全国餐饮百强企业第二名"及"中国连锁百强第 31 名"。

- 2002 年 8 月,小肥羊公司通过 ISO9001:2000 国际质量管理体系认证和国家绿色食品认证。

- 2003 年 1 月,小肥羊调味品研发、加工基地建立。

- 2003 年 11 月,小肥羊第一家境外连锁店在美国洛杉矶市开业。

- 2004 年 1 月,小肥羊总公司及旗舰店、样板店——小肥羊大厦落成开业。

- 2004 年 1 月,小肥羊香港控股有限公司成立。

- 2004 年 5 月,入选包头市民营企业 20 强,排名第一位。

- 2004 年 6 月,小肥羊铜锣湾店在香港开业。至此全国 32 个省(市)地区全部有了"小肥羊"。

- 2004 年 9 月,以全国唯一一家餐饮企业身份跻身中国企业 500 强,排名第 451 位。

- 2004 年 11 月 12 日,"小肥羊 LIT TLE—SHEEP 及图标"被认定为中国驰名商标。

- 2004 年 12 月,小肥羊家庭装火锅汤料产品正式上市,标志小肥羊调味品系列产品进入快速消费品流通领域。

- 2004 年,内蒙古小肥羊餐饮连锁有限公司、内蒙古小肥羊调味品有限公司获自营出口权,成为能够直接出口的民营餐饮企业。

- 2005 年 4 月,被评定为"中国企业信息化 500 强"。

- 2005 年 5 月,入选"内蒙古自治区民营企业 50 强",位列第二。

- 2005 年 8 月,以品牌价值 55.12 亿元人民币入选 2005 年"中国 500 最具价值品牌"金榜,排名第 95 位。

- 2005 年 8 月,入围"中国服务企业 500 强",排名第 160 位(餐饮业第一位)。

- 2005 年 9 月,获"中国最具影响力的财富企业"。

- 2005 年 12 月,入围"中国质量 500 强"和"中国餐饮十大质量品牌"。2006 年 1 月,入围"中国 100 最具价值驰名商标排行榜"。

- 2006 年 1 月,入围"中国 10 大最具成长力驰名商标",排名第 10 位。

讨论问题

1. 孔夫子言：入境问禁，入境问俗，入境问忌。在国际营销中，这种关于文化禁忌的意识是基本前提。但小肥羊却成功地将中国的火锅引入西方，这是如何办到的呢？

2. 小肥羊运用连锁加盟的形式进入加拿大市场，他们的策略是有效的吗？

3. 以小肥羊为例，您认为中国的企业文化在未来将会如何发展以及跨文化合作的契机在哪里？

4. 小肥羊的顾客群大多是海外华人，面对土生土长的加拿大本地西方顾客群，小肥羊如何有效运用营销手段，提供高档的餐饮享受呢？

奇瑞汽车的国际化道路①

案例导读

奇瑞汽车,曾经只是一个名不见经传的国产汽车公司,由地方政府支持扶助而起。而今,却被认为是中国汽车业迅速崛起的一匹黑马,它准确定位,将目标瞄准国际市场,不断努力创新,经历重重磨难,先后将商业触角伸至叙利亚等中东国家;几经波折,面对俄罗斯政府政策的干扰,不屈不挠依然在俄罗斯寻求市场巩固自己形象;而在澳大利亚也有了发展前景。奇瑞利用自身优势,结合当地文化特点,抓住世界经济波动所带来的机遇,为自己的跨国发展奠定了良好的开端。面对文化冲突,奇瑞高层在坚持自己原则的同时也较快适应了他国文化。这就是奇瑞能够不断提升汽车销售量,打开国际市场的原因。

"销量是第一位的,我们一定要把 2009 年的销量提升上去!"

2009 年 1 月,奇瑞汽车公司总裁尹同耀指出,提高销售量特别是汽车出口销售量,是奇瑞汽车公司 2009 年战略的重点。

在尹同耀看来,奇瑞汽车在 2009 年面临着一个重大机遇来提高出口量。那就是,2008 年,欧美汽车巨头因受到金融危机影响,生产和销售量均普遍下降,有的甚至处于破产边缘,这正是奇瑞汽车加速国际化发展,并向欧美等发达市场进军的好时机;再者,奇瑞汽车已有 8 年的国际市场发展经验。2009 年,奇

① 本案例由清华大学案例中心刘立娟,加拿大阿尔伯塔省麦科文大学商学院亚太研究中心主任魏小军博士及爱尔兰都柏林大学商学院博士生张艳编写。此案例仅作为课堂讨论的材料,作者无意阐明案例是否有效地应对了一个管理情景。为了保密,作者可能在案例中有意隐去了真实姓名或其他信息。未经书面授权,禁止任何形式的复制、收藏或转载。

瑞汽车预备全面实现国际化。在这一年中,奇瑞将年推出 15 款新产品、拓展奇瑞以外的品牌线和营销网络。在汽车消费最为活跃的海外国家和地区发展 KD(散件组装)工厂,扩大出口。

"从两方面因素看,产量和现金量两方面推动奇瑞国际化发展不成问题。"尹同耀说。

奇瑞汽车最早的国际化实践是从 2001 年 10 月第一批 10 辆"风云"汽车出口到叙利亚开始的。2002 年,奇瑞汽车出口量为 1 000 多辆,2003 年出口 1 200 多辆,2004 年出口为 8 000 辆,2005 年为 18 000 辆,2006 年是 51 600 辆,2007 年 11.98 万辆。

奇瑞汽车出口量增长情况在 2008 年发生变化。奇瑞原来预计完成 18 万出口计划,以 14 万而告终。

不过,奇瑞仍然被认为是中国汽车产业快速成长的"黑马"。当中国其他汽车企业得到国家产业政策扶植,以合资或投资公司建立汽车生产或加工基地的方式参与国际汽车产业分工时,奇瑞坚定地以自主品牌和技术积累为宗旨瞄准全球市场,在探索和试验中,规避国际市场中不确定因素的干扰,以发展中国家为切入点,进而通过与全球性汽车巨头合作实现进入欧美等世界主流汽车市场的梦想。

本案例旨在为国际化战略,国际营销管理课程提供实践性教学内容,并探讨中国企业国际化面临的市场环境,为中国企业的决策和发展提供借鉴。

奇瑞公司概况

关于奇瑞公司

奇瑞汽车有限公司成立于 1997 年,在安徽省及芜湖市当地政府的扶持下,由五家投资公司共同投资成立安徽汽车零部件有限公司(奇瑞前身),注册资本为 17.52 亿元,位于芜湖开发区。芜湖是长江流域工业基地和物流中心。

1997 年 3 月 18 日,奇瑞汽车生产基地正式动工建设,1999 年 12 月 28 日,第一辆奇瑞汽车下线。2001 年,奇瑞轿车正式上市,当年完成单一品牌销量 2.8 万辆,销售额 20 多亿元。2002 年,奇瑞轿车销售 5 万辆,销售额 40 多亿元,跻身国内轿车行业"八强"。

2002年末,QQ3和东风之子两款车型下线;2003年,旗云、东方之子投放市场;2005年,奇瑞汽车年销量为18.9万辆,同比增长118%,净出口超过10万辆,同比增长129.8%。

2006年销售汽车30.52万辆,同比2005年增长62%,全国汽车占用率为7.2%,位居全国乘用汽车第四名。2008年底,奇瑞汽车销售整车35.6万辆,奇瑞汽车出口到80个国家,向海外出口汽车13.5万辆,在海外7个国家建立了9个工厂,第10个海外工厂也在积极筹建中。

奇瑞公司本着"无内不稳,无外不强,以外促内,形式灵活"的市场原则,开拓国际国内两个市场,是中国第一个将整车、CKD散件、发动机以及整车制造技术和装备出口至国外的轿车企业,是被国家商务部和发展改革委员会联合认定的首批"国家汽车整车出口基地企业"。

奇瑞公司产品线包括风云、旗云、QQ、东方之子、A1、V5、A6、瑞虎、凯瑞、A3、V2、A5等几十款车型。

奇瑞汽车在发展历程中,获得了多项荣誉。

2006年10月,"奇瑞"被认定为"中国驰名商标",并入选"中国最有价值商标500强"第62位。同年11月,奇瑞公司被美国《财富》杂志评为"最受赞赏的中国公司"第11位,成为中国唯一一家进入此排行榜前25位的汽车制造企业。2007年6月,奇瑞公司入选2007年度"最具全球竞争力中国公司"20强;同年12月,入选"发展中国家100大竞争力企业"。

2008年7月28日,奇瑞公司被国家科技部授予"创新型企业"称号,成为中国首批创新型企业。2008年10月,《商业周刊》中文版将奇瑞汽车公司评价为中国本土最具创新力的企业。对奇瑞汽车的评论是:"奇瑞是中国第一大汽车出口商,在对营销专家的调查中,大约15%的回应者知道奇瑞品牌,其他的中国汽车厂商都没有这么高的知名度。"

关于尹同耀及奇瑞管理团队

1958年,在北京举行的国庆成就展上,首次展示了国产车——"解放"牌卡车、"上海"牌轿车以及一辆由芜湖江南汽车修理厂生产的"江南"牌卡车。

芜湖当地政府一直梦想着将自己的城市发展成汽车之都。1992年,中国本土汽车业刚刚起步,芜湖一家村办的工厂手工打造了几百台车,产生了1亿多元人民币的收入。这对芜湖政府是巨大的鼓舞。

时任芜湖市市长助理的詹夏来全力支持当地招兵买马组建汽车厂,奇瑞汽车总经理尹同耀就是当时被詹夏来"挖"来的对象。

尹同耀出生在安徽芜湖市一个偏僻的乡下,毕业于安徽工学院(现合肥工业大学)。加入奇瑞汽车时,尹同耀在一汽大众已经工作了12年,他曾在德国大众汽车总部接受了系统的技术培训,并出任一汽总装车间主任,熟练掌握发动机技术和汽车生产流程。

在尹同耀还未加入奇瑞时,詹夏来向尹同耀讲述在当地建造中国自己的汽车厂的梦想。在对方几经催促和辗转中,尹同耀最终放弃在一汽大众的工作,转而加入奇瑞。当尹同耀到达芜湖时,发现奇瑞汽车的生产项目仍然是一片空地,只有8个人参与项目筹备。这8个人既是奇瑞汽车的最初创立者,也是奇瑞汽车的核心决策者,他们被称为"八大金刚",列入了奇瑞的史册。

尹同耀看到这样的情形并没有灰心,而是到处招兵买马。东方之子的项目经理是尹同耀在合肥工大的同班同学,车身部鲁部长原来在安徽安凯客车公司工作。1997年,尹同耀已经招募了50多人。他们记得,尹同耀站在长满荒草的空地上,兴奋地告诉他们哪里是发动机厂,哪里是研发中心,哪里是整装厂……虽然这些还都只是凭空画的大饼。但是,对这些人来说,加入奇瑞的最大吸引力就是"造自己的车"。

走向国际市场的筹备阶段

951工程与孤注一掷

芜湖政府支持奇瑞"造中国人自己的车"!

以詹夏来为代表的当地政府专员频繁周游列国进行考察,学习国外汽车业的发展经验,并获得引进技术和生产线的机会。芜湖市当地政府曾准备联手一汽收购西班牙西亚特的一条生产线。不过,该项目没有成功。

1995年1月,詹夏来到欧洲考察汽车工业,并得知英国福特的一条发动机生产线要出售,詹夏来认为,如果能引进这条生产线,将是非常好的机会。

当时,由于国家政策对轿车项目的限制,对于英国福特的发动机生产线引进只能秘密进行。以詹夏来为首的团队,将这个项目编号为"951工程"(即国家九五期间安徽头号工程),公开则称为"安徽汽车零部件工业公司(筹备处)"。

1996年,"951工程"以2500万美元的价格购买了英国福特公司的发动机技术和一条生产线。按照当初的打算,英方派来20名工程师安装这条生产线,可以为工厂生产汽车发动机提供学习的机会,在安徽芜湖当地实施发动机项目的同时,也可以启动整车生产项目。

福特生产线引进后,情况不及预期顺利。英方派来20多人与中方工人一起工作,工作进展慢,英方工程师还时常喝酒滋事。

在尹同耀看来,两只队伍同时工作会增加成本,英方工程师并不能帮助自己的工人掌握安装技术和生产线改装的步骤,"造自己的车只能依靠自己的人"。

后来,尹同耀与芜湖市政府三天三夜碰面在一起,在1998年11月26日晚上,尹同耀向当地政府官员提出的解决方案是,放弃与外方工程师合作,独立完成对引进生产线的改装。

"对项目失败,我将全部负责"。尹同耀说。

第二天,尹同耀正式向英方工程师宣布:"你们必须在12小时内离开工厂。"同时以他们并未按协议完成任务为由扣下400万美元的货款。

当时的情况是,中方没有一个工程师有经验。他们甚至读英文版本的安装指南都是有困难的。尹同耀将工程师分成两组,一组从早上8点至晚上8点工作。其余时间的夜班则由另一组工程师完成。他向组装工程师传达的信息是,非生即死,必须在8个月时间内将发动机生产线安装完毕。

1999年5月,奇瑞汽车的第一台发动机顺利下线并一次点火成功。1999年9月,CAC478/480发动机一次性通过产品鉴定。

走自己的路

2000年末,奇瑞发动机批量生产后,奇瑞汽车的第一款汽车"风云"批量上市。"风云"是仿效捷达轿车的底盘(尹同耀在一汽大众就负责捷达的生产线,对捷达的底盘技术了如指掌），外型设计则请一家台湾模具制造商福臻公司进行模具开发，模仿而成。

奇瑞"风云"是款造型大方的三厢轿车，配有 1.6 升的发动机，与桑塔纳、捷达和富康"老三样"属同一档次，但价格却低 1/3。2001 年全年，奇瑞轿车销售 2.8 万辆车，销售额 20 亿元。2002 年，奇瑞轿车销售 5 万辆，销售额 40 亿元。这样的销售业绩主要源自市场对"风云"的认可。

不过，此时的奇瑞汽车仍未被列入国家汽车许可生产目录，而上汽早已是国家获得生产许可的汽车企业。2001 年，在国家经贸委的协调下，奇瑞与上汽集团谈判。奇瑞同意以 35 040 万元的资产（注册资本的 20％）无偿划到上汽集团的账下，与上汽共享已有的生产许可资格。奇瑞对上汽提出了"四不"原则，即不投资、不参与管理、不承担风险和不分红。上汽对奇瑞提出的要求是：上汽的销售网络奇瑞不能使用，上汽管理经验奇瑞不能学习。显然，上汽作为相对资深的中国汽车企业，对奇瑞这个后来者非常歧视。

2001 年 1 月，安徽省汽车零部件有限公司正式更名为上汽奇瑞。奇瑞轿车载入了国家机械局（该单位现在被中国商务部下属的汽车工业协会取代）被撤销前最后一次公布的车辆生产管理目录，获得了久盼的编号为"7 字头"的汽车生产资质。奇瑞汽车所有的车型在尾部左上角都打上了"上汽奇瑞"的标志，很多购车者曾以为这是上海生产的汽车。

2001 年，随着"风云"市场份额增加，奇瑞汽车日益重视汽车行业的赢利规则，即通过整体发动机和车型的设计提升汽车整体附加值。

为了增加在发动机和车型设计方面的实力，奇瑞汽车坚持与国际上先进技术的公司进行合作。

从 2002 年开始，奇瑞与奥地利发动机设计公司 AVL 签订合作开发协议，在 3 至 5 年时间内，开发 0.8 至 4.0 升 18 款发动机。奇瑞汽车也与为法拉利设计运动跑车的意大利 Pininfarina 汽车设计公司和兰博基尼轿车设计商合作，并与英国里卡多工程设计咨询服务公司（Ricardo Consulting Engineers Ltd. of England）合作进行混合动力车研究。在奇瑞的决策层看来，这种合作既提升了自主技术能力摆脱了依赖性，又可以搭建走向国际市场的网络。

值得注意的是，在此过程中，奇瑞选择通力协作而不仅是将设计工作简单外包。奇瑞汽车参与到汽车或者发动机的设计过程中,并强调边干边学。最初,他们遭到了对方拒绝。奥地利 AVL 等国外公司坚持自主派遣工程师,并单方建立实验室,甚至没有让奇瑞进入研发过程的任何打算。面对奇瑞汽车"积极参与"的态度,这些国外公司有时甚至以取消合作相威胁。

奇瑞将这种方式叫做"共同发展"。奇瑞工程师对白天看到和听到的,进行录音,夜间组成学习小组。他们的总负责人布置了家庭作业,对技术细节进行吸收消化。

为了从"请进来战略"中受益,有时奇瑞支持每个有经验的工程师独立带领团队与海外专家联络,并获得机会接近最新的汽车设计理念。在这个过程中,奇瑞发现国内外研发的差距,就通过多种渠道获取技术,使得奇瑞不依赖于任何一家厂商而存在。奇瑞一边与外界设计资源合作,一边提升技术的议价能力。

尹同耀说:"过去,我们不具备技术能力和谈判信心。一些情况下,我们不能判断零配件质量。现在情况不同,我们可以做测试,进行评估,并能与供应商议价。"

奇瑞不仅学习西方技术,也希望融入当地文化,并在发展时获得市场的认同。

在国内,奇瑞汽车充分发挥本土优势,定位低端,注重时尚。为了满足城市年轻时尚用车族勇敢而个性的需求,奇瑞的 QQ 汽车,用轻巧甚至夸张设计和灵动的眼睛,再加上低廉的价格,以满足年轻人购车的需求。1997 年至 2001 年,中国汽车工业处于上升,国内汽车消费能力提升,奇瑞设计了 SUV 和越野车介入中档轿车市场,并推出了 1.6L 性价比较优的奇瑞 SQR7160 轿车。这段时间正是中国加入 WTO 之前,实施汽车行业市场开放的前期。

在国外市场,奇瑞汽车则参照国外同类汽车外观,并兼顾当地标准,奇瑞汽车希望像日本或韩国汽车业一样占据国际市场。

为了在中国汽车产业开放后,更顺利进入国外市场,奇瑞公司注重汽车质量的鉴定。2001 年,奇瑞汽车通过了国家级完善计量检测体系的评审确认,获得了"国家一级计量水平"的资格认可。奇瑞汽车也是中国国内首家成功进行侧面碰撞实验的企业,通过了国家轿车质量检测中心质量认证体系中心组织的

ISO9001 体系认证。奇瑞汽车也通过了德国莱茵公司的现场审核,成为中国首家通过国际汽车生产质量控制体系 ISO/TS16949 标准认证的整车制造企业。

在产品研发方面,奇瑞汽车投资 6 000 万元组建试验室,并与国际著名整车设计公司、发动机公司、变速箱开发公司合作。奇瑞汽车总经理尹同耀说:"造中国老百姓买得起的精品轿车。不但要造老百姓买得起的性价比高的轿车,还要造符合国际潮流、切合国际品质的轿车。"同时奇瑞不断地吸收国际先进技术和经验,从而使产品科技含量不断提高。

2003 年后,奇瑞汽车在冲压、涂装、焊接和总装等生产工艺方面进行了改进。在发动机方面,奇瑞公司也筹备研发 0.8 至 4.0 升,包括汽油、柴油、混和动力在内的系列发动机。在新车的研发方面,奇瑞汽车推出自主研发的概念车 Newcrossover,在 2004 年的北京国际车展上,受到了业界的普遍关注。

迈出国际化脚步

从叙利亚切入中东市场

以尹同耀为首的奇瑞团队一直梦想着制造中国人自己的车,并走向世界。但是真正遇到来自叙利亚的 Samir,并获得走向海外市场的机会时,尹同耀十分保守,甚至非常谨慎。

AL BUROUJ 公司是叙利亚国内专注于贸易和运输等领域的家族企业。1999 年,Ramez 和 Samir 两兄弟从家族中分离出来,从家庭中继承了位于大马士革的汽车经销店。第一辆进入叙利亚的丰田皮卡,就是由 Ramez 和 Samir 两兄弟从海湾国家引进的。

Ramez 作为公司总裁主内,在叙利亚海边小镇拉塔基亚办公,负责公司所有内部管理和零部件仓储管理。Samir 作为公司副总裁主持大马士革经销店,他大部分时间里都在国外跑,中国是他经常到的地方。

2001 年 6 月,Samir 来到中国做生意。当在北京街道上看到奇瑞"风云",Samir 以商人的直觉判断,奇瑞"风云"在叙利亚必然会成为畅销车。

Samir 认为奇瑞"风云"的市场定位符合叙利亚国情。

叙利亚是中东地区除海湾六国外,经济较为贫穷的国家。叙利亚的工业依赖于能源、农业,工业品和制造业则依赖于贸易和进口,在 1970 年代前,曾长期受殖民问题、地域政治、宗教因素而卷入战争中。1980 至 1990 年代,叙利亚的国民收入中有 70% 多都被用于国防建设。直到 1990 年,复兴民主党在国内实施"自由化"和开放的经济政策,在一些大城市开辟了七个"经济自由区",吸引本国和阿拉伯国家以及西方国家的私人资本。1991 年 5 月,叙利亚颁布了旨在鼓励外国投资的"10 号投资法"。该法对来叙利亚投资的外国企业给予减免税收等一系列优惠政策,并收到了明显的效果,叙利亚经济开始走出低谷。

叙利亚当地市场对汽车的需求是,性价比要求敏感,功能以实用为主。叙利亚汽车市场以法国标志汽车为主,日本丰田和韩国汽车在 1990 年代后期获得一些份额。这些汽车售价高,是富裕阶层的消费对象,总体消费量不高。

那些收入不高的当地人则希望拥有价格低、油耗低、配件成本低又耐用的汽车。在叙利亚,韩国起亚(KIA)车的前灯需要 5 000 叙镑,而奇瑞车的车灯 1 000 叙镑就能买到;起亚车 20 升汽油行使 200 公里,奇瑞汽车以同样的油量可以行使 300 公里。

Samir 坚信,奇瑞风云外观设计有欧美豪华车的外观,价格又便宜,能符合当地的需求。

在叙利亚,不少人都认为奇瑞车跟韩国车一样漂亮,价格却比韩国车便宜。于是 Samir 寻求将奇瑞"风云"汽车进口到叙利亚,不过一切并不顺利。

Samir 在辗转中从北京追到芜湖奇瑞汽车公司总部,向奇瑞公司提出进口需求。当时,尹同耀正在上海开会,奇瑞公司又没有出口方面的专门负责人,Samir 的要求遭到拒绝。于是,Samir 与当时在上海开会的尹同耀直接联络,提出了进口 200 台"风云"车型的需求。Samir 随即赶到上海与尹同耀面谈,两个人在上海街头会面。Samir 以并不流利的中文与尹同耀沟通。尹同耀感到这是个机会,但是叙利亚毕竟是陌生的,尹同耀只答应了 Samir 先出口 10 台奇瑞"风云"车至叙利亚市场。2001 年 6 月,10 辆奇瑞风云轿车从天津港运往叙利亚。

在接下来的时间里,Samir 又陆续进口奇瑞"风云"和 QQ 等车型。不过,奇瑞汽车在叙利亚的市场销售并不像 Samir 先前预期的那样乐观。AL BUROUJ 公司在奇瑞车的销售方面都入不敷出。

当时，叙利亚国内很少人听说奇瑞汽车的品牌，更没有看到过奇瑞汽车的广告。而且叙利亚当地的消费者易受家族因素影响。在叙利亚，往往一家几个儿子和女婿都会买同样的车，而其他至亲好友也会被推荐这样的车。Samir 曾举例，韩国 KIA 在叙利亚密集的广告和推广，使叙利亚不少家族为之动心，并全部选购韩国 KIA 汽车。叙利亚每年轿车需求在 3.5 万辆左右，韩国现代和起亚占据市场份额的前两名，分别为 13％和 12％。

与此同时，Samir 与奇瑞方面的沟通并不顺畅。除了语言障碍，就是奇瑞的员工跟 Samir 用"你必须"、"你应该"等"不礼貌"的词汇交谈，Samir 甚至为此被激怒而拍案离去，尹同耀及时打电话挽留了他。HMISHO 家族与奇瑞想有更多交流也很困难，Samir 的助手曾要求奇瑞把一个产品说明翻译成英文，但是迟迟没有得到奇瑞汽车的回应。有时奇瑞高层口头答应的事，Samir 回去后半年内看不到具体办事部门的执行是常有的事。

2002 年至 2003 上半年，奇瑞与 AL BUROUJ 公司的合作一度停滞。

不过，这些困难并没有阻止 Samir 两兄弟对奇瑞汽车的"赌注"。他们开始采取多种推广和促销手段，例如降价、分期付款等，甚至不要首付资金，给客户体验奇瑞汽车的机会。只要有展览或者任何可以展示奇瑞汽车的机会，Samir 都会带着车过去，他们甚至把奇瑞汽车的"东方之子"与宝马、奔驰放在同一销售厅里展示。Samir 认为，这样的做法并不是一定要卖车，而是让前去买车的高收入人群知道，奇瑞汽车也会出品这样的好车。

2003 年 2 月，奇瑞国际部成立。奇瑞汽车公司借鉴国外同行，对不同区域海外市场实行专人沟通负责制。丁少杰被任命为奇瑞中东部的负责人。来奇瑞前，丁少杰在丰田沙特经销商 ALJ 公司工作过 10 多年，其中有 7 年在中东工作。他对阿拉伯文化非常熟悉，再加上其本人信仰伊斯兰教，与 Samir 兄弟俩沟通起来非常顺畅。

当时，奇瑞汽车并没有全球性的营销计划，但是丁少杰凭借在 ALJ 的工作经验，把主要工作投入到售后支持和质量改进上，这正是 Samir 一直希望奇瑞做的事。

2004 年 6 月，奇瑞汽车启动了国际服务行动，两名特级工程师从芜湖启程飞赴叙利亚，全面启动海外市场服务系统，并在当地设立售后服务窗口与国外经销服务商对接。奇瑞开始定期派遣技术人员对不同地区经销商进行培训,并要求国外经销商派人到公司学习维修方面的知识。

Samir 派遣自己的工程师到奇瑞总部接受培训,自己招兵买马建立了奇瑞汽车的售后服务部,并投资进行奇瑞品牌宣传。

随着持续投入,奇瑞的公司知名度响起来了,人们对奇瑞车也逐渐接受了。2004 年 AL BUROUJ 公司开始赢利,当年他们卖掉 2 500 辆奇瑞汽车。2005年,在 AL BUROUJ 公司 300 万美元收入中,奇瑞车的贡献已经成为关键部分。

从 2005 年开始,奇瑞的零配件供应比以前及时多了,奇瑞在质量上有所改进,对于 AL BUROUJ 公司在供货和性能改进等方面的响应速度也比以前快了不少。当年,奇瑞按照 Samir 的要求,在 A15 车上换装 A11 的发动机并做了加长版。2006 年 4 月 20 日,奇瑞派 4 个工程师去叙利亚做技术培训。并且,从2007 年开始,奇瑞把其销售额的 5% 返给他们,支持他们在当地推广市场。"虽然与韩国汽车企业相比,奇瑞投入的力度还不够大,但他们显然已经在逐渐改善了。"Samir 说。

2008 年 12 月,奇瑞汽车与 HMISHO 集团合作。该集团在叙利亚的汽车组装厂总投资约为 37 亿叙镑(约合 7 800 万美元)对奇瑞汽车进行组装,年产量为 3 万辆。

2009 年 4 月,奇瑞汽车已经在叙利亚的 13 个城市拥有 15 个经销网点。在叙利亚的四个主要城市大马士革、阿列坡、霍姆斯、拉塔基亚分别设立了直属维修站。并且,奇瑞汽车已经出口到伊拉克、伊朗、埃及、孟加拉等中东国家,除此之外,奇瑞公司还在伊朗合作新建了一个 CKD 整车厂。

奇瑞在俄罗斯

与中国 TCL、华为等公司相比,奇瑞汽车进入俄罗斯市场要晚很多。但是奇瑞汽车进入俄罗斯市场速度惊人。

奇瑞三易合作伙伴

在 2002 至 2005 年,奇瑞在中东国家的汽车出口稳步推进的同时,把出口瞄准了俄罗斯。作为发展中国家,俄罗斯汽车工业即将兴起,国内政策支持国外投资发展国内汽车产业,同时,当地汽车市场需求规模出现快速增长状态。

根据俄政府原则通过的《2005至2008年汽车工业中期发展措施计划》,到2009年前,在俄境内至少应有6个外国汽车大型组装厂投产,主要用于吸引外资,由外国公司控股。

2005年初,俄罗斯政府颁布166号法令,为了促进俄罗斯汽车工业的迅速发展,决定对"工业化组装"汽车给予进口关税的政策优惠。政策规定,凡汽车企业年散件组装汽车超过2.5万辆,可在两年半的期间内享受全免进口关税或低于3%关税的政策优惠,同时要求部分汽车散件必须在俄国内配套生产,但对于国内生产的配套散件的比例并没有量化的规定。

在尹同耀看来,这是奇瑞汽车进入俄罗斯的好机会。2005年,奇瑞汽车与俄罗斯最大汽车厂Autovaz(伏尔加汽车厂)小型车分厂及配套商Autocom集团签定整车、发动机、变更采购意向书。不过,此意向书不了了之。

2005年8月,奇瑞汽车与主要从事石油产品销售业务,后转型发展道路建设的公司——俄罗斯新西伯利亚交通服务控股公司成立"新西伯利亚汽车制造厂"。奇瑞汽车以技术入股,该厂主要组装SUV瑞虎,并在2005年12月上市。该制造厂的运行方式为CKD,即采取从中国国内出品半成品,然后在俄罗斯国内进入精加工组装,在当地销售渠道则借助于北京吉普的销售渠道或者通过自主建设完成。

新西伯利亚交通服务控股公司总裁弗拉基米尔·博伊科曾非常有信心地表示,项目在2至3年内将投资2000万美元,并在俄罗斯实现奇瑞汽车组装的本土化。原因是俄政府总理初步决定,国外汽车在俄组装的,其散件进口关税降到3%以下。

不过一切情况在2006年发生了变化,俄罗斯收紧了仅仅是整车进口以及SKD的组装政策。根据俄罗斯法律,组装成整车的散件,进口时要按整车缴纳关税和增值税,奇瑞最初在西伯利亚的组装散件厂被按照整车关税标准征收。与此同时,俄罗斯联邦工业局负责人鲍里斯·阿廖申表示:"俄罗斯必须阻止质量不可靠的中国轿车和老旧危及乘客生命安全的客车进入俄罗斯市场的机制。"

2006年初,奇瑞新西伯利亚工厂停产。

对此,俄罗斯当地媒体的报道是:"奇瑞单方面远离西伯利亚公司的合作,并与竞争对手谈判,这是双方终止合作的原因。"奇瑞汽车的相关负责人并未正面解释。2006年3月,奇瑞汽车对外声称,组装仍在继续。

2006年2月,奇瑞与俄罗斯阿芙多托尔(Avtotor)公司签署协议计划在俄建厂,该工厂位于俄罗斯在欧洲大陆的飞地——加里宁格勒。相比奇瑞此前的位于新西伯利亚的第一工厂,该工厂更加靠近俄罗斯和欧洲主流市场。奇瑞对外表示,短期内,没有将加里宁格勒工厂组装车型出口欧洲的计划。

加里宁格勒工厂的产能计划为每年2万辆。4款车型首先生产,包括奇瑞A5、奇瑞旗云、奇瑞T11以及目前在国内还没有上市的MPV——奇瑞B14。2006年,奇瑞在俄罗斯市场总销量为10 768辆。

事实上,阿芙多托尔公司的总裁谢尔巴科夫曾任前苏联第一副总理兼国家计委主席,有丰富的经验和广泛的社会联系。俄罗斯前总理切尔诺梅尔金曾到过该厂参加开业仪式。该公司一直享受特区免税进口优惠政策,但业界对此一直有异议。阿芙多托尔公司的地位随之处在风口浪尖上。在俄罗斯当地媒体看来,围绕着阿芙多托尔公司始终展开着"金钱和权利的角斗"。

阿芙多托尔汽车厂位于俄罗斯加里宁格勒经济特区,享有免费进口散件的优惠政策,这也使奇瑞成为唯一获得散件组装优惠的中国汽车企业。

这种优惠政策是推动奇瑞在俄罗斯市场生产量和销售量快速增长的主要原因。2007年,奇瑞在俄罗斯的销量接近4万,同比增长245%,在俄罗斯汽车销量排行榜上一跃成为第13名;同一年,中国汽车在俄罗斯的总体销售量为51 159辆,占俄罗斯外国品牌汽车的比重由2%增加到3%。

2007年4月,奇瑞汽车在俄罗斯的发展也获得两国政府支持。2007年4月,以"合作共赢,和谐发展"为主题的中国国家展在莫斯科克洛库斯展览中心落下帷幕。奇瑞汽车品牌所属的V5、QQ6、A1等车型受到好评。

不过,奇瑞汽车只在俄罗斯经历短暂性的平稳市场发展后,又出现了转折点。2007年7月上旬,阿芙多托尔控股公司董事会主席弗拉基米尔·谢尔巴科夫宣称,政府专业部门拟议出台政令,自2008年1月1日起取消加里宁格勒的"阿芙多托尔"所有汽车品牌的优惠政策。原因是,俄罗斯政府拒绝审批海外进口汽车组装项目的许可,并结束所有税收优惠。

与奇瑞等中国本土汽车厂商在俄罗斯建立组装厂停业形成对比的是,丰田、大众、标致雪铁龙、三菱等海外厂商却相继获得俄罗斯政府的批准,陆续公布他们在俄罗斯的设厂计划。

2008 年 3 月 31 日,奇瑞的俄罗斯组装伙伴阿芙多托尔汽车公司在《俄罗斯报》发表声明,宣布由于卢布升值和美元贬值,双方决定终止汽车组装。

按照舆论公开的说法,俄罗斯政府取消对阿芙多托尔汽车公司的税收优惠是由索克集团所推动的。以索克集团为代表的俄罗斯汽车企业,向政府发起了取消阿芙多托尔优惠政策的联合行动。阿芙多托尔与索克集团的矛盾由来已久,双方在韩国起亚项目上的争夺非常激烈。他们分别组装不同的起亚车型,并在自己的独家代理渠道销售。阿芙多托尔是索克集团的眼中刺,他们的争斗是一场金钱与权利的斗争。

另外的说法是,索克集团旗下的伊热汽车厂的产能没有饱和。该厂每年生产 6 万辆起亚车型,同时生产为数不多的"伊热"和拉达传统汽车,一半的生产能力处于闲置状态。索克集团公开宣称,他们对于使伊热汽车厂发挥全部生产能力以及与奇瑞成为合作伙伴颇感兴趣,如果能够生产 7.1 万辆奇瑞汽车,则该厂生产能力将达到年 20 万辆。

此前,索克集团还与中国吉利汽车谈过合作,但是没有"修成正果"。原因是索克集团对未来的中国伙伴提出的条件依然十分苛刻:中国公司必须在伊热厂生产全系列产品,要保证在俄实现国产化。在几经变化中,从 2008 年 7 月 1 日起,伊热汽车厂以 120 亿卢布(约合 5.18 亿美元)正式易主伏尔加集团——俄罗斯本土最大的汽车厂。

在奇瑞与阿芙多托尔终止汽车组装合同后,奇瑞汽车新闻发言人金弋波称,奇瑞绝不会退出俄罗斯市场,而且目前还在非常努力地开拓俄罗斯市场。

2008 年 7 月,奇瑞公开了暂留俄罗斯的消息,并与 TagAZ 签订了一年组装合同。"9 月份,奇瑞与 TagAZ 公司(Taganrog Automobile Plant)合作生产的车型将正式在俄罗斯市场推出"。奇瑞国际公司独联体大区副总朱金星对媒体表示。"奇瑞在俄罗斯新的合作项目总投入达到 1 亿美金,第一年计划组装量为 9 万台,生产车型包括瑞虎、奇云和 A5,采取 CKD 而非以前 SKD 的组装形式"。

奇瑞在俄罗斯的碰撞门

2007 年,奇瑞在俄罗斯遭遇了"该国政府取消零部件进口关税优惠"所带来的麻烦,7月,俄罗斯权威汽车杂志《autoreview(汽车观察)》经过其组织的碰撞试验,宣布奇瑞旗云碰撞成绩为近3年俄罗斯最差测试成绩。这也是第三家在海外受到碰撞质疑的中国国产汽车企业。

《汽车观察者》6月号指出:奇瑞Amulet(旗云)创下近3年来俄罗斯最差碰撞测试成绩,当旗云样车以64 km/h的速度撞击40%偏置障碍物时,其车身结构瞬间发生可怕的变形扭曲,A柱扭曲为近乎垂直状态,仪表台、方向盘、油门刹车踏板随巨大的冲击力移位侵入驾驶舱内,驾驶员位置的仿真假人甚至在强力挤压下发生部分解体,而真实事故中驾驶员几乎没有生还可能。

奇瑞汽车并不认可《汽车观察者》这一说法,表示该份结果与5月份的同级别碰撞测试结果迥异。

2007年5月25日,在上海国家机动车产品质量监督检验中心碰撞实验中,奇瑞旗云顺利通过了比欧洲NCAP略为宽松的VCA碰撞实验(56 km/h)认证,从而成功获取进军欧盟市场的资格。

《汽车观察者》的碰撞采取的是欧洲NCAP标准。NCAP是一个类似消费者协会性质的行业组织,它由欧洲各国汽车联合会、政府机关、消费者权益组织、汽车俱乐部等组织组成。NCAP制定的碰撞标准不具有法律强制性,但是因为具有一定的行业权威,因此消费者购买汽车时,其标准也具有一定的参照意义。

NCAP的标准要比ECE R94标准更为严格。以碰撞速度为例,NCAP的标准是以每小时64公里的速度撞击40%偏置障碍物,而ECE R94标准是以每小时56公里的速度撞击,"虽然速度仅仅提高了8公里,但是碰撞的能量将增加30%左右"。奇瑞汽车的发言人对外宣称,这也是两次碰撞试验结果大不相同的根本原因。

与此同时,奇瑞汽车对外解释:2007年,奇瑞就为俄罗斯2008年将提高的汽车认证标准做了准备,英国车辆认证局(VCA)、德国莱茵公司(TUV)对奇瑞推向俄罗斯市场产品进行全面测试,测试报告和通过认证的证书均已报给俄政府相关部门,满足了俄罗斯新的12项认证标准完全没有问题。

碰撞门后,整个俄罗斯国内的舆论对于中国汽车,尤其是奇瑞汽车十分不利。2008年和2009年,俄罗斯本土汽车业发展,奇瑞汽车边修正市场形象,边应对俄罗斯国内车业的兴起。

与克莱斯勒合作

除了发展中国家的市场,奇瑞汽车一直希望通过与欧美汽车厂商合作,进入发达国家市场。2004 年 11 月,奇瑞与美国梦幻汽车公司签署协议,将 NEW CROSSOVER 等 5 款车在北美市场销售。不过,这项合作因扩张计划中的融资等问题而中止,奇瑞开始寻求与戴姆勒-克莱斯勒的合作。

2006 年 5 月,奇瑞汽车与戴姆勒-克莱斯勒旗下的克莱斯勒集团进行合作谈判。谈判的主要内容是:奇瑞为克莱斯勒代工生产小型汽车,并由克莱斯勒公司在美国、欧洲、中国、加拿大和墨西哥等市场销售。同时,克莱斯勒的 DodgeHornet 两门微型轿车授权给奇瑞在中国生产,不过车型的设计改造工作将由双方合作完成;奇瑞自身开发的车型 A3 将进入克莱斯勒全球销售网络,但前提是贴上克莱斯勒的标识。

在尹同耀看来,与克莱斯勒的合作,奇瑞并不是简单地"代工"。按照汽车业对"代工"的理解,克莱斯勒应该向奇瑞输入制造技术,在销售后只需要支付委托生产的费用。而与克莱斯勒的合作协议中,克莱斯勒不仅要支付委托生产的费用,还要支付知识产权的费用。因为 A1 是奇瑞自主研发的,奇瑞拥有自主知识产权。

不过,奇瑞与克莱斯勒的合作意向迟迟没有变成现实。

2008 年 12 月 10 日,奇瑞和克莱斯勒历时两年的艰苦谈判以失败告终。克莱斯勒中国和奇瑞分别发出声明确认,由于合作前景不被看好,奇瑞、克莱斯勒双方正式终止战略合作谈判。克莱斯勒总裁纳德利称,与奇瑞的合作是复兴计划的重要希望,但是现在必须收缩战线。

2009 年初,克莱斯勒申请破产。克莱斯勒中国区事务负责人并不认同与奇瑞合作谈判和"破产危机"有关。该人士表示,终止谈判是因为失去合作前景,跟破产危机没有必然联系。目前克莱斯勒还与多家中国企业仍保持接触,并不排除与任何一家合作的可能。

与此同时,奇瑞在终止合作的声明中表示,终止合作谈判后,作为奇瑞拟为克莱斯勒代工的第一款车型——A1 的合作项目也已停止。"奇瑞正在研究独立向美洲出口 A1 的可行性"。

奇瑞汽车的发言人在接受媒体采访时表示:欧美企业正受到次贷危机面临着破产或者重组,而这正是中国汽车业独立创新发展的好机会。2009 年,我们将在"年轻、自信、向上、国际化"四个方面以崭新形象定义"奇瑞"品牌。

2009 年 1 月,奇瑞汽车与 Ateco 汽车公司经过 4 年谈判后,获得进入澳大利亚市场的机会,主要销售 A1、A5 和瑞虎三种奇瑞车型。

与此同时,奇瑞的全球化进程也获得中国国家进出口银行的信贷支持。中国国家进出口银行为奇瑞提供 100 亿元的信贷资金,用于与该公司全球计划有关的项目,例如,完善奇瑞的货运码头,扩充生产能力,提升出口产品的品质等。尹同耀说,经过近 10 年的国际化探索,奇瑞汽车已经不用去熟悉国际市场,做汽车市场的调研和谈判了,有了资金的支持,奇瑞汽车国际化进程转而走向多品牌、多渠道的发展路线,并通过增加高端车型,对奇瑞品牌战略进行全面国际化的部署。

讨论问题

1. 在中国企业国际化进程中,人力资源应该如何配置?

2. 在国际化进程中,很多中国的企业希望利用中国本土的低成本竞争力。这条路是否行得通?

3. 奇瑞公司产品的定位是集中做好国内市场销售还是大规模推广全球市场? 不同市场的销售过程是由哪些不同因素决定的?

钱江摩托之梦:中国成本,
欧洲品牌,日本质量①

案例导读

贝纳利和它的新的中国管理者——钱江集团所面临的一个关键问题是,提升贝纳利品牌在世界范围的优势和销售网络的有效性,从而能够提高市场占有率。贝纳利的产品,尤其是它的摩托车同市场上最重要的对手进行竞争都具有很大的潜力,可是它在美国和欧洲的市场占有率却极低。钱江集团希望通过贝纳利的品牌效应在渗透到西方市场时遇到的问题少一些,可是,由于必须重新建立跨国品牌形象以及跨国的供应链关系而引起了一些耽搁。尤其是对于提升销售量来说,市场投资、售后助理和客户服务都是必要的。

钱江概况

钱江集团坐落在中国浙江东南沿海的温岭市,距离上海有 480 公里。钱江集团是一个大规模的国有企业,也是中国国务院批准的 520 家国家重点企业之一。钱江集团是中国最大的生产和销售摩托车的企业,是亚洲地区规模最大也是国内装备最先进的摩托车生产基地,它每年的生产量达到 150 万辆。公司占地面积近 600 亩,资产 50 亿元,职工近万人。公司主导产品"钱江牌"两轮摩托

---

① 本案例由加拿大阿尔伯塔省麦科文大学商学院亚太研究中心主任魏小军博士,英国卡迪夫大学商学院博士生朱景琪,意大利马伽拉塔大学斯皮加雷利博士及美国劳林斯大学中国研究中心龙漪澜博士编写。此案例仅作为课堂讨论的材料,作者无意阐明案例是否有效地应对了一个管理情景。为了保密,作者可能在案例中有意隐去了真实姓名或其他信息。未经书面授权,禁止任何形式的复制、收藏或转载。

车产量连续三年位居全国同行业前三位,经济效益连续五年居全国同行业第一位。"钱江"是行业内唯一同时荣获中国名牌产品、中国驰名商标、中国消费者协会 3.15 标志产品三项殊荣的民族品牌。

发展历程

起步阶段(1985~1992 年):钱江集团以前曾是温岭市一家化工机械制造厂,它成立于 1971 年。工厂在 1985 年 5 月开始摩托车生产。在 1993 年 1 月,工厂又改名为浙江摩托车工厂。

高速发展阶段(1994~2000 年):1996 年经过重新改造之后,企业更名为浙江钱江摩托车集团。在政府的支持下,钱江集团成功兼并了温岭糖化工厂、温岭机车工厂、温岭车辆修理厂以及温岭电子工具厂。这些被兼并的企业使得钱江集团获得低成本的扩张。1999 年,浙江钱江摩托有限公司在浙江省人民政府的支持下正式建立。浙江钱江摩托股份有限公司是由浙江钱江摩托集团有限公司和马来西亚金狮明钢有限公司共同发起,采用募集方式设立的上市公司。公司公众股于 1999 年 5 月 14 日在深圳证券交易所挂牌上市。钱江集团通过规范的企业股份制改造,吸取民营企业的管理模式,发挥企业规模优势,至 2000 年实现了摩托车年产百万辆,产销量、经济效益均居国内同行业首位。钱江品牌已无可争议地成为纯国内品牌最高层次的代表。

平稳发展时期(2001 年至今):树立起了具有鲜明钱江特色的第一民族品牌的形象:总资产已达 50 亿元,资产和利税总额较 1985 年增长上千倍;连续 5 年实现利税总额超过 5 亿元,其中浙江美可达摩托车有限公司连续三年上交税金进入中国中外合资企业前 100 名;钱江摩托被评为"中国名牌产品",钱江商标被评为"中国驰名商标",钱江集团已成为中国摩托车行业综合竞争力最强的龙头企业集团之一。

对社会的贡献

钱江在规模发展过程中,通过合资、上市等多种渠道和方式,实现了资本的快速扩张和资本构成的多元化,不仅从一个产值仅百万元、名不见经传的国有小厂发展成为大企业集团,同时也对社会发展做出了巨大贡献。

对地方经济的直接贡献

钱江上市八年后,已经生产和销售700万辆摩托车,其中93万辆出口到国外;总的销售额达到21.196亿元人民币,其中上缴税收是4.537亿元人民币。在2007年,钱江集团大约生产了123万辆摩托车,其中销售了120万辆,达到了20.07%的年增长率。在总的销售量中,其中937700辆摩托车是在国内市场销售的,而265400辆出口到国外市场,赚取了140.38百万美元的外汇。

对就业的贡献

钱江摩托主业的持续、快速发展,不仅为国家创造了产值、税收、利润,扩大了产品出口,创造了外汇,而且增加了人员就业。随着公司规模和产量的不断扩大,产品质量水平和技术水平不断提高,带动了钢材、铝材、塑料、电子、化工、油品、橡胶、造纸等原材料工业和零配件等机械加工业与测试设备的发展。粗略估计,与钱江摩托配套的企业有上千家,这些配套厂家平均每家按200人从业计算,创造的就业岗位就超过20万个。

对配套厂家的技术扶持,促进了制造水平的提高

钱江摩托一直致力于产品质量的提高,倾力打造具有钱江企业文化特征的产品。公司于1997年通过了德国TUV公司的ISO9001质量体系认证,2000年又通过复审。企业的各种产品都通过了相应的国际标准,并从国家进出口商品检验局获得质量许可证。钱江产品质量稳步提升,同时促进了配套厂家零配件的质量提升。通过有效的政策引导和积极的技术扶持,相继有300多家配套厂家通过了ISO9001质量体系认证,质量体系不断完善,制造水平不断提高。

钱江的优势

钱江的管理理念和价值观

"聚源强功"是钱江摩托在长期经营实践过程中形成的致胜理念,也就是"审天下之势,识天下之机,集天下之源,兴钱江之业",通过集聚低成本生产资源,集聚全球顶尖技术,集聚先进管理模式和集聚产业多元化财富效应,增强钱江综合实力,促进钱江摩托的不断发展壮大。

钱江的产品

钱江集团设计、开发和生产钱江的机械和电子产品。它生产排量范围在50CC到250CC的摩托车，还生产与摩托车相关的产品，例如发动机零件、赛车、微型摩托车、全地形车辆、气体机车、发电机、高压净水器、园林工具、电力泵、真空泵、割草机以及其他产品。集团生产的40％的产品都要出口到欧洲、美国、中东、东北亚和非洲——总共出口到世界上110多个国家。

独具特色的研发模式

公司经过多年的实践和探索，逐步形成了独特的钱江研发模式。公司不仅与欧洲著名设计、技术公司合作，而且还聘请日本发动机、外观设计专家和欧洲著名外观设计师来钱江长期工作，充分融入钱江研发团队。同时，公司充分利用国内较低的人力资本和明显的低成本制造优势，真正实现了全球资源优势整合国际技术。

钱江的设备投入

钱江在设备上舍得投入，拥有摩托车行业最精良的设备群，为钱江摩托车关键件全部自制提供了强大的技术设备力量，在硬件上为企业提供了可靠的质量保证。热处理应用德国易卜森公司多用炉以及热处理的先进工艺，代表企业在热处理方面已经处于国内领先水平；电镀拥有装饰铬、硬铬、塑料及铭合金电镀自动线，采用世界一流的电镀添加剂，使电镀工艺达到了国内领先水平；重力铸造、低压铸造实现零的突破，形成了一定的技术实力和生产能力；涂装拥有日本兰氏全自动测式喷涂机的流水线，使涂装质量接近日本水平。此外，还有加工中心组成的发动机柔性生产线、焊接机械手、米克朗加工中心、日本牧野加工中心、沙迪克电火花和线切割机床、整车试验转向台、三座标测量仪、英国40通道光谱分析仪等具备国内外一流水平的生产和检测设备。

市场创新的演变

钱江积极调整产品定位方向，将实现从原来的代步工具向世界高端产品切入，已开始着手研发600CC及以上的高档摩托车，以切入欧洲高端摩托车市场。在欧洲建立自己的研发中心和平台，以欧洲市场为主开发高端产品，再将已成功打入欧洲市场的高端产品打入美国市场及东南亚和非洲市场。

（1）钱江率先在行业内推行"市场管理，封闭销售"的营销策略，并根据"保障商家利益,服务销售末端"的原则,实施一地一策、一店一策、一车一策以及价格套餐政策。

(2) 为更有效地把握和服务市场,钱江推出了研、产、销一体化、动态响应市场的营销管理新模式,按照"创新而立,借势求活,机缘强攻,储谋得势"的十六字方针,进一步深化销售系统改革,形成合力,积极灵活地掌握市场主动权。

(3) 上海钱江摩托营销有限公司的成立标志着钱江完成了从传统销售到现代营销的专业升级,从产销一体化的组织模式到成立专门的市场运作机构,这是钱江经营历史上又一重大变革。新营销公司成为钱江摩托营销的决策中心、管理中心、信息中心、服务中心和培训中心。在此期间,钱江"555 服务"掀起了行业服务革命新创举,同时形成了钱江品牌独特的"耐磨"文化。

成功实现国际市场战略转移,抢占世界市场制高点

在立足国内市场的同时,公司积极拓展更为广阔的海外市场,不断健全和完善国际市场营销网络,充分利用国际国内两个市场,两种资源。

面对中国摩托车在东南亚等市场的自相恶性低价竞争,公司审时度势,率先主动跳出价格战"怪力圈",进行了主攻欧美发达国家和地区的重大战略转移,并在市场准入异常严格,消费要求近乎苛刻的欧美市场取得了辉煌战绩。近 5 年来,公司累计出口整车 60 多万辆,创汇逾 3 亿美元,其中 80% 以上销往欧美发达国家和地区,出口整车现已通过严格的欧洲认证。

钱江的跨国技术合作

钱江在摩托车外观及发动机核心研究开发领域积极加强与世界制造业各专业领域的著名设计技术公司合作,通过合作积极开发各种具有自主知识产权的产品;同时促进钱江技术人员掌握当今世界先进的设计技术理念,提高企业自主设计开发水平。

技术合作项目有:

(1) 法国现代发动机设计公司:该公司与法国雷诺汽车有超过 40 年合作经验,与标志雪铁龙集团有 30 年以上的合作经验。钱江集团与法国现代公司合作,联合开发发动机,同时法国现代还扶持提高钱江集团制造技术,使整个制造技术与国际最先进的发动机制造企业相媲美。

（2）意大利 DOLOMITICATED 公司是意大利著名的交通工具设计公司，有着丰富的汽车、摩托及开发经验。根据公司研发的实际情况，聘请意大利著名设计师承担钱江 3 款两轮摩托车的前期市场调研、外观设计和 A 面构建等关键部分的设计，并且其每完成一步都由钱江进行评审，保证了项目的质量。

（3）奥地利 KISKA 公司是欧洲乃至世界著名的外观造型设计公司。钱江集团与其合作，全新开发 XOR50 CC、125 CC 踏板车，IDE50 CC 踏板车及越野车、沙滩车等多款面向欧美发达国家和地区的最新流行趋势车型。钱江在与 KISKA 公司合作过程中，掌握了与世界同步的摩托车外观造型设计理念。

（4）1999 年，钱江集团与合作伙伴去印度尼西亚市场销售摩托车。在两年内，钱江摩托几乎达到了印尼市场占有率的一半。作为 2000 年 3 月成立的一家合资企业，Sanex Qianjiang 是由浙江省钱江（0913）集团、台湾 CPI 公司以及印尼 SANEX 公司合资兴建的。从 2000 年 4 月开始，Sanex Qianjiang 从中国总部进口全装配的摩托车，然后在印尼市场上销售。工厂开业的大约两个月以前，当地的工厂每天生产 400 到 500 辆成品车时，企业开始逐渐减少进口。工厂每个月有 30 000 辆的生产能力。SANEX 也因此给印尼人提供了许多的工作机会。公司在印尼有 43 个主经销商和 273 个二级经销商，还计划建立一个子公司来为企业生产备用零件。

贝纳利的背景

贝纳利（Benelli）公司于 1911 年在意大利 Pesaro 市成立，是意大利最早的摩托车制造商，也是世界上历史最悠久的摩托车制造商之一。贝纳利的创始人是一位传奇的女性，叫 Teresa Benelli。她为了给自己的 6 个孩子获取一份稳定的工作，将其全部财产投入到她的事业上。她带领着 6 个儿子，开办了一家汽车、摩托车维修店，同时自己生产维修所需的零配件。经过几年的奋斗，贝纳利公司不断壮大，生产能力有了极大的提升。1920 年，公司开始自己生产发动机，并将发动机安装在自行车架上，这款车虽然外形简单，但它使用的却是贝纳利公司自己生产的排量为 75 mL 的单汽缸、两冲程发动机。第二年，公司将发动机的排量提升到了 98 mL，并开始生产摩托车。

贝纳利大事件：

1911 年——Teresa Benelli 女士为了给自己的 6 个孩子获取一份稳定的工作创建了贝纳利公司。

1920 年——贝纳利公司生产了第一台排量为 75 mL 的单汽缸、两冲程发动机。

1921 年——贝纳利公司将排量提升到 98 mL,并开始量产摩托车。

1924 年——贝纳利公司开发出了 175 mL 的越野赛车,在越野赛中崭露头角。并在 1927 年、1928 年、1930 年和 1931 年获得了 4 次意大利赛事冠军。

1939 年——贝纳利公司自主研发的 4 缸 250 赛车在"Man TT"250 mL 小排量比赛中夺得了冠军。

1950 年——达里奥安布罗西尼驾驶一辆贝纳利摩托车赢得了世界赛 250 排量的冠军。

1953 年——达里奥安布罗西尼驾驶一辆贝纳利摩托车赢得了世界赛 125 排量的冠军。

1960 年——强大的贝纳利公司兼并了 Moto-B 公司,使其成为贝纳利的子公司。

1971 年——贝纳利公司接管了摩托·古奇公司,并研制高性能多缸摩托车。

1995 年——贝纳利与意大利的 Andrea Merloni 公司完成资产重组,开发了数款高性能摩托车。

2002 年——Tornado 900 Tre 超级跑车和 TNT 系列摩托车的上市为贝纳利带来了真正的成功。

2004 年——TNT 1130 被评为世界年度车型。

2005 年——钱江摩托成功完成了与贝纳利公司的资产重组,重组后,贝纳利为摩托车工业带来了创新的气象。

2008 年——Dipiemme 队的 64 号选手 Angelo Conti 驾驶着 Benelli TNT 1130 在 2008 赛季"Roadster 杯"国际跑车锦标赛上获得了冠军。接下来在"2008 澳大利亚 Nakedbike 锦标赛"最后一轮比赛中,赛车手 Adrian Pierpoint 和他的 Benelli TnT 1130 Sport 完美配合,摘取桂冠。

2009——百年贝纳利登陆中国。

钱江集团兼并贝纳利的过程及兼并后存在的问题

兼并的过程

贝纳利和钱江集团于 2005 年 6 月首次签订合同：他们在寻找能够互补彼此优势的一种协议。贝纳利有公认的品牌、西方市场营销的知识和工程技术，而钱江有高效率的工厂和低的生产成本优势。2005 年 9 月，关于贝纳利钱江的建立，双方达成了一个协议。

钱江摩托购买贝纳利的主要原因是利用其著名而又公认的品牌，其品牌是建立在质量和运动传统基础上的。同时也是为了使贝纳利的技术和知识资本化，从而能够获得高质量的产品，而钱江集团还没有渗透到这些部分。因此，最初的战略目标是通过以贝纳利的历史和传统为杠杆来重新启用贝纳利的商标，从而能够获得高质量的产品。贝纳利的产品和零部件部分也被用到中国是为了提高国内制造的产品的质量，同时也能为新的类型的客户提升多种类的产品。钱江集团期望通过增长的效率和高质量的产品来同领先的日本企业在摩托车市场上竞争。

在兼并之初，钱江集团并没有特别关注贝纳利在意大利的地理位置，可是它发现在 Marche 地区的确有一些竞争优势。由于当地政府机构的大力支持，兼并进行得比较顺利，从而帮助钱江集团在同俄罗斯的企业购买贝纳利的竞争中获胜。

兼并后产生的问题

兼并之后，由于中国人和意大利人的工作习惯尤其是关于商业方法所体现出来的文化差异引起了一些问题。问题不仅产生于不同的组织文化，而且还来自于中国和意大利不同的工作环境。

有许多例子是关于在技术领域的沟通问题。中国和意大利的技术部门致力于一起和谐的工作从而能够合并和优化他们的互补技能。可是，由于语言和文化差异，在一起工作是困难的，这些问题正在耽误重要工程的进展。

另一个关键领域是与规则和法律相关的。关于意大利具体的财政或民事规则的行为,有时候被中国人认为是多余的。同样地,中国的规则对于意大利员工来说,也许是奇怪的和不能接受的。在这种情况下,贝纳利和它的新的中国管理者都关心的问题是怎样去改进跨文化沟通。沟通和文化差异上的问题在管理者和员工之间制造了一条裂缝,也阻碍了战略的实施和损害了公司的潜能。

在管理"新的"贝纳利的过程中所出现的别的困难是由于极大关注效率,这也会产生负面影响。中国国内市场的消费者是以价格为导向的:一般来说,这会导致中国的企业更关注于降低成本并减掉那些长期得不到回报或触摸不到回报的投资。钱江集团的跨国并购需要它经营商业的传统模式,并重新考虑低成本的方法。

贝纳利和它的新的中国管理者所面临的一个关键问题是,提升这个品牌在世界范围的优势和销售网络的有效性,从而能够提高市场占有率。贝纳利的产品,尤其是它的摩托车同市场上最重要的对手进行竞争都具有很大的潜力,可是它在美国和欧洲的市场占有率极低。钱江集团希望通过贝纳利的品牌效应在渗透到西方市场时遇到的问题少些,可是,由于必须重新建立和重新设置跨国品牌形象以及重新建立跨国的供应链关系而引起了一些耽搁。尤其是对于提升销售量来说,市场投资、售后助理和客户服务都是必要的。

讨论问题

1. 在中国企业国际化进程中,人力资源应该如何配置? 钱江集团兼并贝纳利后,新成立的公司总经理以及派驻人员是否合适在其岗位上?

2. 在国际化进程中,钱江集团的口号是"欧洲的品牌,中国的成本,日本的质量"。这条路是否行得通?

3. 钱江集团兼并贝纳利后,新公司的产品是定位国内市场销售还是推广全球市场? 销售过程中需要哪些因素?

东软的业务成长及国际化探索①

案例导读

作为一家中国领先的 IT 解决方案与服务供应商,东软集团的触角直达日本、欧洲、中东及北美市场,并通过收购国外公司进行着快速的扩张。东软美国公司作为东软集团旗下的全资子公司之一,其建立是积极拓展北美市场,在全球范围内配置资源,优化东软的全球化交付与服务网络,构造公司核心竞争力的重要步骤。一方面,母公司的投资是东软美国公司的主要资金来源;另一方面,母公司对东软美国公司的直接投资也需要通过中国政府的审批才可以完成。当前,公司面对的重要课题之一是满足公司国际化发展的人才招聘、培训及整合和使用等。

已是傍晚时分,东软集团副总裁、东软美国公司总裁方发和(Walter Fang)刚刚向来自中国总部的董事们汇报完东软美国公司这一年来的发展情况,疲惫地回到办公室。窗外是一片开阔的绿地,这里没有城市的喧嚣,没有交通的拥挤,大片的空地中散落着数不清的高科技公司,它们的产品遍布全世界,它们的名字无人不晓:苹果公司,谷歌公司,惠普公司,因特尔公司……

夜幕临近,Walter 坐在办公桌前,呷上一口中国茶,不禁回忆起自己与东软集团一起成长的近十年岁月。

---

① 本案例由美国旧金山大学杨小华教授、陈荣鑫教授,加拿大艾伯塔省麦科文大学商学院亚太研究中心主任魏小军博士,以及亚太研究中心客座研究员、英国卡迪夫大学商学院博士生朱景琪编写。此案例仅作为课堂讨论的材料,作者无意阐明案例是否有效地应对了某个管理情景。为了保密,作者可能在案例中有意隐去了真实姓名或其他信息。未经书面授权,禁止任何形式的复制、收藏或转载。

东软集团及业务介绍

1991 年，东北工学院教授刘积仁博士和两名青年教师，以 3 万元科研经费，3 台个人电脑在东北大学的一间小教室中成立了东软公司。很难想象，经过近二十年的快速发展，目前的东软已成长为营业总收入超过 41 亿元人民币，在全球拥有 17 000 名员工，在中国拥有六个软件研发基地，在四十多个城市建立销售和服务网络的中国第一大软件公司。公司主要致力于行业解决方案、产品工程解决方案、软件产品、平台及服务等业务。其中，软件与服务业务、医疗系统与健康服务业务是公司的主要盈利项目，占据了公司总营业收入的 90% 以上。

成立之初，东软公司依托东北大学的技术中心，以软件技术为核心，提供行业解决方案以及相关软件产品、平台及服务。然而，东软并没有止步于软件业务，而是独具慧眼地利用自己在软件开发方面的实力，进军医疗领域，研发优质的数字化医学影像设备。在此之前，国内的 CT 扫描仪都要从海外进口。东软公司利用技术手段进行研发和设计，从最基本的单层 CT 扫描仪开始，到核医学设备 PET、核磁共振成像仪、X 光机、超声机、生化分析仪等一整条产业链。目前，东软已经成为国内唯一一家能够提供完整的高端医学影像设备以及在医疗卫生领域拥有全面的 IT 解决方案、健康服务产品与服务业务的本土公司。

东软的医疗业务

不同于市场上其他的医疗数码成像仪器制造商，东软通过软件与服务的结合，软件与制造的结合，提供卓越的数字医疗设备、医疗 IT 解决方案及健康服务系统。正如东软董事长刘积仁所说："软件如果放在一张光盘里卖是卖不出多少钱的，但如果放在一套医疗系统里，身价就不一样了。"[①]东软公司首先研发了非常强大的数码成像软件来保证机器能良好运转并得到最好的图像结果；并以此为基础，整合硬件和软件元素，设计整个内外部系统，这个系统中包含人类工程学、美学和硬件方面的设计。也就是说，公司从海内外购进原件，如 X 光导管、发动机等，然后把它们整合为一套完整的系统，通过测试和调整后，公司将

---

① 杨阳.东软飞利浦缘何合资做医疗[N].经济观察报,2004 年 6 月 28 日.

印有"东软"品牌标志的最终产品运送到世界各地。这样的商业模式为东软带来了两方面的竞争优势。

一方面,依托软件研发能力,公司能够通过调整软件的方式开发出最贴近客户需求的解决方案,保证仪器运作的最优化。例如,在中国偏远的乡村医院中,由于缺少医学方面的专业人员,给医疗仪器的有效运用带来了一定的困难和局限。为此,东软专门开发了一套解决方案,这个设计可以帮助乡村医院将图像和切片传递到其他地方并收集诊断结果和专家报告,随后,仪器又在线识别这些图像并传递回这些乡村医院。由此,乡村医院的医生也能获得专家的诊断信息。另一方面,公司在软件开发方面的创新能力也带动了医疗仪器行业的快速发展,公司在生产仪器的同时还建立了小型的实验室来促进技术创新并取得了瞩目的成绩。例如,公司率先开发了 3D 复原软件系统来治疗肾结石和辅助心脏手术。另外,公司还独创了乳房 X 光照相术,可以允许医生取得多个方位的切片并进行全面的分析。公司甚至通过其先进的系统配置使模拟外科手术成为现实。Walter 在采访中雄心勃勃地说到:"我们现在正在研发一种称为直线加速器(Linac)的仪器,这是用激光照射来进行肿瘤治疗的仪器。希望不久的将来,我们的仪器能为无数的患者驱除肿瘤,带来希望!"正是这种独特的商业模式和一对一的客户服务模式为东软赢来了利润,赢得了客户的青睐,也赢来了社会的尊重和赞许。

东软的教育产业

东软集团自 2001 年开始开展 IT 教育与培训业务,目前三个东软信息技术学院共计有 26 000 多名学员。然而,从财务报表上看,东软的这项业务创造的收入却不到公司总收入的 5%。Walter 介绍说:"对于公司提供的课程,我们按照教育部规定收取基本学费。我们的这项业务不是为了盈利。"尽管如此,基于长远的人才战略的考虑,公司还是在不遗余力地推进该业务。

在中国,针对大学毕业生的培训非常传统。国内每年都有很多的毕业生,但是 IT 方面的实用型人才却十分有限。一方面,这些 IT 专业的毕业生英语水平比较低。这是因为中国缺乏一个有效练习英语的方式。另一方面,中国的学生能应对标准化的考试,但缺乏解决现实问题的能力。他们擅长于背诵,但是不擅长于创造。东软集团正是希望通过开辟新的学习窗口来弥补传统大学教育的缺陷,将产业与教育结合,实现产学研的一体化,以培养满足企业需求的实用型人才。在东软的培训学校,学生可以通过在线的方式轻松地进行学习。学校为学生配有很多笔记本电脑,以便老师进行完全电子化的教学。学生可以在线下载讲座和练习。图书馆是无纸化的,并且实现全区域无线网络覆盖。东软的教育给公司带来的影响是长远的。

在员工招聘方面,传统的方式是招聘大学毕业生并给他们三个月的试用期,但是这样会造成一定的人力成本的浪费。在东软,培训被有效运用来辅助公司的招聘。公司在学期结束之前就提前进入学校,直接在学校中培训经选拔的学生,并且根据他们的成绩,最终挑选出能胜任的学生签约。由此,公司大大降低了员工培训的成本,同时也帮助学生获得竞争力,加快了融入企业的过程。

在培训中,除了必要的语言能力培训外,公司也很重视培养学生的创新意识和全球化意识。公司认为,创新是没有国界的,关键是要有创新意识,要培养学生成为会思考、会创新、敢于跳出盒子、尝试新事物的创新性人才。

教育与培训业务不仅为东软公司带来了大批的人力资源,成为连接东软与合作伙伴及客户的纽带,更为其他公司,乃至全社会培养了一批实践型的人才。Walter 很骄傲地说:"我们有很多学生在 GE、思科、甲骨文、IBM 等大公司,并且他们都很骄傲自己毕业于东软信息学院。如果你把东软看做是一个 IT 机构,我们为社会创造了很多价值,因为我们为年轻的一代提供了更好的教育和工作机会!"

东软的国际化进程与模式

正如一些专家所指出的,中国的软件企业一开始就分为两派,一派是以用友、金蝶等为主的立足国内市场、放眼国际的管理软件产品型厂商,这类企业的国际化主要靠管理软件产品和品牌输出;而另一类则是以软件和服务业务为主的公司,除了自身在中国本土拥有大量的行业解决方案业务外,在国际上走产品工程和软件外包路线,直接进入国际市场的软件服务型厂商。东软,正是第二类软件厂商的典型代表[①]。

---

① 贾鹏雷,等.中国 IT 海外图:印度模式不通　超越中国制造[J].计算机时间,2004年 1 月.

东软国际化的第一步迈向了日本。早在 1989 年,当时名不见经传的日本软件企业 ALPINE 株式会社来中国寻找合作伙伴,东软抓住了这个看似偶然的机会,尝试技术出口和软件委托开发业务(软件外包),日本 ALPINE 株式会社也因此成为东软第一个国际客户。经过多年的合作,ALPINE 已经是东软公司的一个重要股东。从单纯的软件外包业务到公司的股东,东软与日本的合作模式似乎为众多中国试图"走出去"的软件企业提供了极好的范本。在东软公司中,有专门的技术团队为 ALPINE 公司工作,他们的工作地就在日本 ALPINE 公司,由 ALPINE 提供必要的支持和服务。这样的外包模式保证东软的技术人员能随时随地与客户公司的人员进行紧密沟通和合作,最大程度地理解并满足客户需求。

提到软件外包,就不得不提软件外包领域的第一大国——印度。当问及东软如何与印度企业竞争时,东软集团董事长刘积仁有其独到的见解。不可否认,印度在对欧美的外包业务中有着强大的竞争力,这不仅得益于印度企业在人员规模、管理制度和培训体系方面的优势,也得益于印度在美国形成的庞大的人际关系网络。这个网络是经过多年积累形成的,例如,进入管理层的印度人要比中国人多。但在争夺亚洲市场方面,东软则具有更大的优势。一方面,日本企业与中国企业合作,更容易在文化中取得认同感,也更容易沟通。另一方面,东软的商业合作模式也更适合日本客户。刘积仁解释说:"日本和美国的客户对质量的要求没有明显的区别,但商业合作的模式不同。美国客户更注重结果,而日本客户则十分注重过程,这导致了合作模式的不同。在美国,签订合同以结果论成败。而日本的客户会进入到你开发的过程,特别是在非合同规范的内容方面。"从这个意义上说,东软与日本企业建立的基于合作伙伴关系的商业模式显然更适应日本的文化和社会情境。事实也证明,日本的大部分外包都给了中国而非印度,美国则相反①。

东软公司在美国的扩张开始得比较晚,但在商业模式方面也借鉴了在日本的成功经验。很多年前,Walter 就明确表示将发展合作伙伴关系作为自己北美

---

① 于欣烈. 完全复制印度模式会失去我们的优势——专访东软集团董事长刘积仁. http://www.neusoft.com/news/html//20060809/787103825.html.

公司的一大发展战略。Walter认为,合作伙伴的模式是一种"双赢"的模式,他进一步分析说:"在北美有这样一些公司,受制于自身的规模,它们在软件服务业务中遭遇了瓶颈。一方面,他们的员工数量有限,因此只能接一些小型的项目;而另一方面,他们随时面临着项目青黄不接的风险。一旦老项目结束而未能及时寻找到新项目,公司就陷入停滞,等待的时间将吞噬之前项目的利润。所以,这些公司目前只能勉强维持生计。当然,他们可以选择到中国成立'后花园',但是出于文化差异、资金、政策等多方面的考虑,这样的战略显然风险太大。因此,选择来自中国的合作伙伴是他们的最佳选择。这样一来,通过公司间的合作,这些公司拥有充足的员工来接手大型的项目,并共同分享了利润。"

当然,这样的合作伙伴的商业模式也并非东软公司的唯一模式,公司针对不同的业务和情况选择了不同的战略。2004到2005年间,东软公司与飞利浦公司成立了合资公司。合资公司由东软数字医疗公司与飞利浦中国集团、飞利浦中国投资公司共同出资设立,注册地为沈阳市高新技术产业开发区,经营范围为CT、MRI、X线机、B超等医疗成像设备和相关零部件的研发、设计和生产。在北美市场,东软的医疗设备则是通过间接销售的方式,由当地两个指定的销售商进行。这两个销售商都很有经验,能够为客户提供专业的安装、维修和技术支持服务。销售商出售的商品都标示有"东软"的品牌标志,但在商业运作方面,销售商们拥有自主权,能够独立运作。

针对目前中国企业大举并购国外企业的趋势,Walter坦言:"由于文化和制度的差异,中国企业以并购方式进入外国市场的风险非常。但是,风险和收益是并存的。一个成功的并购取决于两个因素:一方面,是战略契合程度;另一方面是并购后的整合。决策者应该在并购实施前就认真而慎重地考虑这两方面的因素。尤其是并购后的整合,应该在事前就做好充分的准备和安排,而非在并购后才考虑。此外,还需要多方了解当地的制度,按照当地制度规定进行收购。实践证明,东软公司的国际化战略是比较成功的。"Walter信心十足地说到:"1996年的时候,我们的盈利绝大部分来自国内。但我们的国外业务以每年增长30%的速度快速发展着,海外业务收入和国内收入之比目前是三七开,未来会到四六开,甚至是五五开。随着我们在这个大舞台上的不断成长,我们最终希望国外业务能超过国内业务,我们要成长为一个全球化的公司!"

东软美国公司

Walter 2002 年加入东软集团任集团副总裁兼 CTO,2008 年成为东软集团美国公司的总裁。在此之前,Walter 在 IBM 公司工作了 28 年,在软件领域有着丰富的管理和技术经验。2002 年 5 月 Walter 加入东软时,他主要负责创建东软软件构架 NeuSA™方面的基础工作,并在项目的启发下提出了 3P 的概念,即产品科技(Product & Technologies),专业服务(Professional Services),过程和方法(Process & Methodologies),作为东软解决方案构架(Neusoft Solution Architecture—NeuSA™)的三个核心要素。

东软美国公司的竞争优势在产品工程和产品研发方面,这主要依托于东软在软件方面的核心竞争力,为手机、智能打印机、传真机、全球定位系统、家庭娱乐和数码电视等提供内嵌软件。目前,波音公司、诺基亚公司、思科、IBM、英特尔、EMC、甲骨文等世界知名企业都与东软美国公司开展了紧密的业务合作。

Walter 认为,在北美的扩张计划最需要的是适当的人力资源。因此,他认为聘用和培养具有国际视野,了解东方和西方文化的国际性人才格外重要。目前,公司团队主要是由美国当地招聘,而非从中国带来的中国员工。今后公司要不断加强在美国和加拿大招聘具有丰富的市场和服务经验的人才,以保证公司的发展有足够的人力资本,满足公司全球化的需要。

作为东软美国公司的总裁,Walter 对公司的损益和成长负责。短期来看,Walter 希望在 3~5 年后,公司在北美实现 5 000 万到一亿美元的营收,扩张员工队伍,保证至少 200 名软件服务工程师的员工规模。但是,除了保证每年的利润与收入之外,Walter 也非常重视北美公司的长远发展。尤其是在业务拓展领域,Walter 强调要有全球意识,在全球范围内进行业务拓展,并在全球范围内形成品牌认知。此外,公司也在努力履行其社会责任。Walter 说:"我希望给公司塑造这样的形象:我们创办东软信息技术学院培养学生从事 IT 专业,成立 IT 机构来帮助中国学生就业,我们促进了中国 IT 产业的发展,也促进其他各国 IT 产业进入中国市场,我们帮助中国市场拥有了良好的医疗设备,建立了非常有效的医疗解决方案。当然,我们追求收入和利润,同时,也要对我们的股东们负责,对我们的员工负责。更重要的是,我们是对社会负责任的公司!"

讨论问题

1. 在东软的国际化进程中,进入国外市场的主要模式采用战略合作及兼并组合,这是由公司所在行业的特殊性决定的,还是中国企业国际化的最佳选择?

2. 东软美国公司在招聘、培训及整合和使用国际化人才方面,有哪些经验值得其他中国企业借鉴?

3. 东软美国公司在海外如何能有效提高其竞争力,与美国本土及印度在海外的公司竞争呢?

中国石油行业国际化中的文化障碍①

案例导读

中国是一个油气资源贫乏的国家,长期以来,不得不依靠大量进口来满足国内的需求。随着中国经济的不断高速发展,国内对于石油能源的需求也变得越来越旺盛。政府及企业开始关注,如何才能有效获取资源以保障国内经济的发展,同时又确保国家的能源安全。作为国内石油三大巨头——中石化、中石油及中海油,长期处于石油工业的垄断地位。这三家国有企业肩负着重任,走上了一条由原本单纯的贸易逐步转为向海外进行投资、并购的道路。然而,这是一条崎岖艰难的路。中国的石油企业进行了一系列的并购,结果令人吃惊震撼:中国石油企业海外并购有着极高的失败率。这究竟是为什么呢?并不低的出价,真诚的态度,却屡遭失败的打击。中国的石油企业在海外的投资也不尽如人意。此番情况下,国际化道路中的跨文化交融成了重要的一环。企业与当地民众的冲突究竟该何去何从?

中国经济的发展离不开工业血液的注入。中国的石油行业自然担当起了国家经济发展助推器的作用,随着国内石油资源的日渐稀缺,中国石油走上国际化道路成为必然的选择。但是在中国石油行业国际化的过程中,遇到了来自多方面的阻力,其中文化障碍是不可忽视的一个重要因素。

---

① 本案例由加拿大阿尔伯塔省麦科文大学商学院亚太研究中心客座研究员、江苏理工大学商学院讲师黄颖,亚太研究中心主任魏小军博士及爱尔兰都柏林大学商学院博士生张艳编写。此案例仅作为课堂讨论的材料,作者无意阐明案例是否有效地应对了一个管理情景。为了保密,作者可能在案例中有意隐去了真实姓名或其他信息。未经书面授权,禁止任何形式的复制、收藏或转载。

中国的经济发展与石油

中国是一个油气资源储量较为贫乏的国家。根据 BP 统计,截止 2008 年底,中国的石油储量占全球的 1.2%,依据现有开发速度,储采比例仅为 11.1。同时,近 20 年来,中国的石油探明储量是在不断下降的。

而同期,中国的经济增长正在指数上升,保持了 30 年的经济高速增长,是一个引人瞩目的伟大成就。

经济的大发展对石油的依赖程度也在增强,1980～2008 年中国石油消费量与 GDP 数据如表 1 所示。

表 1 1980～2008 年中国石油消费与 GDP 统计[①]

年　份	1980	1981	1982	1983	1984	1985	1986	1987
石油消费量(百万吨)	85.4	81.1	80.1	81.8	84.6	89.8	95.7	101.5
GDP(10 亿美元)	309.27	292.61	281.28	301.81	310.69	307.02	297.59	323.97
年　份	1988	1989	1990	1991	1992	1993	1994	1995
石油消费量(百万吨)	108.8	113.9	112.8	121.8	132.4	145.8	148.1	160.2
GDP(10 亿美元)	404.15	451.31	390.28	409.17	488.22	613.22	559.23	727.95
年　份	1996	1997	1998	1999	2000	2001	2002	2003
石油消费量(百万吨)	173.8	196.0	197.0	209.6	223.6	227.9	247.4	271.7
GDP(10 亿美元)	856	952.65	1 019.48	1 083.29	1 198.48	1 324.81	1 453.83	1 640.96
年　份	2004	2005	2006	2007	2008			
石油消费量(百万吨)	318.9	327.8	346.1	362.8	375.7			
GDP(10 亿美元)	1 931.65	2 235.75	2 657.84	3 382.45	4 401.61			

对上述数据进行相关性分析后得到相关系数为 0.9397,表明中国的经济发展与能源消费之间存在着高度的正相关性。

据 EIU 的预测[②],到 2012 年,中国的能源消耗量将超过美国,达到 2 304 百万吨原油量,这样的能源需求对于自身资源并不丰富的中国来说,提出了非常

---

① 数据来源:BP Statistics and IMF data.

② China:Energy report. (2009,January). *Energy & Electricity Report:China*, Retrieved August 18,2009,from Business Source Complete database.

紧迫的任务,无法寻找到稳定的能源供应将会影响到国家经济的发展。

2008年,中国原油总产量为189.7百万吨,进口原油217.8百万吨,数据如图。中国进口原油最多的地区来自中东、西非地区,占总进口量的60.2%。在总石油进口量中,原油进口178.8百万吨,制成品进口39百万吨,这意味着大量的国内石油炼化企业必须依靠进口获得充足的原料进行生产,通过加工转化为各种不同的石油制成品。

中国对海外油气资源的依赖程度越来越高,如何有效地获取国外的油气资源,以保障国内的经济发展,成为中国政府和企业同时需要关注的一个重大的能源战略安全问题。

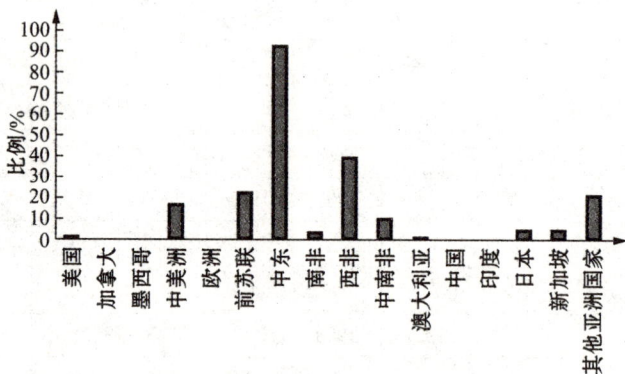

2008年中国原油进口区域构成

中国的石油企业概览

中国的石油工业格局基本上处于寡头垄断的局面,三大企业——中石油CNPC、中石化Sinopec、中海油CNOOC三家共同控制了中国的海、陆石油的开采、加工和销售的主体。三家企业大体上按照地理区域划分,中石油的生产经营主要集中于中国西北部油气资源相对集中地区,中石化的生产经营主要集中于东南部市场中较为发达地区,中海油则集中精力于中国沿海大陆架油气资源的开发与经营。

中国石油天然气集团公司

中国石油天然气集团公司(简称中石油,CNPC:China National Petroleum

Corporation)是 1998 年 7 月在原中国石油天然气总公司基础上组建的特大型石油石化企业集团,系国家授权投资的机构和国家控股公司,是实行上下游、内外贸、产销一体化、按照现代企业制度运作,跨地区、跨行业、跨国经营的综合性石油公司。

作为中国境内最大的原油、天然气生产商、供应商,中石油集团业务涉及石油天然气勘探开发、炼油化工、管道运输、油气炼化、产品销售、石油工程技术服务、石油机械加工制造、石油贸易等各个领域,在中国石油、天然气生产、加工和市场中占据主导地位。2008 年,中国石油在美国《石油情报周刊》世界 50 家大石油公司综合排名中,位居第 5 位,在美国《财富》杂志 2008 年世界 500 强公司排名中居第 25 位。

中石油在 1999 年 11 月 5 日作为独家发起人和控股股东设立了中国石油天然气股份有限公司(简称“中国石油 PetroChina”)。

中国石油化工股份有限公司

中国石油化工股份有限公司(以下简称中石化,Sinopec：China Petroleum & Chemical Corporation)是一家上中下游一体化、石油石化主业突出、拥有比较完备的销售网络、在境内外上市的股份制企业。中石化于 2000 年分别在香港、纽约、伦敦三地交易所成功发行上市；2001 年 7 月 16 日在上海证券交易所成功发行 28 亿股 A 股。截至 2007 年底,中石化股份公司总股本 867 亿股,中石化集团公司持股占 75.84%,外资股占 19.35%,社会公众股占 4.81%。

中石化是中国最大的一体化能源化工公司之一,主要从事石油与天然气勘探开发、开采、管道运输、销售；石油炼制、石油化工、化纤、化肥及其他化工生产与产品销售、储运；石油、天然气、石油产品、石油化工及其他化工产品和其他商品、技术的进出口、代理进出口业务,另外还有技术、信息的研究、开发与应用。中石化是中国最大的石油产品(包括汽油、柴油、航空煤油等)和主要石化产品(包括合成树脂、合成纤维单体及聚合物、合成纤维、合成橡胶、化肥和中间石化产品)生产商和供应商,也是中国第二大原油生产商。

中石化建立了规范的法人治理结构,实行集中决策、分级管理和专业化经营的事业部制管理体制。中石化现有全资子公司、控股和参股子公司、分公司等共

80 余家,包括油气勘探开发、炼油、化工、产品销售以及科研、外贸等企业和单位,经营资产和主要市场集中在中国经济最发达、最活跃的东部、南部和中部地区。

中国海洋石油总公司

中国海洋石油总公司(以下简称中海油,CNOOC:China National Offshore Oil Corporation)是中国最大的国家石油公司之一,是中国最大的海上油气生产商。公司成立于 1982 年,注册资本 949 亿元人民币,总部位于北京,现有员工 5.7 万人。

自成立以来,中海油由一家单纯从事油气开采的上游公司,发展成为主业突出、产业链完整的综合型能源集团,形成了上游(油气勘探、开发、生产及销售)、中下游(天然气及发电、化工、炼化、化肥)、专业技术服务(油田服务、海油工程、综合服务)、金融服务以及新能源等产业板块。2008 年,中海油全年实现营业收入 1 948 亿元,利润总额 678 亿元,集团总资产 4 095 亿元,净资产 2 059 亿元。全年油气当量达 4 293 万吨油当量。

中国石油企业的海外之路

中国的石油企业作为国家能源政策的实际执行者,是海外油气资源获取的主体。中国的石油企业一路发展,从油气资源出口、进口、海外并购直至跨国投资。从贸易走向投资,表明中国石油企业的国际化程度在不断深入,通过取得控制权,进一步保障了国家的能源安全。从企业微观角度来看,海外并购的最终目的都是为了能够提高公司的竞争力。在国家的大力支持下,中国的石油企业走上了一条跨国并购的道路。

近年来,中国的石油企业进行了一系列的海外并购,表 2 为中国石油企业近年来最大的 5 宗海外并购。

表 2　中国石油公司最大的 5 宗海外并购

并购公司	被并购公司	交易金额(亿美元)	日　　期
中石化	Addax 伊拉克	72	2009.6.24
中石油	PetroKazakhstan 哈萨克斯坦	42	2005.8.22
中石化	Udmurtneft OAO 俄罗斯	35	2006.6.20

并购公司	被并购公司	交易金额（亿美元）	日　期
中海油	Oil & Gas Assets 尼日利亚	27	2006.1.9
中海油	Awulco Offshore ASA 挪威	25	2008.7.7

但是这条路走得并不平坦，多起海外并购由于受到不同因素的左右而失败。中国企业的国外并购额升至 1400 亿元（205 亿美元），但失败率却惊人地高达 67％，2008 年全年海外并购亏损也达到了约 2 000 亿元。而国务院国资委主任李荣融也表示，多数央企尚不具备海外并购条件，其问题的核心在于公司的治理结构。而石油行业由于其资金量巨大，引起的关注也较为广泛。

近年来中国石油企业海外并购失败的例子有：

2009 年 9 月，由于利比亚政府的反对，中石油放弃了以 4.6 亿美元收购以利比亚业务为主的加拿大 Verenex 能源公司方案。

2009 年 7 月，中海油和中石化宣布拟以 13 亿美元全现金方式，联合收购美国马拉松石油公司持有的安哥拉 32 区块产品分成合同及联合作业协议项下 20％的权益。之后安哥拉国有石油公司 Sonangol 公司决定行使优先购买权，阻止该股份售给中国公司。

2005 年 8 月 2 日，中海油宣布撤回对优尼科高达 185 亿美元的收购报价。

中国石油企业近年来的并购活动异常频繁，但是遇到的阻力也在加大，最重要的问题源自于当地政府以国家安全为理由的担心。

以下为中海油并购优尼科事件回放。

总部位于美国加州的优尼科是一家有一百余年历史的老牌石油企业，在美国石油公司中排位第九。在优尼科已经探明的 17.5 亿桶油气储量中，70％位于美国本土以外，包括亚洲的印尼、泰国、缅甸、孟加拉和中亚的阿塞拜疆等国及里海地区。近两年其经营不甚景气，市值低于同类公司 30％左右，因此董事会一直在考虑寻找买家。

优尼科公司 2005 年年初决定挂牌出售。3 月，中海油开始和优尼科高层接触，展开了一系列的准备工作。经过内部 30 多名专家和国际大型评估公司的几次评估，收购得到了绝大多数董事会成员认可，同时成立了涵盖技术、法律、财务、人力资源、公共关系及交易支持领域的六个工作小组，并聘请了各领域知名公司组成的顾问团队：如投资银行是高盛和摩根大通；法律顾问是 DPW、Herbert Smith；税务顾问是德勤；技术顾问是 Miller Lents；公关和媒体顾问是 Brunswick,PSI；政策顾问是 Akin Gum。

3 月 7 日，中海油决定向优尼科提出一个每股 59～62 美元的报价区间。该报价属于意向性报价，不具有约束性。"其目的是表明中海油对本次收购的诚意，争取一张进入优尼科收购者行列的入门券，以打开进入尽职调查阶段的大门"。中海油董事长傅成玉说。

3 月 10 日，优尼科董事会接受了中海油的非约束性报价，允许中海油进行"确认性"尽职调查，时间为 2 周半。尽职调查结束后，中海油收购项目组最终确定了优尼科公司的估值范围——51.9～67.7 美元/股。

3 月 30 日是中海油向优尼科提交准确报价的最后期限。但是由于中海油四名外籍独立董事认为此举过于仓促，管理层存在一味追求规模而进行不理智的兼并决定，拒绝对该并购计划表态，导致董事会会议未能完成向优尼科提交准确报价。

4 月 4 日，美国第二大石油公司雪佛龙宣布以 25% 的现金（65 亿美元）、75% 的股票（1.03 股雪佛龙股票换 1 股优尼科股票）收购优尼科公司。按照雪佛龙公司 4 月 1 日股票 59.31 美元的收盘价，收购价约为 62.07 美元/股。优尼科管理层初步接受了该报价。

4 月 8 日，中海油外籍独董之一舒爱文因健康原因宣布辞职。

从 4 月 5 日开始，中海油管理层加紧了说服独董的过程。直到 5 月 21 日，与独董达成一致。

6 月 22 日，经过长达 6 个多小时的讨论，董事会最终授权管理层在 65 美元到 69 美元之间给优尼科进行报价。作为独董之一的柯凯思以"避免利益冲突"为由，回避了对收购一事投票，其余七位董事则一致同意收购。

6 月 23 日凌晨，傅成玉通过电话向优尼科董事长威廉姆斯进行了口头报价：67 美元/股（总价 185 亿美元），全现金收购。

6 月 24 日，美国国会能源商业委员会主席 Joe Barton 和 Ralph Hall 致信布什，表示对中海油收购优尼科有所担忧，称这桩收购案对美国能源和安全会构成"明显威胁"，要求政府确保美国能源资产不出售给中国。当日，共有 41 名国会议员向布什总统递交了公开信,要求政府对中海油的并购计划严格审查。据统计,前后共有64名国会议员参与到这场反对中海油收购优尼科的游说行列中来。

反对中海油的收购不能完全用"担忧国家安全"来解释。据英国《金融时报》后来搜集的公开资料显示,反对中海油收购优尼科的部分美国议员从2002年起累计从中海油此次并购的对手——雪佛龙公司获得超过10万美元的政治捐款。这也引发了人们对雪佛龙涉嫌操纵政治力量、阻挠中海油收购的猜测。

6月24日,雪佛龙副董事长Peter Robertson在《纽约时报》发表讲话,称"雪佛龙与中海油进行的绝非商业竞争,而是与中国政府在竞争,这是不公平的"。6月27日,52位众议员联名致信总统布什和财政部长斯诺,要求财政部外国投资审查委员会(CFIUS)依据《埃克松-弗洛里奥修正案》(EXON-FLORIA)法案严格审查中国政府在这一收购案中扮演的角色。

6月28日,中海油代表团赴美与优尼科展开新的谈判。优尼科表示,中海油的报价虽然高于雪佛龙,但是存在很大的不确定性。这主要来自于中国政府的态度和美国的《埃克松-弗洛里奥修正案》法案。该修正案以是否危害国家安全为标准衡量外国投资,若审查的答案是肯定的,则监管机构有权中止一切投资活动。经过近一周的谈判,中海油就包括以下主要问题在内的兼并协议达成了一致:①在中海油违约不进行交割的情况下,法院判决如何执行的问题(因为中海油在美国没有可供执行的财产,所以双方约定中海油要在美国一家银行的专用账户中存入20亿美元);②为获得《埃克松-弗洛里奥修正案》的批准,资产的处理问题;③因为中海油的加入,如果导致雪佛龙与优尼科的谈判破裂,中海油需要向雪佛龙支付分手费(5亿美元);④在兼并完成前,油价的保值问题。

同时美国政界也在积极活动。6月30号,众议院投票通过财政拨款修正案,"禁止财政部将拨款用于审查中海油并购优尼科";7月11日,两位参议员写信给美国商务部,要求审查中海油的贷款是否违背WTO的规则;7月13日,众议院军事服务委员会举行了听证会,会议的内容亦主要围绕中国的崛起可能给美国造成威胁的内容展开。

中海油董事长傅成玉接受多家海外媒体专访,解释了中海油收购优尼科的商业动机和价值,承诺优尼科在美国境内出产的石油和天然气只在美国销售。

7月14日，优尼科董事会召开会议，要求雪佛龙和中海油加价，并宣称如果双方都不加价，拟另觅买家；7月15号，优尼科董事长威廉姆斯给傅成玉打电话，第二次要求中海油加价；7月16号傅成玉回复对方说，可以加到69美元，但有三个条件：①优尼科付5亿美元分手费；②优尼科要站在中海油的立场游说政府国会；③承诺雪佛龙出局。

7月19日，雪佛龙被迫加价，报价改为40%现金，60%股票，折合每股63.1美元。

在雪佛龙加价后，中海油的价格优势已经基本丧失——中海油报的67美元同雪佛龙的63.1美元之间，虽有4块钱的差价，但这一差价尚不足以补偿"政治风险"和"时间成本"。

7月21日，中海油发表声明，表示了三点意见：①对优尼科没有改变推荐表示遗憾；②认为中海油每股67美元的全现金收购依然有很强的竞争力；③鉴于维护自己公司股东最大利益的考虑，没有意愿改变价格，同时将继续关注市场发展的动态。

7月30日，美国参众两院通过了能源法案新增条款，要求政府在120天内对中国的能源状况进行研究，研究报告出台21天后，才能够批准中海油对优尼科的收购。这一法案的通过基本排除了中海油竞购成功的可能。

8月2日，中海油宣布撤回对优尼科的收购要约。

傅成玉认为，选择在8月2日退出是一个最佳时机，"第一，我们决定退出来，要有资本谴责美国国会的那些议员，要让世人知道，是他们的政治干预，而不是我们价格上失去竞争力迫使我们退出来。第二，我要让优尼科的股东理解，我们是认真的，不是虚晃一枪、闹着玩儿的。第三，我们中海油的股东，要认为我们做得对。第四，资本市场的分析员认为这个也是对的"。

宣布退出当天，中海油股票上涨了5.6%。事实上，自6月23日开始，到8月10日，仅仅一个多月的时间，中海油市值就上涨30%以上，从220亿增长到300亿美元。

英国《金融时报》在8月3日的报道中称，"如果调查中海油竞购优尼科失败的原因，结论肯定不是死于自然原因。这是一个明显的不公平竞争的案例。美国政界的反对扼杀了此次竞购"。香港《南华早报》8月3日的报道指出，"傅先生以及中海油可能是这场没有赢家的收购战后唯一屹立的,原因如下:整个收购战中,中海油证明了自己是世界级的跨国公司"。

中国石油企业国际化中的跨文化障碍

中国石油企业在国际化过程中,面对的障碍来自于经济、政治、技术、管理等诸多方面。但是对于文化这一软性因素仍应高度重视。亨廷顿认为,在后冷战时代,暴力冲突不再因为不同国家之间意识形态的摩擦而发生,而是世界主要文明之间的文化和宗教差异。

中国这一东方文明的代表,由于文化、语言、意识形态等方面的差异,导致了在日益频繁的国际交往中出现的障碍也在增加。这一点表现在企业走向国际化的进程中尤为明显。正是因为对于跨文化沟通上的信心不足,导致中国的石油企业在国际化的道路上仍然采取一种保守的进入方式。

在联合国贸发组织发布的 2008 年世界投资报告中,中石油和中海油的跨国指数(TNI)极低,CNPC 为 2.7,CNOOC 为 9.4,Sinopec 未知。从资产配置、销售额以及雇员三个方面,海外部分均占极小比重,主要运营仍以国内部分为主,从这一指数上分析,中国的石油企业距离国际化还有很长的路要走。

由于对国外环境的不熟悉,中国石油企业的对外投资大多采取直接购买某一块开发区,从国内派出管理人员和技术劳务,较少与当地公司合作,在本地员工雇佣上远远不及其他国家的大型石油公司。缺乏相互之间的接触导致沟通上存在较大的障碍,由此导致了"中国威胁论"的抬头。在非洲和南美等资源丰富的欠发达地区,中国的援助以及双边贸易被认为是从这些国家掠夺资源的手段。政府层面上的援助虽然帮助这些国家修建了不少基础设施,但是由于这些建设无法直接受益于当地人民,当地民众对于中国企业或政府的进入还是存在一些误解。另外,石油企业作为雇主,更加倾向于招聘华人员工,而非当地劳动力。其主要原因在于:①语言文化上的一致性更容易交流与合作;②思维观念上的趋同性更容易管理。从短期上看,这一做法可以解决当时的劳工问题,但是从长期来看,当地的人们会感觉到由于中国企业的到来剥夺了他们的工作机会,掠夺了当地的资源,只有索取而缺乏对当地的回报,因此,相互之间的对立和冲突也会时有发生。

中国工人具有勤劳肯干的优良传统，特别是在石油行业，铁人王进喜一直是石油工人的榜样。而在很多国家和地区，更加注重的是个人权利的保护。在生活态度上，勤俭节约是中华民族的传统美德，与欧美国家石油公司的外籍员工相比，中国员工在当地消费得较少，从区域和谐的角度来看，这种只进不出的方式必然会引起当地人的反感。这对于期望在海外长期经营的中国石油公司来说是非常不利的。

讨论问题

1. 在 2005 年 3 月 30 日的独董风波中，你如何看待机会与理性的较量？其中折射出了什么样的文化倾向？

2. 在西方媒体提出"中国威胁论"的背景下，走向国际的中国企业如何才能够更好地融入当地社会，实现在当地的长期稳定与发展？

3. 中国的石油企业在国际化过程中，应如何提高企业的跨国指数？

4. 面对中国大步迈开的能源国际化步伐，如何解决这些由于不同文化背景所带来的矛盾？

5. 在人才战略上如何吸引国际经理人为中国的跨国企业工作？

6. 与石油行业相比，例如汽车、电子等行业在国际化过程中还会面临哪些独特的跨文化问题？

中国高等教育的国际化探索①

案例导读

　　随着社会的发展,人们对教育的要求越来越高。商科逐渐成为一个热门的选择。在全国各高校中,有1800多所高校开设了商学院,以此来吸引学生,一时之间,高校间的竞争异常激烈,不仅在于学生的质量,同样也在于学生的数量。由于对学校设备的不断投资,学校纷纷向银行贷款,而要想学校能稳定地运作,源源不断的生源成了基础。面对日益增加的高校教育供给和逐渐减少的生源,扬子江大学商学院院长不禁担忧起来。作为一所非全国重点院校,身处算不上优越的地理位置,如何才能从众多高校中破茧而出,吸引学生,并且吸引有潜质的学生呢? 想到中国改革开放,国门渐宽,国外的院校也加入到抢生源的行列中,院长比对国内外教育文化上的差异以及学校管理上的不同,一个计划逐渐在脑海中成形。

　　春寒料峭,扬子江大学商学院的院长坐在办公桌前,面对桌上放着的两份合作意向书沉思着,指间的香烟已经烧得只剩下烟蒂……

　　扬子江大学坐落在中国经济最发达的长三角地区的一个二级沿江城市,地理位置算不上优越,与省会城市相比,少了几分地利因素。这原是一所部属院校,前几年的高等教育改革,将学校的管理权划归了地方。

　　目前全国有1800多家高校开设了商学院,面对激烈的高校之间的竞争,如

---

　　① 本案例由加拿大阿尔伯塔省麦科文大学商学院亚太研究中心客座研究员、江苏理工大学商学院讲师黄颖及亚太研究中心主任魏小军博士编写。此案例仅作为课堂讨论的材料,作者无意阐明案例是否有效地应对了一个管理情景。为了保密,作者可能在案例中有意隐去了真实姓名或其他信息。未经书面授权,禁止任何形式的复制、收藏或转载。

何才能创出自己的品牌,成为一家独树一帜的商学院? 这是院长上任 3 年以来一直在思考的问题。

这也是全国众多非"211"、"985"高校共同关注的问题。最近报纸上的一则新闻引起了院长的兴趣:《从"小学生逐年减少"看"中国人口之谜"》,其中谈到从 1996 年至 2008 年这 12 年来的《全国教育事业发展统计公报》显示:小学学校和小学招生人数(或在校生人数)逐年减少。

《1996 年全国教育事业发展统计公报》:"全国小学 64.6 万所,比上年减少 2.27 万所;招生 2 524.66 万人,比上年减少 7.15 万人。"

《1997 年全国教育事业发展统计公报》:"全国小学 62.88 万所,比上年减少 1.72 万所;招生 2 462.04 万人,比上年减少 62.62 万人。"

《1998 年全国教育事业发展统计公报》:"全国小学 60.96 万所,比上年减少 1.93 万所。招生 2 201.38 万人,比上年减少 260.66 万人。"

《1999 年全国教育事业发展统计公报》:"全国小学 58.23 万所,比上年减少 2.73 万所;招生 2 029.53 万人,比上年减少 171.85 万人。"

《2000 年全国教育事业发展统计公报》:"全国小学 55.36 万所,比上年减少 2.87 万所;招生 1 946.47 万人,比上年减少 83.06 万人。"

《2001 年全国教育事业发展统计公报》:"2001 年全国共有小学 49.13 万所,比上年减少 6.23 万所;招生 1 944.21 万人,比上年减少 2.26 万人。"

《2002 年全国教育事业发展统计公报》:"2002 年全国共有小学 45.69 万所,比上年减少 3.44 万所;招生 1 952.80 万人,比上年增加 8.59 万人。在校生 12 156.71 万人,比上年减少 386.76 万人。"

《2003 年全国教育事业发展统计公报》:"2003 年全国共有小学 42.58 万所,比上年减少 3.11 万所;招生 1 829.39 万人,比上年减少 123.41 万人。"

《2004 年全国教育事业发展统计公报》:"2004 年全国共有小学 39.42 万所,比上年减少 3.17 万所;招生 1 747.01 万人,比上年减少 82.38 万人。"

《2005 年全国教育事业发展统计公报》:"由于小学学龄人口逐年减少,小学校数、招生数和在校生数继续减少。2005 年全国共有小学 36.62 万所,比上年减少 2.8 万所;招生 1 671.74 万人,比上年减少 75.27 万人;在校生 108 64.07 万人,比上年减少 381.04 万人。"

　　《2006年全国教育事业发展统计公报》:"2006年全国共有小学34.16万所,比上年减少2.46万所;招生1729.36万人,比上年增加57.61万人,增量主要在农村;在校生10711.53万人,比上年减少152.53万人。"

　　《2007年全国教育事业发展统计公报》:"2007年全国共有小学32.01万所,比上年减少2.15万所;招生1736.07万人,比上年增加6.71万人;在校生10564万人,比上年减少147.53万人;小学毕业生数1870.17万人,比上年减少58.31万人。"

　　《2008年全国教育事业发展统计公报》:"由于学龄人口的逐年减少,小学校数、学生数继续减少,学龄儿童净入学率不断提高。2008年,全国共有小学30.09万所,比上年减少1.92万所;招生1695.72万人,比上年减少40.35万人;在校生10331.51万人,比上年减少232.49万人;小学毕业生数1864.95万人,比上年减少5.22万人。"

　　从1996年到2008年,小学的数量锐减了一半,招生数量从2500多万降至不足1700万,统计出身的院长熟练地将这些数据输入了电脑,出现的结果让他震惊不小。

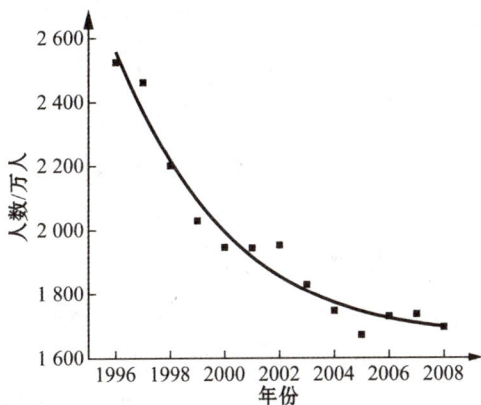

1996~2008年中国小学生招生数量

　　随后他又打开了教育部的网站,在2008教育公报上,普通高等教育本专科共招生607.66万人。这一批学生正好是在1996、1997年进入小学的那一批人。从小学的招生数发展趋势上看,今后的十年,将会是高校开始面对学生数量锐减的这一巨大冲击了。一股莫名的危机感袭来……

中国的高等教育从 1998 年开始并轨扩招以来,经历了一个飞速发展的过程。高校规模的扩大主要体现在硬件基础设施的投资不断增加,以此满足日益增长的学生需求。这些都是建立在对未来有持续增长的预期基础上的投入,况且,学校为了加快建设,从银行贷了数量巨大的贷款。每家学校都需要有稳定的生源作为今后持续运营的基础保障,一旦应届学生数量下降,导致市场上高等教育的供给开始逐渐大于需求,高校的日子恐怕要越来越难过了……

这样的担忧不得不使院长开始思考,如何来应对迫在眼前的危机。当高等教育市场开始出现供过于求的局面,就不再是学校通过曾经的千军万马挤独木桥的高考方式来选择学生了,而必须要主动出击,开始“抢”生源。没了生源,学校的存在都将会出现危机,更别说发展了。

学校的经营和餐馆的经营有些许相似。学生就是顾客,如何让一个饥肠辘辘的顾客来到餐馆,享受一顿饕餮大餐,然后依靠这些顾客来宣传,通过这种“人传人”的口碑效应才是发展的根本。

可是,有什么样的独特竞争优势能够让这些潜在的学生选中我们这样的学校呢? 论名气,不如中国的那些一流大学;论地理位置,不是大城市;论师资,当然与一流高校相比还是存在差距的。这一系列的差距如何来克服? 难道真的只能通过高考按照考分高低选择成绩并不理想的考生? 这将会是一个难以克服的怪圈。

有着 20 多年教龄的院长深知,学校能否培养出优秀的学生原因是多方面的,最主要的两点是:①优秀的师资力量;②潜质不错的生源。如果不能从这两个方面突破,培养出优秀学生的难度将会相当大。

面对全国那么多的商学院,有什么样的理由能够让学生选择我们学校呢? 这是一个难题。竞争的加剧不得不迫使学校寻找出一条突围的道路。要想闯出一条路来,那就必须先研究“顾客需求”——学生或者学生家长到底需要什么?

院长拿出一张稿纸,在上面开始写起来。

(1) 学到知识及实战经验;

(2) 良好的学校形象;

(3) 丰富的资源;

（4）能够找到合适的具有职业前景的工作；

（5）适应未来发展的需求；

……

可是通过什么样的手段来实现呢？面对中国日渐开放的国门，今后的竞争不仅仅来自于国内的高校，还有数量众多的国外高校来抢滩登陆中国的教育市场。

或许，借助外力是一个比较好的办法，院长看着手中的两份合作意向。这种合作是一种双赢还是一种引狼入室呢？对未来可能出现的结果，院长的头脑在飞快地运转着，同时也在笔下潦草地写下了一点东西：

国外高校的竞争优势：①较好的学校品牌；②更好的教学资源；③潜在的工作机会；④跨文化能力。

国外高校的劣势：①高昂的学费和生活费；②文化的不适应；③教育体系的衔接性不足。

国外高校的机会：①国内高校成本的增加；②中国国内居民收入的增加；③中国家庭对教育的重视；④更少的规则限制。

国外高校的威胁：①全英语授课；②优秀的专业设置，教材及师资。

国内高校的竞争优势：①文化的一致性；②教育成本更加低廉；③进入门槛相对较低。

国内高校的劣势：①教育和实际脱节现象严重；②教育资源投入不足；③国内人才竞争激烈，职业前景不明朗；④缺少国际化的氛围。

国内高校的机会：①扩招增加了学生接受大学教育的机会；②大量具有海外背景的师资力量回流；③网络资源的发达使学生可以获得更多的教学资源。

国内高校的威胁：①一流人才被国外高校以高额奖学金挖走；②品牌竞争力不足；③不利于培养具有国际化能力的人才；④日益萎缩的适龄入学人口；⑤缺乏足够的竞争力吸引海外留学生。

面对一家澳洲的高校和另一家加拿大高校伸出的橄榄枝，院长开始研究起该如何合作了。从大趋势上看，中国的经济开放程度越高，对国际化人才的需求量也越大，而培养国际化人才的一条捷径就是需要让学生接受到国际化的教育，不仅仅是知识层面上的，更重要的是如何能够通晓不同国家的文化、经济、法律,最好能够拥有一定的国际化企业工作的实际经验,这样对学生来说应该会更加具有职场竞争力,能够培养出在跨国企业中的中高层管理者,这对于提升学院的形象,可是一个金字招牌。这些事情,靠自己在家里闭门造车可是做不到的。

但是究竟应该如何合作呢? 这也是一个大大的难题。

首先,学校需要能够在当前国家政策允许范围内操作,每年的招生名额是有指标限制的,每一个学生从入校那天起就开始在教育部有备案了,能否授予学位,这些都是有着严格的控制手段的。合作办学还只是一个尝试,如若操作不当,触碰了国家的红线,那可能就是乌纱不保了。如果政策允许学校之间的合作,究竟该采取什么样的模式才是最妥当的呢?

是采取 2+2 模式,还是将国外的整套教学规划完全搬过来?

院长又迅速的在纸上写下了几个字:①成本;②风险;③收益……

如何在这些指标间取得均衡?

从学生的角度看,自然是要选择"性价比"更高的学校了。既要能够让学生接收到海外的教育,同时又能够节约相应的成本,此外最好还能给学生颁发两个学校的学位证书,获得国外企业实习的经验……这些都是获取生源的重要手段,还有一条,进入门槛不能太高。

要达到这样的目的,采取 2+2 的形式比较有利。首先,学生在国内学习两年的基础课程,加上英语培训,为后两年的国外学习生活奠定基础,缩短直接出国的适应期;这比起直接高中时就出国的学生来说缩短了 1 年在国外读语言的时间,从成本上也大大降低了。第二,聘请外籍教师到中国来讲授几门基础课程,使学生逐渐进入到跨文化学习的状态,避免一下子进入全英文环境下的不适应。第三,合作双方实现学分的相互承认,在完成 4 年的课程学习之后,可以同时给学生颁发不同学校的学位证书,给学生多提供一道"护身符"。当然选择到一些发达国家学习还可以帮助学生更好地融入当地的环境,在当地寻找工作。从学生个体发展的角度来看,只要在毕业时能够获得一份工作,就可以将学生签证转成 3 年的工作签证,这对于学生获得永久居留权是相当有利的。这对学生来说,真的是一项不错的选择。院长在心里筹划着,当然对学校来说,这也是一件有利的事情,不仅可以多收一点学费,更重要的是能够建立与国外高校之间的联系,这为今后更深层次的合作奠定了基础,例如教师的交流、项目的合作等等,这些都是未来的潜在收益!

但是仍然有许多的细节需要仔细考虑,毕竟这是摸着石头过河的事情,操作不当很可能就功亏一溃了。

当前面临的主要问题是,这种 2+2 的模式下应该选择什么样的专业开始尝试?应该如何衔接才能实现知识体系的完整?

第一个问题看似简单,其实回答起来也不轻松,既要保证学生能够在未来获得市场的认可,同时也需要能够结合双方学校的实力,为学生提供富有竞争力的课程设置。

而第二个问题更加头疼,由于文化背景的不同,在教学目标和教学方式上存在着较大的差异性,如果硬揉合到一起去,效果不见得会理想。课程之间的重复、交叉、疏漏等等都是需要克服的障碍。

面对这样一个美好的构想,院长考虑得更加长远,我们仅仅输出学生是不够的,还需要不断学习对方的长处,培养更具竞争力的国际化师资,通过学生之间的交换,吸引国外的学生到中国来学习,这也将是未来可行的尝试项目。

前景很美妙,这时候,主管教学的副院长走了进来。院长把自己的想法和副院长进行了沟通,有着多年教学管理经验的副院长也意识到了,这将会是商学院发展过程中的一个重要转折点,但是面对商学院上上下下 100 多号教师,以及现有的 8 个专业,又该如何重新整合资源呢?大多数教师都没有双语教学的经验,究竟怎样才能迈出学院国际化的第一步呢?

这件事情需要召集各个系主任还有学院的主要领导来协商,这个方案究竟应该如何写呢?院长陷入了沉思……

讨论问题

1. 除了人口因素,还有什么会影响到未来大学的招生?

2. 高校的国际化过程中,如何分析当前所处的竞争位置?

3. 合作性人才培养模式会存在什么样的风险?

4. 对学校来说,如何才能将这一方案搞出特色?

5. 作为中国的商学院,国际化师资、课程哪一个更重要?是引进还是自行培养？

6. 如何进行学校之间的合作？如何主导合作办学？

7. 培养的学生如何适应国际化环境？

8. 学校的重心应该在研究还是教学上？

9. 为什么国内民办高校所设立的国际化办学与公立大学相比，要更加灵活和有生命力？

第二部分

中国跨国企业在德国投资的跨文化管理案例

杜克普爱华携手上工申贝①

案例导读

　　上工申贝集团在德国建立的上工(欧洲)控股有限公司,经历了长达数年的谈判,仅以 100 万欧元收购了杜克普爱华股份有限公司。但德国的上工(欧洲)控股公司还保证另外提供给杜克普爱华公司一笔借款。这笔资金全部由上海的上工申贝集团来筹措。此外,西德意志州银行通过一笔贷款也参与到了这一收购中来。无论是收购活动中所有参与者的公告,还是上工申贝集团收购杜克普爱华公司的实际情况,都显示出这并不是一次恶意收购,而是各方都乐观其成的一项举措。接下来,上工面临的是收购后的管理层结构和人事管理及对文化差异的处理的挑战。

创建初期至 21 世纪

　　位于德国北威州东部的中型企业杜克普爱华股份有限公司,是一家拥有可靠现代化技术的传统企业,旗下员工不仅具备高素质还拥有高度的积极性。但传统企业也意味着,杜克普爱华在公司历史上经历了高潮与低谷,以及存在着

---

　　① 本案例由德国耶拿席勒大学贝恩德·米夏诶尔·林克博士及弗莱贝格工业大学安德雷斯·科罗斯科博士编写。此案例最初发表在由贝塔斯曼基金会及德勤赞助的研究项目《中国企业在德国:机遇与挑战》(贝塔斯曼基金会及德勤赞助的研究项目《中国企业在德国:机遇与挑战》详见 http: // www. bertelsmann-stiftung. de/cps/rde/xbcr/SID-12ED87F3-5090242B/bst_engl/xcms_bst_dms_27517_27534_2. pdf.)。作者希望感谢贝塔斯曼基金会及德勤授予此案例重印的许可。此案例仅作为课堂讨论的材料,作者无意阐明案例是否有效地应对了一个管理情景。为了保密,作者可能在案例中有意隐去了真实姓名或其他信息。未经书面授权,禁止任何形式的复制、收藏或转载。

适应新技术和新市场的必要性。公司的历史始于 1860 年,当时两位钳工海因里希·科赫先生同卡尔·巴尔先生一起,在比勒费尔德建立了缝纫机工厂科赫有限两合公司。1865 年,他们邀请机械师尼古拉斯·杜克普先生同卡尔·施密特先生一起加入公司。杜克普先生早在 1861 年就制造出了他的第一台缝纫机,但在 1867 年,他同施密特一起离开了科赫有限两合公司,并共同创建了自己的企业:杜克普-施密特公司。该公司在经历了几年成功后,开始面临缝纫机行业的销售危机,这使得公司不得不实现产品的多样化,甚至开始生产自行车。1897 年至 1927 年期间,公司还生产过汽车、摩托车及大型货车。科赫有限两合公司也一度追寻这一生产模式,但之后仍将生产重点放回到了他们的传统强项——工业制衣技术,随后以"科赫-爱华缝纫设备股份有限公司"的名称在国际上获得了很高的知名度。第二次世界大战后,该公司开始尝试制造打字机和包装机,但随后又再次放弃,并最终回归到只生产工业用缝纫机。而之前的杜克普-施密特公司,则于 1913 年改名为杜克普制造股份公司。该公司在市场压力下不得不在 20 世纪 20 年代终止生产汽车,转而从事工业用缝纫机以及纺织企业输送传送设备的生产,而该系列设备的生产作为企业的一个业务领域直至今日仍然十分活跃。1962 年 FAG Kugelfischer 股份公司收购了杜克普制造股份公司,并于 1987 年又收购了科赫-爱华缝纫机制造股份公司。1990 年两家子公司合并为杜克普爱华股份公司。

在 1989 年这一转折点后,许多公司都在随后的几年内经历了腾飞和繁荣,开拓了新市场,在东欧建立起生产点。而杜克普爱华公司也收购了一些相关企业,比如捷克的缝纫机生产厂家波斯科维奇,以及之后赫斯巴赫的拜斯勒有限公司。此外,自 1998 年起,杜克普爱华罗马尼亚分部在当地组建了零配件制造厂。之后公司取得了很大的成功,拥有了世界范围内的服务网络,合作伙伴超过 200 家,80% 以上的业务都在国外进行。但随着全球经济的衰退和欧元的坚挺,公司的销售和盈利逐渐开始走下坡路。与此同时,其母公司 FAG Kugelfischer 集团却被总部位于赫尔茨欧根奥拉赫(德国巴伐利亚州爱尔兰根市附近)的依纳-控股舍弗勒两合公司收购。面对杜克普爱华公司出现的经济危机,FAG Kugelfischer 公司力图通过公司重组、降低成本及削减超容量生产来力挽狂澜。在新东家依纳集团那里,杜克普爱华公司仍有可能被再次出售。

在一份 2003 年的商业报告中,中国作为缝纫机最主要销售市场之一,其突出作用被重点提了出来:"全世界超过三分之一的成衣都在中国制造",当时杜克普爱华公司的董事会特别强调:"中国的市场潜力是不可限量的。"虽然已经认识到了这点,但由于当时面向中国的销售渠道十分薄弱,加上高昂的关税,对于中国市场的利用,公司在最初的实施中举步艰难。虽然公司有二十多年跟中国的销售企业打交道的经验,但当杜克普爱华跨出了在中国经营之路的第一步,在上海组建了杜克普爱华国际贸易公司,并与中国的合作伙伴们一起开始步入轨道之际,它却面临着被出售的命运:2002 年 1 月,伊纳集团在经历了自1998 年就已经开始准备却一直未能成功的出售计划之后,决定结束集团在这一市场的努力。

中国合作伙伴的发展之路

作为杜克普爱华股份有限公司后来的控股人,来自上海的上工申贝集团历史虽不长,却也同样经历了各种变动。上工申贝集团的前身是上海工业缝纫机股份有限公司(后更名为上工股份有限公司),该公司于 1993 年 9 月在上海证交所挂牌上市,成为中国缝纫机行业第一家上市公司。该公司后与上海申贝办公机械有限公司合并组建了上工申贝(集团)股份有限公司。上海市政府通过其城市管理公司持有该集团 25.4% 的股份,从而成为最大的控股方,并直接实施监督。而如今的上工申贝(集团)股份有限公司这一名称也正是该公司国际化战略的一部分。该公司作为典型的"国有企业",想通过内部改制这一模式适应未来的全球化战略。这一全球化的过程包括 2005 年 7 月购买杜克普爱华股份有限公司的多数股份,为实现这一目标,上工申贝集团在德国建立了上工(欧洲)控股有限公司。这一收购行动经历了长达数年的谈判,虽然收购价格仅为100 万欧元,但德国的上工(欧洲)控股公司还保证另外提供给杜克普爱华公司一笔借款。这笔资金全部由上海的上工申贝集团来筹措。此外西德意志州银行通过一笔贷款也参与到了这一收购中来。无论是收购活动中所有参与者的公告,还是上工申贝集团收购杜克普爱华公司的实际情况,都显示出这并不是一次恶意收购,而是各方都乐观其成的一项举措。

出售前就已经困境重重的杜克普爱华公司一直期望其所有者依纳-舍弗勒

集团能够开出一个合理的价格，使公司能够专注于其核心业务。而作为收购者的中方，其目的事实上是多重的：他们来到德国不仅仅是为响应政府"走出去"的号召，更进一步的原因是其本身也面临着现实的经济压力。上工申贝集团自身当时处于一个巨大的经济困境中：2005年销售额近1亿4100万欧元，而亏损却高达2600万欧元左右。这家中国缝纫机行业曾经的巨头由于受到中国私营企业和外国同行的竞争，市场压力越来越大。而这些外国竞争者中有来自日本的JUKI重机，其销售额一度达到8亿欧元而成为世界缝纫机行业的领头羊。面对这样的发展上工申贝集团举步维艰，因此他们也期望可以通过收购杜克普爱华公司获得新的经验技术，从而将在中国市场上失去的份额重新夺回来，同时也通过该公司原有的全球销售网开拓出新的国际市场。作为上工申贝集团总裁和杜克普爱华公司的监理会主席，张敏先生这样总结中方的目标："拥有了一个好的德国品牌，我们就可以在充满竞争的缝纫机行业内享有更多的尊重。"由于当时北威州东部正在实施的扩建行动正好与中国上工申贝的收购计划相符，使得这一收购行动顺利完成，中德双方企业在互补长短的基础上取得了一个双赢的结果。

收购后的管理层结构和人事管理

公司的出售总会引起员工的不安，尽管杜克普爱华公司要被出售的消息已经流传了很久，职工们对此也习以为常了。之前FAG Kugelfischer公司十几年来一直在实施裁员，比勒费尔德总部的员工从2500人缩减到了450人左右。许多员工早早就开始着手寻找新的岗位，还有一些员工在得知公司将被中国企业收购后离开了公司。但事实是，公司在被收购后并没有出现企业范围内的员工遣散，之前的劳资合同继续有效，两名职工代表在监事会中参与意见的规定也没有改变，而中方对公司的参与十分低调，最重要的是在生产车间内没有机器被拆除，这一切很大程度上安抚了职工的情绪。2005年11月30日终于举行了企业大会，在这次大会上，上工申贝集团总裁张敏先生介绍了他在过去几个月内深思熟虑后制定的计划：为了赢得显著的全球市场份额这一长期目标，将做出新的结构调整并扩大在欧洲和中国的业务，而且杜克普爱华将作为一个独立品牌保持下去。

上工申贝集团的领导层在国际市场上的有限经验,来自于之前和日本JUKI及美国SINGER的合作,但这种合作却并非真正全球战略意义上的合作。因而中国人这次和杜克普爱华公司在组织方面的合作改造,也就相应谨慎仔细很多。他们的理念是:顶层管理者共同制定企业战略规划,而具体经营则放手由经验丰富的各部门领导在各自国家进一步实施开展。

为此产生了一个"二合一"体系:战略规划将由中方张敏先生和德方阿尔弗莱德·瓦德勒先生,通过在中国和德国的定期会晤共同制定,前者同时身兼上工申贝集团的总裁和杜克普爱华股份有限公司监理会主席,后者则为杜克普爱华股份有限公司董事会发言人。具体营运实施由瓦德勒先生来负责,包括生产、开发和销售,而他的中方同事郑莹女士主管财务、人事和IT部门。这一安排当然只体现了杜克普爱华公司管理层最表面的功能分配。瓦德勒先生之所以被提名为公司董事局发言人,因为他在作为杜克普爱华的捷克子公司主管期间学习积累了大量跨文化合作和管理经验,知道如何才能管理好一个国际性企业。郑莹女士和德国同事一起担任欧洲区的人事管理工作,并负责将企业数据汇报给中国,同时在日常业务中出现必要协商时,协调位于上海的上工申贝集团和位于比勒费尔德的杜克普爱华公司之间的交流沟通。这也意味着,在公司会议出现重大决议时她可以直接电话联系中国方面。这样就成功建立起了一个功能健全的、反应迅速的三角型管理模式,从而可以使杜克普爱华股份有限公司在各个层面都有效地运作起来。

为全球化竞争而做出的战略转换

企业结构转换所带来的挑战主要集中在两个方面:新的生产和欧洲市场缝纫机销售的组织结构;帮助母公司在中国重新夺回原有的市场地位。第一个任务将通过欧洲各分部的明细分工和高度专业化来实现,比如罗马尼亚的生产厂主要生产劳动密集型零配件,然后在欧洲和中国进行再加工,而大型整机生产暂且仍由捷克的生产厂负责,以后那里会生产越来越多的高科技含量产品,特别是新开发的质优价廉产品。在比勒费尔德的总部则主要是公司的研发部门,继续负责装配高端产品。同时那里也给客户提供了一个大型的样品展厅,展示着各种特殊性能的缝纫机、自动缝纫机以及各种相关缝纫设备,这些机器全部都为电子控制并且可在几秒钟之内高度精确地完成任务。以后那里还会展出中国出产的价廉物美的缝纫机。

位于比勒费尔德的总部会组织分销,确保为客户提供高质量、迅捷的专业服务。因为目前缝纫技术市场的目标客户——制衣业,制鞋业,汽车纺织品、家纺业以及技术纺织品加工商都已经不再只是单纯看重产品的质量和耐用性,还需要完善的服务、备用件补给和员工培训,此外在应用和生产优化方面为客户提供咨询也越来越受到重视。所有这些服务都只有高素质、并且还掌握一定外语知识的员工才能胜任。

在中国面临的挑战则出现在其他的领域。瓦德勒先生这样形容道:"在欧洲我们有着良好的起点,而在亚洲我们的产品只有一个字:贵。"这一情况需要通过当地新的合作者,即上工申贝集团来改善,比如运用他们原有的销售渠道,他们的资本,还有他们特别重视的与上海市政府的关系,这一系列的优势来扭转劣势。但在生产车间和员工素质等方面,中方也存在着一定问题:生产设备不能和当前的技术相匹配,员工不具备在高端企业应具有的素质。鉴于这些情况,2006 年在中国成立了专门针对中国市场的两家合资公司,一家专门负责销售,一家专门负责生产。在这两家公司中,比勒费尔德的杜克普爱华股份公司不仅提供相关的高技术和商业能力,最重要的还有完善的高质量经营管理体系。

这家负责生产的合资工厂杜克普爱华工业制造(上海)有限公司由德国的杜克普公司参股 30%,上工申贝方面则提供生产设备。该合资厂主要提供专门针对中国市场的简单机器生产和开发。2007 年一年就生产了近两万台缝纫机。这家合资厂主要由德方来管理,许多工程师都是从德国比勒费尔德总部派来的,还有一部分来自中国的上工申贝集团,这样两方面的结合便于技术的交流和生产过程的优化,同时也能提供给当地员工相应的培训。当然,在这一过程中必然出现很多文化交流上的障碍和问题,特别是在德方和中方的员工都还没有过类似经验的情况下。虽然双方都表现出了很大的诚意,但不同的工作理念、时间观念、等级制度和交流方式,都为公司的协调统一难上加难,至于不同的企业文化就更不用提了。来自比勒费尔德的德方员工是以培训师身份来到上海的合资厂,而后者事实上却是他们的所有者。这就意味着中德双方员工都需要相互理解和体谅,当然还有对待事情的分析判断力。

除了这一合资工厂外,杜克普爱华公司还于 2006 年与上工申贝集团一起在中国成立了一家合资销售公司,即杜克普爱华贸易(上海)有限公司。这一公司比勒费尔德总部参股 25%(增资后现已参股 34%),同时也拥有其管理权。2007 年间该公司在世界范围内销售了三千台缝纫机。这一业绩还将在未来不断扩大,首先当然是通过中德双方原有的销售方式,此外还会通过一批具有国际水平的中国专业经理人来实现。这一新的组织结构给上工申贝带来了明显的良好影响,其财务状况从 2006 年起终于没有再出现赤字。这一成果很大程度上得益于德方在中国的高质量管理。这一原则是不能被动摇的,但杜克普爱华股份有限公司创新部经理沃斯先生也提到:"当然也会出现临时的变动,然后质量就下降,中国同事们总是觉得速度还不够快。但如此一来我们机器的高度精准性就成问题了。"当然中国方面也有他们的见解:这一高质量的管理模式花费实在太大,使得产品成本直线上升。事实上许多中国的客户根本不关心你的机器有多么耐用,因为他们手上的外国订单都是短期的。他们只看眼前的情况,而昂贵的长线投资是他们所畏惧的,因为对他们来说市场实在变化莫测。当然在中国高质量的耐用性产品也开始逐渐变为主流。但找到一个有效平衡价格和质量的方法才是目前最重要的,这也是大家都期盼的。为了中德双方能够更好地互相适应,沃斯先生以及其他来自比勒费尔德的同事每两个月就会去上海的工厂一次,甚至差不多每天都会和中国的同事电话联系。

对文化差异的处理

在跨文化合作初期,不但是合资企业,而且在新的集团中,中德同事经常表现出不同的行为方式。这些行为的不同,为双方带来诧异和误解。比如德国人不知道中国人有这样的习惯:在会议或商谈过程中,谈到和自己无关的话题时就漠不关心。反过来中国人又觉得德国人在谈论自己的观点时过于严肃,显得高傲,一旦自己有理了,就失去了对中国人来说非常必要的谦虚礼貌。这些不同点在高质量管理过程中就特别明显地表现出来了:一方面中国人尊重德国同事在高质量管理上的能力,但另一方面他们却抱怨德国人的慢性子和过分细致。而德国人则把中国人的灵活变通和创新力更多的理解为无能力,过于随便,把中国人对速度的要求评论为过于仓促草率,欲速则不达。

中德双方管理行为中出现的分歧还是比较大的,特别是在中国人要求的适应力和德国人要求的持久性这两方面的冲突上。通过种种磨合,杜克普爱华公司的认识也在不断成熟起来:跨国企业内的经理人必须不断提高其处理跨文化问题的能力。一个统一的,能够在人员挑选和发展中考虑到其跨文化协调能力的人事政策,将会有助于减少跨国企业中因文化不同而造成的矛盾,也能促进企业内部的多层面交流,统一同事之间的行为,协调企业的领导管理。按照这样的思路行进,双方企业才能求同存异取得未来道路上的成功。这一人事政策上的统一计划,从在欧洲各分部引入企业人事手册开始,该手册是在郑莹女士的领导下,主要由其德国的部门领导乌里希·寇索克先生起草的,于2008年底投入使用。

在高级管理者间的交流目前已经基本没有什么问题,需要改善的是普通工作人员间的合作。为了将来这一层面的交流能够朝良性方向发展,一名具备良好德语能力的销售经理被派到了比勒费尔德。他会在那里了解整个工作流程,然后将其特殊性和优势直接汇报到上海的总部。此外在双方出现误解的时候他要充当翻译,并试着解释。为了能在中德同事间起到桥梁的作用,这名担任销售领导工作的员工还将接受培训。销售未来也是要全球统一的。

中德双方的双赢局面

对于绝大多数比勒费尔德总部的德国员工来说,公司在被上工申贝集团接收后至今几乎没有什么变化。他们一如既往地和德国同事及上司沟通交流。最明显的变化就是公司的大门口出现了中国国旗,公司的中文名出现在了门牌上。公司被收购两年,员工也对公司的状况松了口气。杜克普爱华公司中央市场部主任这样形容道:

"那些凭空多出的担忧,比如中国人会偷走德国的技术,会减少在德国的工作岗位等,很快就不攻自破了。我们的员工现在能感受到的就是经常会有中国代表团来到比勒费尔德访问。一个成功的合作已经成了样板。"

不仅公司内部,事实上外界也看到了类似的情况,因此几个在收购前离开公司的员工又重新回到了公司。而员工的家属及友人也不再担心家人的失业,反而更多地关心将来的发展前途。工会报告说：中国人没有食言。此外，媒体在针对公司被收购的报道中也一致做出了积极的评价。收购已经过去三年，第一阶段的总结也出炉了。从经济角度看，中德双方都达到了他们预期的目标。上工申贝的销售额出现显著上升，2007 年达到了近 2 亿 4 000 万欧元。2006 年开始扭亏为盈，2007 年更是盈利近 260 万欧元。企业经济效益下滑终于得到了有效制止，出现了上升的转折点。而比勒费尔德的杜克普爱华方面同样效果显著，销售额从 2005 年的 1 亿 2 860 万欧元，上升到了 2007 年的 1 亿 5 130 万欧元，同期年净收益也从 140 万欧元，显著上升到了 260 万欧元。特别可喜的是，通过盈利积累，杜克普公司的自有资产份额在 2007 年上升到了 22.7%。曾在前几年持续下降的员工人数不仅稳定了下来，甚至出现了小幅增长，截止到 2007 年 12 月 31 日，全球员工共 1 817 人，其中 555 人就职于比勒费尔德总部（2006 年时为 531 人）。

成功的取得一部分要归功于前几年企业重组措施的实施和全球经济的改善，很多重要的客户又都回来购买杜克普产品。但决定性的原因还是在于：与上工申贝集团一起保持了企业发展的连续性，而在此之前曾在 FAG Kugelfischer 的领导下，历经了十次董事会的人事更替，根本无法持续发展。杜克普爱华股份公司的董事会这样形容公司在被收购后取得的良性发展："再次看到公司的可持续发展，大大激励了员工的积极性。"此外，随着对杜克普爱华公司的收购，不仅企业在中国的参与逐渐走上了正轨，同时新的生产线也带来了可喜的经济成果。这些成果的取得，主要还归结于中国的母公司给了德方很大的自由空间，以及公司结构和公司文化的必要转化，也实施得十分周到细致。平等的协作式交流和中方对不同意见的反馈，包括接受和奖励，都很大程度地激发了德方管理者的积极性。中层管理者仔细观察了双方的合作并发现，合作非常有成效，而在合作中产生的相互信任，更成为了企业成功的奠基石。

所有员工对于收购后工作条件变差的担忧，也被监理会主席张敏先生在企业大会上的发言打消了，张先生保证比勒费尔德总部不仅全部保留下来，而且还会引进新的生产线并生产新的产品。这一承诺也得到了证实。

共同的目标和挑战

这些只是开始，在接下来的几年里还必须扩大业务。上工申贝集团的中期目标是:在接下来的三至五年内,充分利用规模经济以及利益导向,使企业跻身于全球缝纫机行业最大和最具知名度的三家企业之列。这一目标确实雄心勃勃。无论怎样,亚洲市场特别是中国市场,对于杜克普爱华公司来说,始终都是一个很大的挑战。2006年和2007年的公司年报中均提到了"亚洲生产商的激烈竞争",以及2008年开始,由于亚洲市场上缝纫机行业的萎缩,前景并不如预期的那么美好。针对这一问题的一系列数据表明,上工申贝和杜克普爱华都必须做出中长期的应对策略。特别是欧洲市场的复兴,在接下来的几年内,洲际间的市场转移,将成为一个明显的特征和不可回避的挑战。

合作的双方杜克普爱华和上工申贝,需要制定出共同的战略发展规划,以确保中德双方合作的长期性和稳定性。中德双方的互相尊重,比起对各自价值观和目标的协调更为重要,有了互相尊重这一前提,才能实现长期的相互认识和理解。杜克普爱华公司的经理人应该和上工申贝的经理人在相同的体系里进行思考,反之亦然,这是双方的目标。这样才能够成功树立起能够因应未来全球挑战的企业文化。

讨论问题

1. 中国政府用"走出去"的策略来推动中国企业国际化进程。而这一经济和工业政策的动因究竟是什么呢?

2. 随着德国企业外移倾向日益加剧,外资的引进和流入对德国的经济发展可谓是事关重大。中资企业在德国的投资对德国的就业市场有何影响?

3. 中国投资商开发德国市场时,经常会遭遇哪些挑战和难题?

4. 中国的经济政策如何能有效地对中国企业在国际市场上提高竞争力施加影响?

瓦德里希科堡公司结缘北京第一机床厂①

案例导读

　　通过收购一家技术领先的子公司以达到打入世界市场是很多中国企业跨国收购的直接目的。2002年英格索尔国际公司签署破产时，北京第一机床厂的管理层就已经开始着手对其子公司瓦德里希科堡公司收购进行审核。一年后提出了报价。然而因为当时无人相信中国人有这个收购能力，收购未能实现。但风云突变，当济根市海库勒斯机床厂，这个新的母公司对瓦德里希科堡公司不再有兴趣的时候，2005年10月24日北京第一机床厂终于收购成功。一个公司被一家外国公司收购，在企业文化方面都会有一段刻骨铭心的经历，这种情况下一个弗兰肯中型企业和一个中国国有集团的合并使这段经历更加难忘。

一个弗兰肯企业的故事

　　阿道夫·瓦德里希科堡机床厂有限两合公司是由阿道夫·瓦德里希于1920年在科堡创建的，当时的厂名叫格卢布斯工厂。公司不仅遭受了20世纪世界经济危机和第二次世界大战那样的变动，而且还不得不多次对其产品进行

────────────

　　① 本案例由德国耶拿席勒大学贝恩德·米夏诶尔·林克博士及弗莱贝格工业大学安德雷斯·科罗斯科博士编写。此案例最初发表在由贝塔斯曼基金会及德勤赞助的研究项目《中国企业在德国：机遇与挑战》。作者希望感谢贝塔斯曼基金会及德勤授予此案例重印的许可。此案例仅作为课堂讨论的材料，作者无意阐明案例是否有效地应对了一个管理情景。为了保密，作者可能在案例中有意隐去了真实姓名或其他信息。未经书面授权，禁止任何形式的复制、收藏或转载。

全面改产。起初工厂以生产玻璃加工和石料加工机械为主,后来生产用于金属加工的龙门刨。从 60 年代起,公司开始生产用于加工船用螺旋桨的高达 8 米的高精度重型铣床。在千禧年即将到来的前夕,瓦德里希科堡公司以新的理念面向未来,推出了多功能机床系列,机床的模块化生产可按照客户的要求专门为客户提供特殊配置。公司一举成为行业中技术领先的龙头企业,并将产品生产定位在高价位机床领域。

不仅公司的产品体系要随时适应新的挑战,企业结构和企业文化也经历了多次变更。1986 年之前,该公司一直是一个典型的带有家族企业文化的弗兰肯中型家族企业。美国罗克福德市的重型铣床生产厂家英格索尔国际公司的收购完全改变了这一切。因为新的母公司也生产同类机床产品,所以为了维护自身利益,新的母公司多次改变瓦德里希科堡的公司结构,控制了其产品的开发,并划分了弗兰肯产品和洛克福德产品的销售市场。2003 年英格索尔国际公司不得不申请破产时,这一系统彻底崩溃:瓦德里希科堡公司虽然自身并无债务,但也随之陷入了紧张的境地。济根市的海库勒斯机床厂收购该企业一年后,瓦德里希科堡公司被卖给了对它有兴趣的中国北京第一机床厂。

一个中国企业的故事

北京第一机床厂建于 1949 年,目前隶属于北京京城机电控股有限责任公司,而该公司又隶属于北京市政府。北京第一机床厂的年销售收入为 1 亿欧元,虽然它相对而言是个小企业,其利润在中国机床生产厂家中却居首位,营业额居第三位。切不可只看到它典型国有企业的出身:虽然他还背负着一些遗留问题,但长期以来,中国公司的领导班子一直在为适应自由竞争而努力。特别是他们为了获得优惠贷款,与政界建立了特殊的关系。他们为实现现代化做出的努力,突出体现在与国外厂家合作和在中国建立合资公司上。在合资合作的框架下,北京第一机床厂从 1984 年起就和瓦德里希科堡公司建立了合作关系,并且关系日益紧密。

逐步靠近

北京第一机床厂和瓦德里希科堡公司之间的联系起初仅限于松散的合作。

中国公司开始只是以客户的身份出现,通过合作如签订长期供货和维修合同,两个企业间加深了互相了解,双方都很重视相互间的信任:就像"兄弟"一样合作。长久以来中国人一直对技术转让特别感兴趣,后来还对职工培训以及在国际企业管理经验交流方面的合作感兴趣。而此后真正的战略意图是,要用高质量的产品首先占领中国市场,然后再有重点地发展国际市场。同样,弗兰肯人也没有把这种合作当作普通业务来看,而是充分利用对他们有利的机会,成功地开辟中国市场,获取更多利润,并且在与中国合作的同时获得国际文化交流的经验。这些后来被证实的确是受益匪浅。

由于积极的经验交流以及外部的客观情况,尤其是中国经济的崛起和经济全球化使得双方的战略以这种方式日益接近。在此期间,北京第一机床厂作出了决策,进而迈出了决定性的一步,通过收购一家技术领先的子公司以达到打入世界市场的目的。2002 年英格索尔国际公司签署破产时,北京第一机床厂的管理层就已经开始着手对收购进行审核。一年后提出了报价。然而因为当时无人相信中国人有这个收购能力,收购未能实现。但风云突变,当济根市海库勒斯机床厂,这个新的母公司对瓦德里希科堡公司不再有兴趣的时候,2005 年10 月 24 日北京第一机床厂终于收购成功。

收购接手

一个公司被一家外国公司收购,在企业文化方面都会有一段刻骨铭心的经历,这种情况下一个弗兰肯中型企业和一个中国国有集团的合并使这段经历更加难忘。然而,正如科堡市长诺伯特·卡斯特纳所说:瓦德里希科堡公司过去经历了"苦难的历程",在过去几年的发展中没有得到过什么"宠爱"。但这种背景的结果却是矛盾的:由于前几年糟糕的经历,职工们的期望值已经很低,这样公司只要采取合理的措施,就可以调动职工的积极性。北京第一机床厂的厂长崔志成采取的第一个决定性的步骤,就是他在一次讲话中对全体职工谈到企业战略时说的那句话:"德国的橡树是不能移栽的。"这样保证了科堡公司的所在地保留不动。

对收购理由的透明解释和对公司未来发展的明确说明让职工们都心悦诚服。做出的承诺需要有实际行动的支持才能让人信服。第一个证明是新的中国母公司集团全部是用自己的资金完成的收购,接着又把每一笔科堡公司经营获得的盈余利润再投资到科堡公司。新的商业计划和资产负债表说服了贷款条件优惠的科堡 HVB 银行,也令其他商业银行对该企业刮目相看。起决定性作用的是弗兰肯工厂的经营实力。尽管银行无法可靠地核实中国母公司的偿付能力,而崔志成先生在谈判时坦诚的交谈,对融资模式一直都透明的介绍,赢得了必要的信任,使得未来的融资成为可能。

在收购接手时另外一个重要的方面是职工们对自己的能力非常自信。他们知道公司的困境不是自己造成的,而是由前一个公司所有者管理不善导致的。企业本身的价值不在于有多少设备和专利,而在于那些具有杰出技术和管理经验的职工。每一个新业主的介入都有可能将企业原有的资本毁灭:即客户对"行业品牌"的信任以及几十年建立起来的长期的业务关系。

此外,客户也是以高瞻远瞩的眼光来购买产品的,他们期待得到全面快捷的售后服务,为他们培训操作员并提供长期的质量保证以及技术升级服务。任何一个投资者如果让别人对这种业务基础产生了一丝的怀疑,都将会给自己带来损失。德国的职工们在很短的时间内就做好了准备,要给已经做出承诺的新的中国股东一个机会,而且也要不辜负他的厚望。

实现一体化与企业整合

中国母公司的管理层对伴随收购瓦德里希科堡所要面临的风险十分清楚。他们之前不仅没有什么国际企业管理的经验,而且也没有承担过如此的重任,因此他们既没有组织机构也没有合适的人员。所以他们委托一家国际企业咨询公司伴随兼并后的营运过程。

另一个成功的重要因素是建立一个新的领导班子。北京第一机床厂任用的管理团队首席总经理胡伯特·贝克、财务总经理乌韦·海罗德和主管市场销售的总经理霍斯特·鲁特豪特都是瓦德里希科堡的"土生土长的自己人",他们在职工中享有很高的威望(胡伯特·贝克是从学徒工开始就进入公司的),并且多年来他们也和中方的企业领导保持着很好的关系。公司非但没有裁减雇员,反而后来还增加了员工人数。结果是:迄今为止只有微小的人员流动,极大程度地保证了职工的素质水平同时也阻止了技术外流。

中国股东管理层的意图也是一个重要的方面。公司以前被收购的时候瓦德里希科堡是没有发言权的,但新的股东收购之后却让科堡的领导班子积极参与到共同的发展战略中来。战略的目标首先是拓展新的业务市场,特别是中国市场的大门现在完全敞开了,德国公司现在也可以通过他的中国母公司以国内供应商的身份出现。凭着经营业务上重新获得的自由,使弗兰肯人可以将他们的主要精力都集中到关键点上:市场和技术。

企业的生产策略不断得以完善:瓦德里希科堡公司提供一流的高端产品,北京第一机床厂提供低端的产品。在北京第一机床厂的市场战略中瓦德里希科堡还有进一步的作用:每一个价位上的产品都要以高标准的技术取胜。北京的母公司通过成功购买德国公司赢得了其他中国竞争对手和客户的瞩目,从而确立了国内市场的战略地位并加强了在国际市场上的地位。现在双方的利益更加紧密地联系在一起,任何一方的弱点都会影响到另一方。

共同的企业文化的产生

共同企业文化的发展总是一个长期的过程,瓦德里希科堡的情况也是如此。在使所有职工欣然接受了北京第一机床厂的收购之后,还需要有一个较长的过程来赢得职工们的信任。显而易见的增进信任的措施有:整修公司的办公楼,扩建现代化研发实验室和技校培训中心。一个新的里程碑就是在 2008 年 5 月耗资 175 万欧元新建的装配车间。生产设备的充分利用和不断增长的订单合同,这一切当然是瞒不住职工们的,所有的迹象在每天的工作岗位上都能看得到。

在职工中产生的积极的反响还有,他们已习惯的工作条件如工资结构、工作时间、进修机会、提升的机会等等基本上都保持不变。他们在中方面前不觉得窘迫,更没有觉得中方在主导一切。中国人在营运和管理策略方面的矜持态度,首先得到德国管理人员的积极好评,新的关系表面上只能从在科堡工作的少数几个中国员工看出来。作为瓦德里希科堡公司总经理成员之一的曲向军先生负责企业间协调和与中国总部之间的交流。他做到了使人们相信他不只是单方面代表中国一方的利益,而是做一名把科堡所发生的事情、问题和实事直接报告给北京总部,又把来自北京的信息反馈回来的通讯员。这种连续性的具有透明度的联系是科堡和北京的管理层共同开会时的重要基础，这种会议定期召开，是为了对企业经营的成绩进行评估并为企业定出下一个奋斗目标。在技术方面也有定期的交流。为了发展共同的生产体系，为卖到中国市场的机床提供维修服务以及对中国售后服务技术人员进行技术培训，德国技术人员定期飞往中国。而主要由年轻的中国技术员和管理人员组成的小组也到科堡来接受培训。他们在当地可以亲身体验高精度产品的生产组织情况。让他们找到感觉，明白北京的集团总部努力追求的目标是什么。在合作的同时，德国和中国的职工可以互相增进了解——或许将来他们会成为很有价值的人力资源。无论如何这是未来企业文化的重要步骤。另外还有德国和中国职工业余时间的休闲聚会，以促进多元文化的融合和相互间的了解。

科堡公司的管理层还通过厂报和大家沟通最新的企业文化发展情况，厂报有德文版本和英文版本。除了关于技术方面的新动向和经济上的业绩的报道，还有一体化的进展以及德中合作项目的消息和职工们进行透明性地交流。所以，胡伯特·贝克不仅可以对他的职工报告："除此之外，历史上我们还从未在我们企业的厂区做过这么多的投资"，而且还告诉大家原因："这样北京第一机床厂就能和瓦德里希科堡在亚洲市场上共同得到订单，单靠任何一方都是办不到的。"

对外交流与合作

首先厂报作为在公司所在地科堡及其子公司、还有新的母公司总部之间的内部交流工具得以证明是很有价值的，特别是在一些经常被低估的方面：与外部一些利益相关的企业的联络，营造良好的商业和政治环境。厂报还有其他的作用，首先在像科堡这样一个中小城市中，企业的职工们就是重要的传播媒介。他们在他们的家庭、朋友和熟人之间交流亲身体验也制造了"气氛"。再加上当地报纸的报道，还有跨地区的电视台对这个特殊的德中合作项目也做了报道。领导班子公开坦诚的交流，配合职工们肯定满意的反响，为北京第一机床厂的收购带来了舆论界积极的回音。这种情况实属稀有，这一点对将来长远的发展十分重要。

政治大环境也有助于两个企业的成功合并。市长诺伯特·卡斯特纳专程去了中国,为了向北京第一机床厂的企业领导们和其国有股东发出重要的信号:科堡市政府对这一企业合并表示祝贺,并将通过科堡市经济促进局提供支持,也欢迎有更多的中国投资到科堡来。这一举措鼓舞了中国人承担风险收购瓦德里希科堡公司的勇气。这一访问也带来了中国舆论界积极的反响,他们认为德国是一个适合投资发展经济的地方。市长诺伯特·卡斯特纳到中国访问也受到了政界要人的接待。他受到中国的一位副部长的接见,还有中国驻柏林大使馆经济部负责人朱万金到科堡市政府的访问都说明了这一点。随后来访的还有其他一些高官要人,一些中国学生也受到了市政府的接待。成功的合作促成了后来科堡市政府成功举办的德中经济日的活动,这个活动受到了各方的好评。当然,政策的制定取决于合理的思考,企业好就能缴纳更多工商税、众多工作岗位能得到保障并且这也会影响到选票,这些都要考虑到。胡伯特·贝克对总体感受的描述非常恰当:"弗兰肯人和中国人的个性配合得很好。"双方都着眼于长期的成功合作,而不是对季度报表那种节奏的短期经济效益感兴趣。

像瓦德里希科堡这类技术型企业需要和科研及培训紧密配合。因此,与科堡专科技术大学的合作是未来人事政策和商业战略的重要组成部分,以便把毕业生中的高材生作为职工招募到企业中来,使企业可持续发展。为了适应这种特殊的情况,上海科技大学和科堡专科技术大学建立了高校之间的合作关系,还专门开设了德语-中文学科。总体上来说,在有效实现全球化方面,对这个企业和高校携手推动联合培养机制的实例,无论给予多高的评价都不过分。这一举措既创造了高品质的工作岗位,同时又造就了高素质、有积极性、受过国际交叉文化教育的职工。

中国-弗兰肯的成功故事

自从 2005 年被收购以来,瓦德里希科堡公司的发展是相当积极向上的。2006 年的销售收入已从 6 300 万增加到 7 500 万欧元。2007 年的销售收入再一次提高到 8 500 万欧元。此外,目前的订货合同总值已超过了 4 亿欧元。管理方面最大的担忧是如何缩短供货周期。这样自然会对产能和职工人数产生影响:2005 年公司大约有 500 名职工,而 2007 年职工人数已达到 700 名左右。由此可见,北京第一机床厂的收购不仅是企业的成功,同时对整个科堡地区也是有价值的。

毫不惊奇，北京第一机床厂管理层的核心人物对收购这家公司也非常满意。北京第一机床厂的厂长崔志成说：我们感到特别自豪，把瓦德里希科堡带进了盈利时代，并且还创造了新的就业机会。用高价收购一家有价值的德国企业，这个风险冒得值得。他列举的成功因素如下：①认真做好尽职调查；②良好的沟通；③遵守国际惯例；④有能力的领导班子。他还补充说："我可以给和我们情况相同的企业一个建议，在管理方面给德国管理层充分的自由，要保持矜持的领导风格。"

当然，迄今所取得的成就不仅归功于管理层经理们所采取的有效措施，归根结底是靠不达目的誓不罢休的意志。大好的经济发展趋势，尤其是繁荣的机械制造业市场对于头三年的成功营运做出了贡献。公司把盈利再投资的举措使公司的所有者权益比例达到了约40%，对同水平的企业而言，这是非常出色的数值。正如母公司所说，弗兰肯厂址是"战略要地"，并将一直保持这个地位。这两点不仅保证了将来的经济发展，而且提高了职工的积极性，加强了他们对管理层的信任，也增强了他们与企业息息相关的主人翁意识。

无疑将来会有暴风骤雨的时候，对此要有所准备。在中国总部和科堡子公司之间的给予和获取将会成为主题。谁受益多少或者谁付出多少，对话各方的看法总会存在分歧。此外，新的市场形势将会要求新战略对策，在双方的利益平衡和协同效应方面不会总像现在这样简单。但重要的是要建立一种多元文化的衔接点——个人或团队，当发生冲突时他们能够在双方都可以信赖的基础上进行协调。当这种协调不仅只局限在管理层的层面实现，也落实到中国和德国的职工们身上时，这样一个具有国际背景的本地企业就拥有了良好的成功契机。那么，崔志成厂长在2005年10月24日所说的承诺就能长久实现了："瓦德里希科堡仍然是瓦德里希科堡。"

讨论问题

1. 接管外国公司的最大挑战，是将不同文化背景的人们成功地融合在一起，并且促进其相互了解与合作。北京第一机床厂收购德国公司方面，积累了哪些经验？面临哪些挑战？

2. 在中国文化里"保存颜面"极其重要。这就是为什么中国人对不满意的事情不做比较公开的反对,这又反过来可能让德国人认为,中国人没有自己的见解,或不想做出称职的贡献。这种文化和领导风格的差异,阻碍了公司收购以及之后的融合进程,制造了很多误解的可能性。整合阶段的整合经理人应该如何有效地应对这种局面呢?

3. 随着愈来愈多的中国企业到德国投资,中资企业里的德籍雇员人数也日益增长。然而,中国管理层与德国员工之间的合作却不能事事处处皆尽人意,中国企业家对德国的雇员参与权和权益维护的企业管理思路颇为陌生。在中国,一来没有与德国《企业组织法》相适应的法律法规,二来中国的工会所拥有的权力和功能也不能与德国的同日而语。中国企业主如何处理不同的劳资概念和雇佣关系? 中国雇主及在中资企业供职的德籍员工怎样才能达到融洽合作?

联想德国:从 IBM 标志到联想集团的新起点①

案例导读

　　联想德国在招聘新员工时注重的是申请者的能力,而不是国籍。原则上,空缺的职位首先在集团内部进行全球招标,然后才到企业外招聘。在此过程中,企业采取"来自全世界"的原则,意思是雇用"来自各种文化背景的最优人选",就像企业人力资源招聘总监所说的那样。在这里"软实力"特别受重视,首先是自主性、参与精神和企业行为方式。定期举办跨文化培训活动是人力发展计划的固定组成部分。与此同时,对各个国家的客户都要用所在国家的语言同他们交流。人事管理系统是由中国和外国的管理人员共同建立的,在此过程中,无论西方的还是中国的体系都不会被优先或完整地采用,而更多地是将两种文化的优点结合起来。

艰苦的创业年代

　　联想在 1984 年由中国科学院科研机构投资成立。当时由中科院的 11 名科技人员创办,中科院投入 20 万元人民币(相当于 25 000 美元)的启动经费,并提供了一间中科院计算机研究所的传达室。在创业初期称为"新技术发展公

---

　　① 本案例由德国耶拿席勒大学贝恩德·米夏诶尔·林克博士及弗莱贝格工业大学安德雷斯·科罗斯科博士编写。此案例最初发表在由贝塔斯曼基金会及德勤赞助的研究项目《中国企业在德国:机遇与挑战》。作者希望感谢贝塔斯曼基金会及德勤授予此案例重印的许可。此案例仅作为课堂讨论的材料,作者无意阐明案例是否有效地应对了一个管理情景。为了保密,作者可能在案例中有意隐去了真实姓名或其他信息。未经书面授权,禁止任何形式的复制、收藏或转载。

司"的联想在中国只代理从国外进口的名牌 PC 机。由于 PC 机的操作界面是英文,中国用户使用很不方便,因此有必要研制一种模块,使 PC 机可以进行中文处理。1985 年联想凭借"联想式汉卡"实现了技术上的突破,这款扩展卡使计算机可以毫不费力地进行中文处理。这一划时代的技术革新为企业后来的成功打下了坚实的基础。

从经销商到生产商

1990 年,企业更名为联想,用"Legend"这一名称,并开始研制和生产自己的 PC 机。在柳传志的带领下,企业繁荣发展,并于 1994 年在香港上市。1999 年,联想已发展成为全国电子企业百强之首。1993 年,企业的最高领导任命当时只有 29 岁的杨元庆为新成立的联想电脑事业部总经理。杨元庆后来出任联想集团 CEO 及董事会主席,至今仍对企业的发展产生决定性的影响。

今天公司的英文名称,或者说是品牌名称"Lenovo"是 2003 年启用的。其中"Le"取自原标识"Legend",是继承传奇的意思,"novo"是一个拉丁词根,代表创新之意。"Lenovo"寓意为"创新的联想"。2004 年,联想公司正式从"Legend"更名为"Lenovo"。公司的中文名称"Lian Xiang",意为"联想"(有思想的、有想象力的)。当时改名最重要的原因其实颇具戏剧性,Legend 作为一个商标在一些国家已经被注册了。尽管改名在很大程度上是出于偶然,但这一举动仍标志着联想准备大举进攻海外市场。

虽然此前联想也一直在积极拓展海外业务,但规模比较有限。比如它在 1989 年已参展汉诺威的计算机专业博览会。从那时起,它通过位于香港的子公司科迪亚(自 1994 年开始也通过海外子公司)将大量计算机主板销往亚太地区、美国和欧洲。90 年代初,企业在美国的"硅谷"成立了一个研发中心。然而,最终让联想在世界崭露头角的决定性一步,是 2005 年 5 月收购 IBM 全球 PC 业务。

里程碑:收购 IBM 全球 PC 业务

1981 年,IBM 正式发布了历史上第一台个人电脑,由此成为了 PC 时代的开路先锋。然而,正是由于这个 IT 巨人的个人电脑部陷入了困境,迫使公司的领导层做出决定，出售这部分业务。早在 2000 年，Lenovo（当时还叫 Legend）就已经开始和 IBM 进行谈判了，两家公司当时就已展开合作，但直到 2003 年 IBM 才表示出售意向。联想推迟这一收购计划是出于对风险的考量，同时企业也认真审视了自己的能力，并在当时的财务董事马雪征领导下对财务风险进行了分析。在全面评估这项交易之后，联想才接受出价。2004 年 12 月，两家企业对外公布了这项交易。消息传出，在业内和社会各界引起一片哗然。收购在当时是史无前例的，联想付出了 12.5 亿美元，一部分是以现金形式，一部分通过购买股票，此外还承担了 5 亿美元的债务。

毫不奇怪，很多负责收购工作的联想经理人在初始阶段受到了怀疑，这不仅是因为高额的收购价格，还因为这是企业第一次执行扩张战略，与以往的传统不同，这次不是机构的增设。在收购前漫长的谈判过程中，企业决定支持收购，而反对借助诸如继续在海外设立子公司的方式实现机构增长，并总结出了两个决定性的原因：缺乏国际经验和全球市场。

通过收购，联想在最短时间内不仅获得了技术经验和世界驰名的品牌（可在 5 年之内使用 IBM 品牌，完全拥有"Think"品牌），而且还可以使用 IBM 已经建立的销售渠道和享有良好声誉的客服机构，这些优惠条件是基于联想跟 IBM 在收购之外另行约定的战略同盟。

在结构上联想也已晋身为一家国际企业，母公司联想控股有限公司只保留了企业 42.1% 的股权，另外 5.6% 由 IBM 拥有，6.6% 由得克萨斯太平洋集团等机构投资者持有。管理层手中仅有 0.6%，散户持有 45.1%。美国公司或机构持有联想约 12% 的股权，这对联想在美国市场的拓展具有重大意义，尤其是当涉及国家订单的时候。据前首席财务官马雪征说，在并购和整合过程中，机构投资者得克萨斯太平洋集团发挥了非常重要的作用，他们除了投入资本之外还带来了战略经验和国际管理方面的雄厚实力。

这是中国企业第一次获得了西方国家的核心企业，但不只旁观者对项目的成功产生怀疑，他们自己也承认，当时陷入了困境。这件事不只在美国引起了极大的反响，也在所有 IBM 拥有较大子公司的地方引起了广泛关注，比如在巴黎的欧洲总部或苏格兰的发货仓库。收购三年之后，联想集团已经成为全球领先的 PC 厂商，拥有 7.4% 的全球市场份额（根据 Gartner 咨询公司的市场调研）。在此期间,联想除了 PC 机之外还生产和销售显示器、大屏幕电视放映机和手提电脑。联想 2007 年的销售额近 146 亿美元,2008 年达 164 亿美元,2008 年息税折旧摊销前利润(EBITDA)与上年(3.75 亿美元)相比翻了一番,达到 7.98 亿美元。联想在全球拥有约 23 000 多名员工,并活跃在所有国际市场上,特别是亚洲市场。

收购 IBM 对德国的影响

在 IBM 的 PC 事业部被联想收购以前,设在斯图加特的 IBM 德国分公司(其他分公司遍布全德国)是一家符腾堡的本地企业,有着传统色彩浓厚的企业文化。据总经理马克·费舍尔回忆,并购后,联想德国有限公司站在了一个全新的起点上,一切从头开始。企业文化的改变一方面要求员工具有高度的灵活性,另一方面也使他们拥有了更多的话语权。企业和员工们一起对市场的变化作出反应,并为系统地大举拓展业务范围做好了准备。董事会主席杨元庆亲自向员工们通报联想的未来计划,并解释说,德国是联想在欧洲的重要市场。他定期对斯图加特的访问以及他对德国有限责任公司所作的个人努力都证明了他之前所说的话。

不是所有的员工都愿意顺应这一转变。一部分员工转到了 IBM 的其他部门或者在斯图加特地区找到了相似的工作职位。而其他员工,特别是年轻的员工却看到了这次转变所带来的机遇:更快的升迁、更多的选择以及可以在更宽松的等级制度下进行合作。另外,他们不再是 IBM 众多业务单位中的一家小小分支机构了,而是世界最大的 PC 生产商之一的员工,他们所属的部门正是企业的核心业务部门。

对成功起到决定意义的因素还有,中国领导层没有急于进行结构重组,也没有在业务领导层面上对企业进行直接干涉。相反,它将员工和客户收为己用,并任命马克·费舍尔为总经理。马克·费舍尔由于在斯图加特分公司拥有多年领导经验,从而获得了员工的信任,而且熟悉当地的各种关系。

这种稳定,特别在人事政策层面上的稳定是费舍尔看得见的。他先是等待,直到并购后首轮情绪波动平息下来,当联想慢慢显示出良好的发展势头时,他才放心地招募高学历的员工,委以重任,并向他们描绘企业长期的、颇具吸引力的职业前景。并购后,德国斯图加特、杜塞尔多夫和陶努斯山区的斯祖尔茨巴赫分公司的员工从 85 人上升到 170 人,这使得收购时的员工只占目前员工总数的一半。由此,随着时间的推移,新的企业文化逐渐树立起来,这种文化包含更高的灵活性、更快的决策过程和更强的责任感。员工对新企业文化的良好评价表现在很多方面,比如较小的人员流动性、申请工作的人数增长,甚至前 IBM 员工也有意来到分公司发展。

全球人事管理的调整

联想德国在招聘新员工时注重的是申请者的能力,而不是国籍。原则上,空缺的职位首先在集团内部进行全球招标,然后才到企业外招聘。在此过程中,企业采取"来自全世界"的原则,意思是雇用"来自各种文化背景的最优人选",就像企业人力资源招聘总监所说的那样。对申请者将在个人、部门和企业层面进行系统的评估,全球统一标准,最后还会进行反馈。在这里"软实力"特别受重视,首先是自主性、参与精神和企业行为方式。定期举办跨文化培训活动是人力发展计划的固定组成部分。与此同时,对各个国家的客户都要用所在国家的语言同他们交流。人事管理系统是由中国和外国的管理人员共同建立的,在此过程中,无论西方的还是中国的体系都不会被优先或完整地采用,而更多地是将两种文化的优点结合起来。

对组织结构进行调整以适应国际市场

双方在并购的时候就已经意识到了进行持续整合的必要性。因此企业在初期引入了一种"双元"体系,以此促进并购后双方企业文化的交流,也就是说,在供应链部门中,让一个当地员工和一个中国员工共同为一个项目工作,这首先是为了将他们各自掌握的网络汇合起来,同时也能够促使他们尽快熟悉这个体系,理解合作伙伴工作方式的优缺点。在双方网络汇合之初,这个体系起到了促进作用,当时国际团队只能在艰难的条件下协作,比如不同的语言、对其他人的情况缺乏了解、中国外派员工还需要在酒店房间中生活等。度过了并购后最初的艰难,现在就只有在出现具体问题时才会短期组建这种团队了。为了确保知识的交流得以延续,目前内部沟通是关键。不同部门的同事经常在会议上碰头,在这类会议上,不只进行"自上而下"或"自下而上"的信息交流,而是首先讨论提出的想法,审核建议,协调工作方法。这不仅对企业的整合具有重要意义,更对计算机行业中重要的创新周期意义非凡。为了应对这些挑战,像联想这样的国际化企业需要拥有一支国际化的团队,其成员能够在相互信任并理解对方文化背景的条件下合作。组织结构也进行了一些调整,从而将当地的优势与全球机构整体联系在一起。时至今日,虽然在联想中国和美国的总部可以明显看出领导和员工来自不同的国家,但双方的合作非常密切友好。

而且董事会主席杨元庆在罗利也有了一个固定住址。地区性的公司负责所在国或周边地区的业务(例如,斯图加特分公司也负责奥地利事务),位于巴黎的欧洲总部主管 EMEA 业务(欧洲、中东、非洲)。专向任务的中心分布在不同国家,"卓越市场营销中心"设在印度,"企业内部管理中心"设在布拉迪斯拉发,生产车间和工厂在波兰、墨西哥和中国,研发中心在日本、美国罗利以及中国的北京和其他城市。

虽然这样一种组织形式能够使联想多方面利用当地优势,但是在像 PC 市场这样一个具有生命力的市场上,企业要不断地认真考虑这种结构形式。比如俄罗斯和土耳其的 EMEA 市场与印度和中国的市场更相似,而不是和中欧的市场相似。非洲更应和东南亚相提并论,而不是和欧洲。

从无人知晓到世界品牌

当 IBM 将全球 PC 业务卖给一家中国生产商的新闻见诸报端的时候,经常有人问:"谁是联想?"这种状况到今天也未彻底改变,在中国,大约 70%的人知道联想这个品牌,在美国也有 26%左右的人知道,但在德国仅有 9%(麦尔,2008)。因此,企业的长期目标就是大幅提高知名度。被收购的 IBM 业务部门的市场营销基础不像人们想象的那么差,因为 IBM 的客户主要来自商业领域,大多是固定客户,IBM 产品诸如笔记本 ThinkPad 之类在质量上并没有改变。"对于购买时主要考虑质量和创新性,然后才是设计的那部分目标客户群,服务是否到位也很重要"。联想德国和奥地利市场营销主管亚历山大·布卢门塔深知这一道理。

联想也在将其业务向其他市场板块,尤其是私人客户市场拓展,但在这方面企业遇到了巨大的阻力。一方面是因为计算机市场竞争激烈,对手实力强大;另一方面也不是仅仅和终端客户联系就行,还要打通一整条市场交易链。因此联想董事会主席杨元庆和 CEO 比尔·阿梅里奥这两位最高领导多次发表公告并已经着手开展大量工作。

联想要创立企业识别系统,不仅对外,而且也对内。这一系统反映四项指导原则:客户服务、知识财富和企业家精神、准确性和实事求是以及可靠性和完整性。如何提升企业品牌的知名度,以及联想作为一个拥有世界知名品牌的全球化企业如何向世人展示自己,是企业面临的重大挑战。为了应对挑战,这支跨文化融合的团队制定了国际营销战略,比如联想是 2006 年都灵冬奥会和 2008 年北京奥运会的赞助商,联想还赞助了一级方程式赛车(F1)AT&T 威廉姆斯车队。除了这些国际性的推广活动外,未来联想还想扩大在区域性市场上的知名度。各国的子公司现在都在赞助一些运动员,虽然他们可能还不是世界明星,但他们都为本国做出了成绩。在企业社会责任工作方面,企业也承担了很多工作,例如,2008 年,面对四川地震灾害,联想率先捐款 1 000 万元人民币,同时联想员工踊跃献血挽救宝贵的生命。

两家企业的共同成长

新老员工都对企业环境及建设阶段的气氛给予了很高评价。对此不仅德国管理层做出了重大贡献,中国领导层也付出了很多努力。他们没有进行过多的干预,而是放手让当地管理人员负责了更大的业务范围,并给予他们高度的自主性。与以前美国的主管人员相反,中国的最高领导对在德国发展所展现出的强烈兴趣,激励着员工的士气,他们觉得自己被接纳和被需要。这项并购后最重要的挑战被成功地克服了,企业未来的成功将在很大程度上取决于是否能够继续发展共同的企业文化,将来自不同文化背景的全球经理人在思维和行为方式上的优点结合起来。

让海外子公司能够与总部顺利融合,并使各方的协同效应能够得到充分利用也是母公司的一项重要工作。对此协同效应的利用和继续推进企业两个组成部分的融合,对企业管理层来说是一个不小的挑战。马克·菲舍尔认为,这项管理和协调工作需要一个精明强干的管理层,他们应该既拥有国际经验,又熟悉各自的地区市场及框架条件。不仅企业的最高领导意识到，将两个企业及两种文化进行优势互补可以带来机遇，而且在企业内部，大家也都有了这样一种意识，正像全球供应链高级副总裁乔松所说："联想具有非常鲜明的创业文化，但是与 IBM 相比，我们可能更缺乏按照严格定义的流程和结构办事的精神。IBM 非常注重分析，非常有系统性，为了让新联想能够更上一层楼，我们需要学习 IBM 的这些优点。"为了攀登这个新台阶，联想已经做好了准备。

讨论问题

1. 兼并和收购过程不仅影响到公司的内部结构，而且也影响到外部的合作伙伴、组织和公众。有哪些困难来自于公司的外部环境？好的整合经理人如何能帮助企业克服这些困难？

2. 不久的将来，中国在知识产权保护方面将会与西方工业国并驾齐驱。廉价的仿制只有死路一条，已为众多企业所认知。加盟世贸组织这一转变在知识产权保护方面产生了哪些影响？

3. 愈来愈多的像联想一样的中资企业跻身于国际商贸市场并创建世界名牌，提高自己的国际形象。您如何估计中国知识产权保护的未来？剽窃、盗版等侵权行为是否会有所收敛？

中国企业国际化"样板工程"：
宝钢欧洲有限公司①

案例导读

　　宝钢欧洲有限公司作为"中国大型企业在海外"的模范性代表，在两个方面担任着领头羊的角色：即"试验"和"榜样"。中国的大量企业很难做到具有国际竞争力，他们面临的矛盾是一方面在国内市场书写着企业成功的故事，另一方面海外业务上却犹豫不决甚至遭到挫折。这些公司的高层管理者在观察到宝欧这个宝钢国际化的成功的"样板工程"后，应该很快能从中得出关键的结论。如果说目前很多德国同行在中国企业中还没有看到能与自己竞争的实力的话，随着更多的企业像宝欧那样成功地国际化，这些德国同行的判断恐怕很快就要改变了。

宝钢，一个世界级企业的诞生史

　　宝钢的公司名称 Baosteel 是由两部分组成的，Bao 就是中文地名宝山，这是上海的一个区名，后面的 Steel 则是"钢"的英文写法。Baosteel，一个来自中国，面向全球的企业。熟悉亚洲的内行人士从公司的名称上还看到了更多的东西——在亚洲这个地区，很多企业的名称都有一定含义——宝的中文含义是

---

　　① 本案例由德国耶拿席勒大学贝恩德·米夏诶尔·林克博士及弗莱贝格工业大学安德雷斯·科罗斯科博士编写。此案例最初发表在由贝塔斯曼基金会及德勤赞助的研究项目《中国企业在德国：机遇与挑战》。作者希望感谢贝塔斯曼基金会及德勤授予此案例重印的许可。此案例仅作为课堂讨论的材料，作者无意阐明案例是否有效地应对了一个管理情景。为了保密，作者可能在案例中有意隐去了真实姓名或其他信息。未经书面授权，禁止任何形式的复制、收藏或转载。

"有价值的"或"宝贵的",宝钢可以直译成"优质钢",而宝钢正是以这样的标准来要求自己的。

宝钢的所在地市场,也就是中国市场,在某种意义上来说是一个奇迹:从需求的角度来看,这个世界上最大最成功的蓬勃增长的国家的市场胃口几乎总也填不饱,从供应的角度来看,没有任何一个其他市场像中国集中度那么低:各种规模的钢铁生产厂有 260 家(有些渠道称超过 1 000 家),有些盈利情况较好,大部分则盈利情况不令人满意。难怪中国政府迫切希望通过兼并重组提高集中度,更多地形成像宝钢集团那样的大厂家。

今天的宝钢集团的前身是 1978 年 12 月在上海建立的宝山钢铁总厂,在政府的批准下,1998 年 11 月宝钢和上海冶金控股集团公司以及上海梅山集团有限公司进行了大规模的联合重组。2008 年 4 月,宝钢集团收购兼并了新疆八一钢铁集团。宝钢分 6 大业务板块,其钢材的生产销售主要用于汽车制造业、造船业、电器及家电业、输油管线以及建筑业。另外,宝钢集团还有其他的 7 个业务板块,如金融业,贸易,物流等。宝钢的多元化程度和其他国际上的同行比较来讲相对较高,但对很多亚洲的大企业来说却是较为普遍的。宝钢集团为 100%国有,2000 年 12 月宝钢股份或简称宝钢在上海证券交易所上市,宝钢集团也就是说国家控股 78%。

宝钢集团的营业额在过去几年中保持了平均每年约 10%的增长,从 2004 年的 1 620 亿人民币到 2007 年的 2 000 亿人民币(约 185 亿欧元),同时其钢产量也从 2 138 万吨增加到了 2 860 万吨。宝钢目前员工 122 780 人,是中国最大的钢铁生产企业。在中国一些具有权威代表性的复杂工程项目上,都有宝钢的参与,如 2008 年夏季奥运会的主会场,即北京的"鸟巢",北京中央电视台的主楼,北京国际机场及上海浦东国际机场的候机楼等。不仅在国内,在国际上宝钢也是属于重量级的,2006 年以来,宝钢是世界上第 5 大钢铁生产企业,2004 年作为第一家中国的制造企业在财富世界 500 强排行榜中排名第 372 位,2008 年排名已经上升到第 259 位。宝钢已明确的目标是,尽快成为世界三家最大的钢铁生产企业之一。

全球战略目标的建立

很多业内专家现在就已经明白,宝钢的目标不仅已经公之于众,而且也是有可能实现的。尽管西方媒体不相信中国的国有企业,但宝钢的发展说明了一切:在联合重组的进程中员工数从 176 000 人下降到了 122 780 人,宝钢不再用廉价的劳动力,而是以自动化的生产来保证未来的成功。宝钢在上海的主体企业不仅仅在中国,在世界上也属于最先进最高效的钢铁生产基地之一。2005 年宝钢成功地引进了"六西格玛"质量管理体系。公司进行战略规划,并实行一体化的管理体系,来控制并管理不同业务单元之间的职责范围、命令授权、沟通渠道等等。

"企业社会责任"随着近年来政治上和环保技术上的变化而备受瞩目。宝钢集团支持大量的社会公益项目,如成立宝钢继续教育基金和 1 家有 38 所"希望小学"的基金会,并关注可持续发展和环保问题。作为第一家中国企业,宝钢从 2005 年开始每年发布可持续发展报告。2006 年公司管理层提出目标,在"绿色宝钢,我们共同的家园"口号下,把宝钢集团建成世界上最清洁、最有可持续发展力的钢铁生产企业。

上述的发展已经为宝钢成为一个全球性的企业打下了良好的基础。一方面来讲,宝钢建设始于 1978 年 12 月,正是中国经济改革的开始阶段,从这个意义上来讲宝钢从一开始起就已经不是传统意义上的国有企业了,没有中国很多老国有企业拖着的那些包袱。另外也受到上海向全世界开放的传统影响,主要是指和外国的大企业合建公司的过程中建立起来的长年的关系和互相参与,如从 1998 年开始,宝钢集团下属的子公司上海浦东钢铁集团占 40％的少数股份,和蒂森克虏伯不锈钢股份公司共同组建了"上海克虏伯不锈钢有限公司"。

宝钢做了很多针对未来的准备工作,主要原因是宝钢面临巨大的挑战:由于中国长时间的高增长率,对一些特殊的细分市场产品的需求已经远远超过了其他新兴国家如印度或俄罗斯的需求水平,有部分甚至已经和一些发达国家如美国持平。最新的经济合作与发展组织的研究表明,中国这种钢铁需求日益增长的趋势将不会仅仅局限于某类产品,而是会传递到整个中国钢铁行业的各类产品,并会表现得更为强烈。在需求强劲的同时,中国的钢铁产品出口也在增长,2004 年中国的钢铁产品出口首次超过了进口。为了满足强劲的国内需求,宝钢把超过 90％的产品销往国内,为了在有限的原料争夺的谈判中争取有利位置,宝钢计划在国内外进行进一步的兼并重组,包括同一水平位置的企业或者处于价值创造链前后位置的上下游企业。随着在中国钢铁市场的兼并和国际市场的开拓,通过收购和参股,宝钢一方面有可能取得新的生产能力,更重要的是对收购过来的重要的老生产能力进行整合。目前宝钢集团的 80% 的铁矿石是通过进口的,早在 2001 年,宝钢就取得了巴西埃圭林帕矿山的 50% 的股权,2003 年取得了巴西力拓公司的澳大利亚子公司哈默斯利铁矿的部分股权。和东亚的另外两个钢铁巨头日本的新日铁以及韩国浦项的松散型的合作以及大量的会谈,使人们对几方联合的可能性也有了一定的猜测。

宝钢战略计划中具有决定性的不仅仅是经济上的目标,还有对国际管理经验的获取。为了支撑企业的发展,董事会的国际化也正向前推进,目前的董事会成员们覆盖了三个重要的领域:和国家领导人保持最好的关系,对中国市场有准确的判断并掌握先进的生产技术,以及日益增加的国际业务经验。

汉堡业务基地的设立

宝钢集团在德国开展业务已经很多年了,然而其业务内容在这些年来也有了重要的改变。一开始的时候并没有考虑到钢铁产品的销售,而主要是当时还有些神秘色彩的钢铁生产所"赖以生存"的备品备件的供应,于是在 1993 年建立了注册资金 400 万德国马克的宝钢欧洲有限公司。把地址选在德国,是因为和通过香港或中国内地自身开展业务相比,因受理法院的所在地在欧洲,使得用户和供应商有了更多的法律上的安全感。而选择汉堡这样一个港口大都会城市,除了合理的动机——比如直通海洋运输线路外,文化上的因素也是一个重要的原因。

现任宝欧公司总裁的叶萌先生表示:"汉堡和上海的合作有悠久的历史,汉堡这里有很多中国的企业和贸易机构,宝钢欧洲有限公司的母公司位于上海,和汉堡是姐妹城市,而上海本身恰好也是一个港口城市,我们认为,从文化角度和地理条件上来看,汉堡给我们公司的进一步发展提供了最优越的条件。"

宝欧的公司业务从开始起一直不错:在近三年来更是把营业额翻番,达到了将近 5 亿欧元,宝欧也得以成为德国最大的中资企业。公司持续盈利,但并没有对现有的成就满足,宝欧不但要在世界市场上扩大份额,而且还要凭着新产品和创新在德国和欧洲拓展业务。为此汉堡的总部就必须扩充,并招募更多的专业人员。在叶萌总经理的领导下,在过去的几年里宝欧公司机构上的改变也是巨大的：现在汉堡总部有 28 名员工，在欧洲、中东、上海的其他办公室还有 27 名员工。关于汉堡总部的内部组织由财务部和上海代表处管理。用户和供应商的管理协调则由钢铁贸易部、设备备件部负责，最新的部门是"新事业部"，具体负责其他的新业务。根据业务的不同，宝欧配备了不同国籍的员工，在汉堡有中方和德方员工，在欧洲其他国家以当地的员工为主。

宝钢德国子公司的业务开拓

资材备件的采购是宝欧在设立时的主要业务，到现在依然是公司的一项重要业务。采购的工作流程很复杂，对国际文化有很高要求，需要良好的协调能力。采购的需求来自宝钢的某个部分——即中国的某个省份，如需要德国生产的某项备件，该需求通过宝钢集团总部发询价到汉堡，中国的同事把该任务转交给德国同事，然后在德国的供应商那里订购备件，当得到想要的备件后，该流程再反向传递回去。成功的合同执行最重要的一点在于德国和中方员工在汉堡总部相互合作，这需要长期的经验和相互的理解。

在一个中方部门总经理领导下，共有 4 个工作组，每组有一个中方员工和一个德方员工，两者互相协调配合。钢铁贸易和资材备件采购不同，有 10 名中方员工，大部分是工程师，他们在富有国际经验的公司副总裁郭征的领导下工作。工作语言是中文，对外则是英语，遵守的则是国际贸易的惯例。在钢铁贸易上，德国市场的角色并不重要，销售通过签约地汉堡销往整个欧洲及全世界，主要是意大利和西班牙。大部分用户看重的是宝钢的质量、可信任度、交货的信誉以及服务，根据买方的不同价格会有差异，但总体上来说宝钢的产品定位并不低，而是和蒂森克虏伯股份公司以及阿塞洛米塔尔在一个价格水平线上。为了扩大在欧洲的市场份额，企业注重产品优质及用户导向，目前 50 到 60 万吨的销售额在总的产量上来讲占的比重还很小。新事业部的领导是一位有国外经验的中方员工，"新"意味着新的地区，主要是中东、东欧和非洲，另外还有新的业务，如在钢铁业务之外的投资，在目前的规划阶段需要外部的支撑进行可行性研究，并检验进入市场的具体措施。

企业文化和工作氛围

近几年宝钢的领导层发现，一种共同的企业文化是那么的重要，包括对中方员工和外方员工。从 2004 年 1 月开始了一个面向未来的计划,其以"诚信"和"协同"作为基本的价值观,强调以企业文化作为一切经济贸易活动的基础:"宝钢文化是管理的灵魂,宝钢管理是文化的载体。"宝欧汉堡总部的最高层领导提出了"融合,团队合作,忠诚"的价值观,并要求员工和上海总部在思想上保持一致。为了强调对当地员工的重视,宝欧邀请所有汉堡当地的外籍员工到上海一周的时间,在那里他们学习总部的组织结构,和以前经常电话或邮件联系对口的工作伙伴见面,领略中国式的热情款待,这也是对外方员工的工作成绩和忠于企业的一种感谢。外方员工也参与中方的奖金分配,这让他们能分享企业成功的成果。宝欧每年两次的员工大会上,公司领导会详细介绍母公司和子公司的成绩和目标,让员工产生一种共为一体的感觉。外方员工感到高兴的是,中方领导很明确地在努力尊重德国的风俗习惯,例如,不期望外方员工像很多中方员工经常做的那样,很晚还留在办公室加班。让德国同事特别尊敬的是,中方领导在任何情况下都考虑到保护他们的下属。日常共同工作中的经验让德国同事没有认同西方媒体宣传的中国形象,而是相反,他们大多对中国产生了相当积极的印象,比如没有人感到任何常被批评的国家或政党的影响,也没有感觉因政治原因而在信息言论上有所保留。

在良好的企业氛围之下,员工还找到了其他的激励人心的因素:一个扩张中的中国大公司保障了工作岗位,在解聘保护方面体现了中国儒家式的仁爱,并比以前制订了更合理的规则。较高的特别奖励则显示了领导层的社会人性化的一面,与之相应的是员工的流失率较低。在企业中要获得晋升必须要在总部的负责岗位上工作过,这就要求在专业资质以外还要有中文的知识。对不会说中文的员工来讲,要在宝欧成为领导层,这还是一个很大的挑战。

人事管理

宝钢集团作为当地的招聘方享有极好的声誉,一方面是薪酬优厚,另外是晋升机会良好。宝钢的招聘非常谨慎,在大量前来应聘的大学毕业生中通过各种测试程序层层筛选。和东亚的典型招聘方法不同,宝钢几乎从来不从跳槽者或者人才招聘会上招人。在宝钢成功应聘的人在第一年要熟悉企业文化,这在中国是很普遍的。如果成绩良好的话,公司会承担继续教育的费用,比如为期一年的大学学习，包括留学。接下来是在企业的岗位锻炼，包括到国外工作。以前，在国外工作几年对宝钢员工来讲很受欢迎，一方面收入较高，另外也有获得提高能力的机会。但现在大家经常把这作为一种负担，因为收入和晋升机会在中国也发展得很快，上海的生活质量已经超过了西方的许多城市。

另外，在国外工作和家庭分离，小孩的教育也会成问题。尽管宝钢集团愿意为此买单，也提供了很多激励措施，如配偶一起出国生活将为其保留工作岗位等，但出国工作的意愿还是下降了。当然，国外的工作为将来个人在公司总部或分公司进入管理层如一些领导岗位还是创造了非常有利的条件。

在近几年来，公司的人事管理也取得了很大进展，如定期的评价制度，通过系统化的继续教育不断提高员工的能力。对出国工作的人员除了当地的国情和文化方面的准备以外，回国后的安排也是准备内容之一。中国式的指导人制度做得很好：有天赋的年轻人接受其指导者的观察和建议，指导人本身被提拔到企业的某个层级，则指导人会在或长或短的时间内提拔年轻人或进一步推荐。除了具备良好的业绩以外，中国领导人员的人脉关系在晋升上是必要的决定性因素。

宝欧作为整合和扩张的领头羊

宝钢选择汉堡作为宝欧公司的总部有很多经济上和文化方面的因素，以及和汉堡市政府尤其是经济发展方面的关系，因为双方互利，发展得非常好。宝欧和媒体保持接触，公司代表出席汉堡公开的社会活动，并进行赞助：正如宝钢集团在上海也是经常这么做的。宝欧的第一个考虑是和德国的其他中国机构根据共同的利益建立起联系，宝欧现已经和中远集团、中国银行建立起了松散型的合作。宝钢欧洲有限公司作为"中国大型企业在海外"的模范性代表，在两个方面担任着领头羊的角色：即"试验"和"榜样"。

中国的大量企业很难做到具有国际竞争力，他们面临的矛盾是：一方面在国内市场书写着企业成功的故事，另一方面海外业务上却犹豫不决甚至遭到挫折。这些公司的高层管理者在观察到宝欧这个宝钢国际化的成功的"样板工程"后，应该很快能从中得出关键的结论。如果说目前很多德国同行在中国企业中还没有看到能与自己竞争的实力的话，随着更多的企业像宝欧那样成功地国际化,这些德国同行的判断恐怕很快就要改变了。这不仅仅是业内人士的观点;每个中国企业,尤其是有国际化要求的企业,一定要接受公众的观察,并相应地担负起自己应该担负的责任。

在宝钢经历了艰苦的起步阶段后,近几年来取得了重要的进展,获得了开展钢铁业务的良好基本条件。对进一步拓展国际业务的重要条件就是系统化地进行人才开发,从招聘,到融合,到职业生涯计划以及继续教育。要使用好德国和国际上的专业人才,建立起一支能接受国际化管理挑战,能完成不同文化背景下的决策的国际化领导队伍。在与国际上用户及供应商的关系上因为不同文化而产生的冲突也能够随着企业不同文化背景兼容性的提高,以及企业自身文化的深化来进行预防。

宝钢应该能够完成这个使命,因为宝钢从自身形成起,已经在上海整合了不同的企业,把戴着"蓝色、黄色、白色、红色安全帽"的员工形成了一个"我们"的感觉,形成了共同的企业文化。宝钢的前任董事长谈到"硬技能"时讲了一句格言:"以质量代替数量",这可以理解为"软技能"。

讨论问题

1. 中资企业在德国开办公司最常遭遇的困难首先是一些十分现实的实际操作问题。譬如,如何为我的母公司在德国建立一个子公司或分支机构? 应该选择一种怎样的公司形式? 当地的法律和税务的框架条件是什么? 如何申办居留签证和劳务许可? 如何寻找合适的办公室、库房或生产场地? 如何选聘理想的工作人员? 中资企业应该如何分清轻重缓急,有效处理这些问题呢?

2. 汉堡是中国公司在欧洲大陆"安家落户"的首选要地,致使中资企业到德国抑或汉堡缔建分支机构的动因是什么?

3. 中国和德国在知识产权保护方面存在着哪些异同? 中国与德国在法律的实施和执行方面有何不同? 境外中资企业如何提升知识产权概念及保护? 中国近几年在执行知识产权法律法规方面取得了哪些成效和进步?

4. 企业兼并重组后,怎样评判一项成功的融合管理? 融合阶段一般持续多长时间?

德国五矿有限公司：
在杜塞尔多夫由买方变为卖方①

案例导读

　　在新的人事战略指引下,德国五矿有限公司中出现了三个员工群体:北京总部派出的中国员工、在德国出生或生活的中国员工以及德国本土员工。伴随着过去几年发生的变化,一个设在德国的中国公司的发展轮廓逐渐清晰起来了:日常的工作由本地员工负责——他们已经占到职工总数的90%以上。战略规划则由中德管理人员共同制定。对德国员工来说,供职于中国企业也没有什么奇怪的,特别是当所有事情都规范在德国的法律框架内,而且权衡利弊,优势尽显的时候。

企业发展的四个阶段

　　中国五矿集团公司在新中国成立后不久,于1950年以国有企业集团的形式在北京成立,全称为"中国五金矿产进出口公司"。它的企业发展历史也恰恰折射出了中国总体经济发展历程。无论是企业的还是国家的发展都经历了四个不同时期。

　　第一阶段截止到70年代末。这一时期五矿是中国10家综合型外贸公司

---

　　① 本案例由德国耶拿席勒大学贝恩德·米夏诶尔·林克博士及弗莱贝格工业大学安德雷斯·科罗斯科博士编写。此案例最初发表在由贝塔斯曼基金会及德勤赞助的研究项目《中国企业在德国:机遇与挑战》。作者希望感谢贝塔斯曼基金会及德勤授予此案例重印的许可。此案例仅作为课堂讨论的材料,作者无意阐明案例是否有效地应对了一个管理情景。为了保密,作者可能在案例中有意隐去了真实姓名或其他信息。未经书面授权,禁止任何形式的复制、收藏或转载。

之一,它垄断了金属和矿产贸易。但当时企业的经营范围还非常狭窄,仅限于开展两项核心业务:其一是为国内的经济发展采购钢产品。由于当时外汇紧缺,因此只有在最必需的时候,政府才会下令进口。与此同时,五矿向世界市场出口的主要是原材料和矿产,而具有竞争力的产成品在当时的中国几乎生产不出来。尽管五矿的业务范围在早期受到了严格制约,但企业还是积累起了最初的国际经验,包括在德国与曼内斯曼、蒂森或克虏伯(当时尚未合并)这样的贸易伙伴进行商务往来。五矿的第二个发展阶段于 1978 年与中共中央副主席邓小平倡导的经济改革同时拉开序幕。这一时期它在海外开设了第一批代表处,走出了国际贸易中意义非凡的一步。1984 年,随着更多政治改革措施的引入,在第三阶段的发展中,这些代表处得以真正转变为独立营销的海外子公司。当时这些子公司的工作人员绝大多数仍来自中国。第四阶段始于 1992 年,当时中国政府刚刚结束了"调整时期",并宣布引入社会主义市场经济体制。由此,海外子公司开始提高员工本地化程度,同时企业经营战略也不再仅限于满足中国政府的需要,而是转为获取企业经济效益的最大化。这个案例说明了上述变化给一家设在德国的中国公司在组织结构和管理上带来了怎样的影响。

五矿集团时至今日仍是中国最大的经营钢铁、金属、矿产品和煤炭的贸易公司,并仍隶属于北京的中央政府。但市场的不断开放,和对钢铁贸易行业垄断的取消——一些新企业如中国宝钢集团公司就建立了自己的销售机构,促使企业从根本上转变了思想。五矿集团正在发展成为一个多元化的原材料企业集团,它通过在全世界几乎所有重要原材料市场上参股而保障了重要矿产资源可为中国所用。同时五矿集团已发展为成套冶金设备供应商,其产品价格甚至可以高达上亿。不久前,五矿集团的一个子公司,北京五矿腾龙信息技术有限公司也开始生产计算机硬件,并且像其他中国企业一样,活跃在金融和房地产领域。换句话说:这家 2004 年更名为"中国五矿集团"的企业是一家多元化的跨国企业,它在主营业务原材料贸易、开采及加工之外又拓展了新的业务领域。

这一战略看起来正在开花结果:2004 年,集团公司的总经营额为 155 亿美元。2007 年增长至 218 亿美元,涨幅超过 40%。企业员工现阶段接近 33 000名,并在《财富》杂志的中国企业 500 强排行榜中名列第 11,在同名世界排行榜

"财富 500 强"中名列第 435。准确地说,自从 80 年代以来,五矿集团始终坚定地执行国际化战略:参股矿山、开采和生产基地,并通过在海外设立子公司来扩展其覆盖面。截止 2006 年,五矿集团在国内 20 个省区建有 168 家全资或合资企业,在世界主要国家和地区设有 44 家海外企业。据企业自己调查统计,其 24% 的销售额来自海外——这一比例在同类中国企业中十分突出。

从第一家代表处到海外子公司

早在 1980 年,五矿就设立了第一家驻德代表处,从而成为最早敢于迈出这一步的中国企业之一。地点最终选定了杜塞尔多夫,除了因为很多大型钢铁生产企业都将其集团总部设在杜赛尔多夫及周边地区之外,也因为企业代表团以前出差时就认识了这个莱茵地区的大都市。另一方面,杜塞尔多夫在将自身建设成为日本企业聚居地的过程中,已经积累起了大量成功经验,并有意将这一成果在中国企业中发扬光大。有鉴于此,正像一位五矿员工说的那样:"市政府的经济促进局"公开为中国代表团负责人们"提供了大力支持"。德国的钢铁企业也非常合作,加之它们当时就已有意将业务扩展到中国,因此很有兴趣同中国行业领先的国有企业进行接洽。

当 1986 年,五矿寻觅合适的地点建立他们的第一家子公司时,这个州首府和驻扎在周边的钢铁企业集团向中国人显示出了他们的诚意:杜塞尔多夫市政府向企业售出了市中心的一幢市政建筑,这是由当时的曼内斯曼股份公司介绍和挑选的。这栋建筑的下三层用作新成立的德国五矿有限公司的办公用房,上面几层是为中国员工建造的企业旅馆。将员工安排在企业自己的旅馆居住在当时是出于现实考虑的:在五矿来德国发展的第一阶段中,几乎所有员工都来自中国,大部分人都没有多少德语知识。因此,企业为员工就近安排了这样一个住处,使得大家在陌生的大环境下还可以一起过集体生活。由于当初公司只在一些需要与外界进行交流的岗位上雇用德国员工——比如电话服务,或与财政局等官方机构进行联络,因此中国的外派员工在工作中几乎没有机会和德国人建立联系。当时就已由德国员工担任的一个联络性工作就是中文翻译:翻译员不仅要帮助公司解决经常出现的语言问题,也要照管那些通常缺乏海外经验的中国外派员工,为他们了解和适应这个新环境提供支持。

五矿德国子公司的法律形式为有限责任公司,它可以根据德国的法律开展交易业务并缔结合同,而不需要向原来那样必须先向总部请示。那套复杂的流程给此前在德国进行的贸易工作增加了不少难度。通过成立子公司,五矿为在德国扩建基础设施、拓展贸易业务,从而更好地在德国市场站稳脚跟创造了前提条件。同时,中国也可以直接在原产地对钢铁产品的采购进行调控,使之更好地适应国内需求。由于当时中国经济正在开始蓬勃发展,因此对高质量产品的需求和贸易额也与日俱增。

国际化企业的战略定位

尽管中国金属和矿产原材料的质量日益提高,并已打入中层市场,但相对于从德国进口这项主业来说,将中国的钢产品销往德国的业务当时还处于次要地位。与原先不同的是,中国越来越多地自己进行原材料再加工,这样就使得成品钢铁制品品种更加齐全,在当时内需强劲的情况下,生产能力还无法供应国外市场。然而要想扩大产品的出口,当时的中国企业还欠缺一项合适的市场营销战略;中国销售商的国际管理经验比较匮乏,供货渠道有限,加之货物必须先从分布在全国各地的供货商处订购,与中国生产商之间冗长而复杂的沟通和运作链条一再拖延了中国生产商的前进步伐,北京的总部意识到了这种运作需求,但这种情况还是要持续一些年,直到企业迈出组织结构重新定位这决定性的一步。集团总裁苗耕书着手革除五矿的官僚架构,使其成为一个顺应市场的经济实体。2004 年,当他的接班人周中枢当选为总裁后,延续了这一改革。人事战略的革新是其中之一:他要在未来减少派往德国的员工人数,但这些人必须是熟悉国际业务、受过良好培训的中国经理人;相反,企业要更多地聘用德国本土的管理人员,并逐步扩大他们的职能范围。

这样的结构重组,为此前一直以采购为主导的业务范围向销售业务方向拓展铺平了道路,而这种业务拓展也正需要企业结构的重大调整。为了完成这项任务,时任五矿集团总裁的苗耕书在几年前就已极具远见地挑选并培养了杜塞尔多夫子公司的现任总经理——韩刚。2003 年,时年 34 岁的韩刚,被北京总部委任为新一任德国主管。他奉行至今的座右铭是"缩短通往客户的道路"。这次人事变动显示,企业的新定位是经过长期酝酿,并由最高领导执行的。

人事政策的新道路

韩刚开始了有系统地录用合适的德籍和外籍员工,并不断扩大他们的权限。特别针对管理人员的选择标准是:拥有丰富的行业内经验及相应的声望,并已做好全力以赴投入工作的准备。与中国相关的经验并非前提条件。作为回报,五矿可以为他们提供优厚的报酬、稳定的工作岗位、在这个蓬勃发展的企业里良好的发展前途以及宽广的发展空间。

2007 年 1 月,沃尔夫冈·潘在克成为了第一位被授予全权代理权的德籍员工,此后更多的德国领导者也被授予了这项权力。到 2004 年,中国员工还占多数(10 位来自中国,5 位来自当地)。但这一比例在接下去的一段时间里逐渐发生了改变:2008 年,12 位中国员工与 13 位德国员工一起工作。与此同时,德国五矿不再仅仅从北京总部派遣中国员工来德工作,而且也开始雇用在德国生活的中国人。目前已有 5 位中国员工是在看到德国中文媒体上的广告后应聘来到德国五矿工作的。雇用在德国生活的中国人,这种做法是全新的,在中国企业中并不常见,早先在国有企业中甚至是被禁止的。在这种新的人事战略指引下,企业中出现了三个员工群体:北京总部派出的中国员工、在德国出生或生活的中国员工以及德国本土员工。除了通常的外派人员和本土员工之间的紧张区域外,现在又增加了两个新的紧张区域:总部派驻人员和在德国生活的中国人之间,以及德国本地员工和在德国生活的中国人之间。这就要求这些在德国招聘的中国员工必须先找准自己在公司的定位。

这种具有"双元文化"背景的中国人,其主要优势不仅在于他们掌握德语知识,更重要的是他们熟悉这里的生活环境,因而能在两种不同的文化之间起到桥梁和纽带的作用。但是另一方面,他们由于长期生活在国外,对自己的家乡已经陌生,而且也没有像派驻德国的中国同事那样熟悉中国五矿的企业文化。中国五矿很少通过广告招募高学历员工,而主要是到高校去募集人才:五矿通过对候选人进行全面的能力测试,从上百名重点大学毕业生中挑选一个合适的人录用。

五矿的员工对他们的企业非常忠诚。尽管如此,愿意为公司而远赴海外的人还是越来越少。这当然有多方面的原因:其一是这几年来在中国也可以找到类似收入的工作,而且生活质量在不断提高;其二家庭方面的原因也是一个巨大障碍:通常他们的配偶也有一份不错的工作,不愿放弃。再加上孩子,出国之后他们要面临教育问题。如果外派员工把家留在中国,那么他们理所当然地就会牵挂家乡,关心回国事宜。有鉴于此,德国的日常业务几乎完全由本地员工来开展已经成为大势所趋了。客户服务和内部组织早已交给德国员工管理,与总部或供货商进行沟通的工作由外派中国员工担任,并越来越多地由掌握中文的当地中国员工承担;集团发展了一批在两种文化中都能如鱼得水的后备力量。战略方针的制定并将其与总部的总体战略进行协调,仍然由中国派遣的管理人员负责,但他们也已融入了德国的生活:管理人员开始学习德语,而且不再像以前那样住在企业自己的公寓里,而是单独搬到了普通的德国环境中。

这种人员结构上的变化对一个强健的共同企业文化的发展提出了很高的要求。而这种共同企业文化的基础是对文化差异的认识和考虑:比如德国员工对于中国式的决策方法和相关的等级结构并不总是完全理解。也有些时候,在中德双元系统中,很难协调好彼此的等级和头衔,这也是因为两国的头衔、职能和责任范围的体系存在巨大差异。比如电话列表上的等级顺序就是一个看似平平无奇、却非常能够说明这种文化差异所产生后果的例子:因为双方对于职务头衔的理解不同,有时会导致在公司内外发生一些不愉快。另一种文化差异表现在发生意见分歧的时候,通常德国式的做法是把问题讨论清楚,但与此相反,中国人却经常中止热火朝天的讨论,以便稍候共进晚餐的时候,在轻松随意的气氛下再继续讨论这个有争议的话题。尽管双方偶尔会对对方的风俗习惯感到不适应,但也有一些不同之处会令人欣然接受:比如中国的奖金体系是按照企业、部门和个人的成果划分等级的,较之德国的奖金补贴优厚许多。

中德双方的协力合作是国际化的基础

放手让德国子公司承担更多责任,并在很大程度上独立应对当地市场特殊要求的决策,也会使北京总部对子公司的控制权有所削弱,这有时也是一件痛苦的事。随着决策自由度的增加,德国管理人员越来越多地直接和北京总部进行交流,而不再知会他们的中方同事。这时,德国式的直接就遭遇中国式的含蓄了。双方既不了解对方文化，又不认识对方同事本人，这时就需要为此好好学习一下了。为了加快学习进度，德国五矿制定了严格的"门户开放"政策。每个人都能和其他人畅通无阻地沟通，任何问题的讨论都是公开而客观的。这里并不是说，应该采用德国的还是中国的观点，而关键是要看谁能拿出更有说服力的论据和专业知识。

五矿的领导们深知，这样的协调过程是长期的。中国式的冷静、深思熟虑以及礼貌很容易被德国人视为决策上的弱点，反之德国人的执行力和高效会被中国人当成骄傲自大和轻率鲁莽。这套新体系尽管只运作了较短时间，但已显示出，开放的沟通方式有力地支持和加快了双方的磨合过程。为了促进这种公开的交流并加深相互理解，德国五矿采取了一些措施。比如召开中德员工会议或举办可携带生活伴侣及孩子出席的企业节日和集体郊游活动等。这样的活动促进了职工们在工作之余，有更多的私人交往和了解。除了这些活动之外，在双方发生摩擦的时候举办一些社交活动也是大有裨益的。

五矿不以利润最大化之类的中短期目标为指导方针，而是始终坚持可持续的长期发展战略：总部的战略明确定位于国际化，这意味着——正像杜塞尔多夫子公司总经理韩刚所说："不仅要适应世界市场，也要融入世界文化。"按照企业的理解，它能否生存下来取决于它是否能够制订出一项战略，使企业同时实现国际化和本土化，也就是说，带领各个强有力的子公司实现全球化发展。实施这项战略的前提是，企业中所有员工，无论来自哪个国家，都能够坦诚而有效地进行沟通，通过正式和非正式的交流来消除文化隔阂，管理人员也能够在企业日常工作中以身作则地实践韩刚总经理倡导的管理新思路。另外，这项战略的实施，还要以相应的组织结构和海外机构网络作为基础。

仅在杜塞尔多夫设点，控制全欧洲的贸易，对五矿来说已经不够了。2007年企业在意大利新设了一家子公司，现在又在西班牙增设了一家。五矿这一拓展德国和欧洲业务的新战略部署中也包括并购位于索德尔姆的希格弗里德·皮尔茨不锈钢贸易和服务公司。这个前北德的家族企业现已更名为"五矿服务中心（北德）有限责任公司"。有了这些经验丰富的德国员工，企业将会更好地满足欧洲客户的需要：通过更贴近市场、更及时的最佳服务以及专业的投诉管理。类似的服务中心企业计划在法国也成立一家。

这项结构改革打开了新的业务领域，并为销售和盈利的攀升创造了最佳条件。鉴于杜塞尔多夫的本地员工拥有很高权限，加上新成立的服务中心，以及新制定的战略和在全权代理人沃尔夫冈·潘在克的领导下草拟的与新战略相符的营销方案，这项结构改革有望得到进一步推进。在此过程中，客户的利益，如可靠性、质量、连续性和按照顾客需求所做的调整是中心议题，它们也应会继续促进增长。所有这一切都是建立在子公司的两位总经理韩刚和潘在克的密切合作基础上的，正如潘在克自己所说，他拥有这个行业中非同寻常的广阔决策空间，但所有重要决定都由双方共同作出。

现在，杜塞尔多夫分公司的销售额达到了 2 亿欧元左右，已名列中国以外的 50 多家五矿海外子公司的销售之冠。德国五矿现在将精力集中于可持续发展的高收益业务领域高价金属市场板块，并将新定位瞄准钢产品的生产，特别是加工，企业希望借此巩固自己在国际市场上的地位。同样是出于这个原因，五矿在 2008 年初收购了位于拉文斯堡的 HPTec 有限责任公司。这家企业以生产高价值的钻机和铣床闻名，其本身就在世界各地设有分公司，在中国也开办了两家代表处。

对德投资的中期成果

伴随着过去几年发生的变化，一个设在德国的中国公司的发展轮廓逐渐清晰起来了：日常的工作由本地员工负责——他们已经占到职工总数的 90% 以上。战略规划则由中德管理人员共同制定。对德国员工来说，供职于中国企业也没有什么奇怪的，特别是当所有事情都规范在德国的法律框架内，而且权衡利弊，优势尽显的时候。

众多的日本企业当年也曾有过类似的发展经历，他们在杜塞尔多夫安家落户，同时不只满足于成为一般意义上的雇主，而是还为地区经济的巩固加强和国际化做出了贡献。与日本企业通过建立利益共同体和日本学校来融入社会不同的是，中国的外派员工在德国社会中还仅仅处于起步阶段——在中国企业中，直到现在还依然盛行私下交换意见。2005 年，杜塞尔多夫中国中心（DCC）开业，这个开设在城内的中德交流中心为两国人民建立和加深联系提供了新的机会。同时韩刚总经理的不懈努力"建立一所中国学校"也会让五矿在杜塞尔多夫的中国员工倍感温馨,并从中得到鼓励,愿意长期留在杜塞尔多夫工作。如果学校真的建成,德国五矿就又向它在企业口号中所说的目标——成为"中国与欧洲之间的桥梁"上前进了一步。

讨论问题

1. 中国企业国际化的进程刚起步不久,在企业管理方面尚面临着各种各样的挑战。一个十分重要,然而又常常被忽略的领域是跨文化人事管理,中国在驻外机构人员聘用上,最应注意的是哪些方面?

2. 中国企业应该更多地向东道国派遣中国籍管理人员呢,还是从东道国起用当地管理人才?这两种做法分别有何利弊?

3. 有些时候,中国的上层管理人员不是因为他们的实际工作能力,而是因为私人交情和社会关系的原因而被派送到国外,如何可以更为客观地选派到德国分支机构工作的管理人员?被选派到德国的中国外遣人员必须具备哪些能力?如何有的放矢地使中国外派管理人员做好相应的出国准备?

4. 在海外逗留多年之后,外遣人员重返家乡时会出现哪些难题?从长远利益来看,策略地、有的放矢地选择和培训派驻德国的管理人员将会给中国企业带来哪些好处?

海尔中国的跨国企业集团:在德国安家落户[①]

案例导读

  2006 年海尔德国引入了被称为"1＋1＋n 组合"的系统:每个团队应由一名外部行业专家(1)和一个中国专业人员(1)领导,并根据需要再加入若干当地员工(n)。外部专家无论来自哪一国,都需要具备该行业多年的销售经验并有过成功陪同其他企业进入市场的经历。这个系统的运用参照了美国市场的先例。中国专家由青岛总部派遣。通过这种外部专家和内部助推力的组合,整个网络吸收了外部人员的多年专业知识,使之可以在整个企业中传播。这种知识的传递也在德国子公司中得到了推广,从而提高了子公司与总部或其他所在地之间联络工作的效率,例如避免了在生产部门和营销部门之间出现沟通问题,同时海尔也通过对新市场需求作出快速反应而保持了竞争力——这是一个特别有效的模式:"思想全球化,行动本地化。"

海尔的发展阶段

  今日的海尔集团前身是 1984 年在中国东部沿海城市青岛建立的仅有 20 名员工的"集体企业"(类似于德国的合作社)。这个年轻的企业在成立当年就

---

  ① 本案例由德国耶拿席勒大学贝恩德·米夏诶尔·林克博士及弗莱贝格工业大学安德雷斯·科罗斯科博士编写。此案例最初发表在由贝塔斯曼基金会及德勤赞助的研究项目《中国企业在德国:机遇与挑战》。作者希望感谢贝塔斯曼基金会及德勤授予此案例重印的许可。此案例仅作为课堂讨论的材料,作者无意阐明案例是否有效地应对了一个管理情景。为了保密,作者可能在案例中有意隐去了真实姓名或其他信息。未经书面授权,禁止任何形式的复制、收藏或转载。

因为经营不善及产品质量低下而濒临倒闭。于是,市政府任命当时年仅 35 岁的家电公司副经理张瑞敏出任厂长,他至今仍是海尔集团的总裁。张瑞敏当时做出决定,将战略重点集中于核心业务——电冰箱的生产上,希望通过提高产品和服务质量塑造出一个强有力的品牌,以此来重建并扩大市场。

这在 1984 到 1991 年海尔集团的第一个发展阶段——所谓"品牌建设阶段"中,是一个具有典型意义的决定。这一时期还发生了一件事,预示了企业后来的传统:张瑞敏让人把 76 台有质量问题的冰箱放到工厂的院子里,然后当着全体职工的面下令用大锤将这些次品销毁。其中一台电冰箱至今仍在海尔博物馆展出,它是张瑞敏亲自捣毁的。张瑞敏希望通过这一行动促进职工提高质量和纪律意识,同时也让他们见证企业要发展为优质产品生产商的决心。在企业战略方面,张瑞敏希望通过与德国企业利勃海尔合资建厂的方式不断完善质量管理。利勃海尔公司当时就对企业今天的名称产生了重要影响:"海尔"是"利勃海尔(Liebherr)"中"Herr"这个音节的中文音译。

经过了几年繁荣发展,这个更名为青岛海尔集团的企业终于在 1991 年迎来了它的第二个发展阶段,在这一阶段中,企业的目标是将业务拓展到其他领域,实现多元化。在此期间,企业采取了几个重要的战略转变措施,如与意大利梅洛尼家用电器公司合资建厂,以及 1993 年收购负债累累的庞大国有企业青岛红星电器有限公司的洗衣机业务,洗衣机是海尔集团当时战略构想中新的产品板块。同年,为在青岛建一条新的生产线筹集资金,海尔集团在上海证券交易所挂牌上市。企业多元化的发展一直持续到 90 年代后期,其业务向更多领域扩张,如空调、电视、个人电脑和手机板块。此外,企业还向其他行业发展,如房地产、金融和旅游服务——这个模式在很多其他中国大型企业中(像日本和韩国的企业一样)也得到了应用。

多元化发展阶段过后,在 1998 至 2005 年间,企业通过与国际伙伴开展合作日益国际化,因此这一阶段可称之为"全球化阶段"。在这一阶段中,企业与亚洲国家的公司建立了合资生产厂,此时海尔的直接投资先从"较容易的市场"开始,投资地点在地理和文化上与中国比较接近,预计成本也相对低廉,例如 1996 年在印尼或 1998 年在菲律宾建合资厂。后来企业又与美国和日本的合作伙伴建立了销售合资公司,并收购了意大利梅内盖蒂公司,这些投资的成本相对较高,文化差异也更大,因此投资难度也有所增加。这些商业操作的战略构想是通过这种方式靠近欧美市场,从而更好地对需求变动做出反应。为此,海尔推行了三个"1/3"规定:全年总产量的三分之一在中国生产和销售;三分之一虽然在中国生产,但用于出口;剩下三分之一在海外生产和销售。与直接投资的发展方式不同,在出口业务上企业决定首先从难度较大的、发展完善的市场入手,然后再扩展到较容易的、发展中的市场。这种做法的意义主要在于,先树立起一个声誉良好的品牌,然后再通过销售高价值产品来享受这个成果。从90年代初开始,海尔就已将产品出口到难度较大的市场,如美国、欧洲和日本市场,起初企业依赖地区经销商,这对该行业的中国企业来说是非同寻常的。

自1998年以来,除了2005年,海尔集团的销售额一直持续增长,海尔目前是中国最大的白色家电生产商——加上为其他品牌生产的产品(原始设备制造业务)——当前甚至是电冰箱生产企业的第一名和家电生产企业的第四名。在美国,2003年海尔在迷你电器这项成功引起了关注:根据咨询机构Reputation Institut新近的一次排名,海尔不仅是品牌声誉最好的中国企业,而且在全球声誉最好的1000家企业排名中也高居第13位。

今天,海尔集团在全球160个国家已拥有40多家制造厂,8家市场调研和设计中心以及58000个销售岗位。它已经历了企业发展的"最后"一个阶段,在这一阶段中,它将"海尔"这一品牌的知名度扩大到全球,并打算根据特殊市场板块的需要进行市场定位。企业决定实行分清主次的方式,将主要精力集中于提高市场份额,盈利最大化放在次要地位,"市场先行,利润第二"。

建立海尔德国有限公司及其重组

由于海尔此前的国际组织结构无法满足企业领导的期望,因此集团需要建立一个强有力的销售机构。从2001年收购意大利瓦雷兹的梅内盖蒂设备公司起,海尔就开始扩大其在欧洲市场的影响:它将意大利的这家公司作为欧洲销售中心,并在德国、法国、英国和荷兰建立其分公司。但这个机构没有体现出足够的效率,缺乏欧洲市场经验,导致中国工厂和欧洲市场间沟通不充分。因此企业决定,对该机构的人事结构做出重新调整,并于2006年8月将设在德国吉森附近维腾堡的销售机构转变为一个独立的有限责任公司,作为自己的子公司。

以有限责任公司的形式建立自己的子公司有多方面的原因。一方面要扩大在德国的业务——尤其在做账范围和雇员数量方面,就必须将维腾堡的销售子公司转变为以有限责任公司为法律形式的子公司,德国子公司的员工们这样说。另一方面,通过这个法律上独立而又扎根中国的德国公司——德国子公司主管孙书宝先生这样定义,可以更容易地与客户建立直接联系乃至互信关系。同时,为了使产品尽可能地适应德国市场需要,也有必要建立有限责任公司。德国市场向大约五分之一的欧洲终端客户提供3 900万台家电,它显然是欧洲最重要的市场。"我们完全意识到了德国市场对欧洲业务的战略重要性。德国是欧洲的中心,我们必须在这里取得成功,这一点我们从一开始就没有怀疑过。"孙先生这样解释在德国设立子公司的原因。

现在,韩裔欧洲总裁金先生希望将法兰克福作为海尔德国新的所在地。虽然从维腾堡上高速公路和机场都很方便,但金先生还是许诺要迁址法兰克福,因为长期来看,那里更容易招募到高学历的专业人才,并与众多大客户更好地建立联系。另外,法兰克福这座城市与中国企业的多年合作经验也是海尔做出这一选择的原因。新的结构在迁址法兰克福并建立相应的德国新机构之前已经启用,例如在团队组织方面:2006年海尔引入了被称为"1+1+n组合"的系统:每个团队应由一名外部行业专家(1)和一个中国专业人员(1)领导,并根据需要再加入若干当地员工(n)。外部专家无论来自哪一国,都需要具备该行业多年的销售经验并有过成功陪同其他企业进入市场的经历。这个系统的运用参照了美国市场的先例。在美国,海尔的成功主要归功于美国顶级经理人迈克尔·简马尔,他从1994年开始作为美国出口公司的总经理与海尔集团合作,1999年以来担任纽约的合作企业海尔美国贸易公司主管。中国专家由青岛总部派遣。通过这种外部专家和内部助推力的组合,整个网络吸收了外部人员的多年专业知识,使之可以在整个企业中传播。这种知识的传递也在德国子公司中得到了推广,从而提高了子公司与总部或其他所在地之间联络工作的效率,例如避免了在生产部门和营销部门之间出现沟通问题,同时海尔也通过对新市场需求作出快速反应而保持了竞争力——这是一个特别有效的模式:"思想全球化,行动本地化"。

海尔德国有限责任公司由总经理孙书宝先生主管,他在大学里曾主修日耳曼文学,其能力已在海尔其他重要海外市场上得到了证明。他在当地代表("销售主管")的协助下开展工作。当地的销售团队由产品经理、销售助理和外勤人员组成,财务部门则由另一位中国外派人员主管,一名德国财务监控员协助他的工作,该财务监控员在很多外国企业——特别是日本企业的子公司积累了多年工作经验。目前总共有 22 名员工,其中 19 人来自当地,3 人来自中国。

非中心式的沟通和工作方式

德国的海尔子公司不仅和青岛总部的负责人联络,很多时候还直接与中国的工厂取得联系,这些中国工厂在海尔集团旗下通过金融控股,各自独立运作。这种直接的交流表现出很多优点,它可以令处理方式更灵活,并将德国市场对产品的要求马上转达给制造商,以便它们可以尽快调整产品,这样就避免了由中央管理部门居中转达而造成的时间和信息上的损失。各个工厂的产品经理不仅会定期与维腾堡的负责人取得联系,还经常到德国考察,了解竞争对手产品的质量和装备特性,增强对德国顾客审美观的敏感度,熟悉德国消费习惯的特点。这种非中心工作方式虽然可以更好地适应当地条件,但也需要做大量工作,并要求双方始终保持密切合作,以确保海尔品牌对外形象统一。

海尔集团在德国的销售战略

海尔在德国的销售战略是采用不同的分销商:从零售商到采购合作社、专业市场链、批发商、厨房制造商,到为名牌制造商进行外来加工——海尔目前利用所有的分销渠道进行销售。此前,销售的成功主要取决于能否获得强有力的合作伙伴以助其产品销售。但现在的首要任务是与终端客户建立联系。

比如启用一家德国广告代理商为企业提供咨询,以及与本地深层冷冻供货服务商艾斯曼公司建立市场合作关系。作为 2008 年奥运会的赞助商,企业倡导"绿色"产品,努力打造"绿色北京奥运会"。海尔集团不仅要通过这些行动来改善其家用电器的形象,而且还努力争取获得质检机构和基金会的证书及品质保证,来为其良好的质量及使用价值进行担保。因为海尔的"龙头产品"目标是占领高价值市场板块,同时,海尔也将自身定位于环保的节能产品制造商。

此外,企业也期望在竞争激烈的德国市场上推出自己的产品系列:除了电冰箱、洗衣机和洗碗机外,企业还准备将纯平电视显示器(在波兰制造)发展为另一支柱——与德国其他家电生产商相比,这是非常宽广的产品范围。在德国大家电的销售中,目前服务是另一个特别重要的挑战。像很多其他竞争对手一样,海尔不打算亲自完成这项工作,而决定转包给一家经验丰富的外设服务公司。为了将保质期内的维修费用降至最低,海尔意识到必须采取两项措施:一是实行严格的质量管理以降低返修率,二是定位于高价值产品。提高质量和研发高价值产品是中国工厂的任务,树立产品在市场上的形象是当地营销部门的工作。为了共同取得成功,双方——研发和市场,中国的工厂和德国的子公司必须同心协力。

建立共同的企业文化

海尔的德国子公司从一开始就打下了深刻的德国烙印。就连德国职工和中国管理层之间也几乎没有沟通障碍,因为中国管理者已具备了很强的跨文化工作能力。

如果在决策过程中还涉及其他投资地——青岛总部或中国的各个工厂,那么他们的工作节奏和沟通方式当然会明显不同。因此海尔在外部咨询师的协助下,将企业的工序和流程透明化,使其便于监管,并抛开所在地的限制对制度等级进行调整。此外,海尔还推进共同企业文化的建立。对于青岛总部来说,没有必要让子公司与总部在价值观上保持完全的统一,贯彻总部的所有想法,而最好是将世界各地积极的文化因素都融入企业文化中:美国的企业主威望、德国的一丝不苟、日本的职业道德,当然还有中国的伦理,这些因素应该在一个新的整体中共同成长。

在企业方针中,除了诚信、创新和客户导向等价值观外,海尔还从很早就开始强调另外两个重点:坚定的环保主义和人际价值,这表现在"海尔"兄弟的图标中——不同种族背景、正在玩耍的小孩。为了让这一价值观更好地在企业中确立起来,企业在青岛自己创办了一所"海尔大学",这是一座宏伟的培训中心,每年都为所有员工提供两周进修课程。那里还有一个传统式的中国花园,象征着世界各地的海尔公司根都在中国。

海尔在中国是一家示范企业,它很早就勇于进军海外市场。相对其他中国企业,这里的员工报酬高于平均值。毫不奇怪,海尔在过去的几年中能够从著名学府招募到很多年轻而有才华的新人,使人员结构实现总体年轻化:职工平均年龄为30岁,高层管理人员平均38岁。为了让企业文化能够在所有所在地深入人心,海尔经常举办会议和进修活动——像许多国际企业一样,企业文化整合在未来仍将是一项重要挑战。

未来的战略转变

在国际上,尽管企业已成功打入了美国、日本和欧洲区——首先是意大利的市场,但在其他市场上——比如德国,还有许多困难要克服。因为一方面德国市场已经被其他制造商牢牢占领,另一方面就像上面所说的——客户要求非常特殊,因此在其他市场上已经取得成功的经营战略还要经过修改才能使用。从已经采用的流程来看,海尔原先主要通过有机增长的方式实现全球发展,而收购美国家用电器制造商美泰克的行动却表明企业正在向着通过国际并购来实现增长的方式调整。此外,海尔集团在德国还要与几个偏见作战。日本和韩国的先例都证明,这些偏见是可以纠正的,但是需要大量的时间。

对德国海尔有限责任公司的投资不仅包括财务上的投入,也包括创造国际企业文化方面的努力,这些投资可以让企业在德国这样困难重重的市场上逐渐积累起丰富的经验,培养出强大的实力,从而大幅提高海尔发展的可持续性,使海尔集团在实现自己远景目标——"中国商标就是未来"的道路上更进一步。

讨论问题

1. 中国企业不断地扩展其国际商业活动。为了能够在西方自由竞争市场上成功地占有一席之地,他们必须正视跨境及跨文化管理的问题。海尔在业务国际化和发展持久的企业文化方面进展如何?

2. 中国企业要想理解其他文化背景下的企业文化,必须具备哪些能力?对于即将进入国际市场且希望构建相应企业文化的中国企业,您有哪些建议?

3. 中国企业文化中的哪些要素对于企业全球化战略来说是不可或缺的?

中国企业文化在全球化战略的背景下能否继续适用？像海尔这样的中国跨国公司如何应对已经存在的差异？海尔处理文化多样性的方式是否适当？如何在海外新设分公司中确立海尔的企业价值？

4. 文化多样性不仅存在于国际企业内部，其客户也属于不同的文化群体。文化差异在国际市场上起到哪些作用？

第三部分

国外跨国企业跨文化管理相关的案例

兽首拍卖动了谁的奶酪①

案例导读

  中国拥有着长达五千年的文明史,近代以来,由于国力衰弱导致受到西方的经济和军事侵略。1860年英法联军在洗劫圆明园之后,包括十二尊兽首人身的大批文物下落不明。如今,随着中国经济实力逐渐增强,国人要求西方劫掠者归还中国被劫掠的文物的声音越来越高。也有一部分爱国人士在海外文物拍卖市场上出巨资拍得中国文物,随后将其捐赠给国家,这一行为受到了海内外的广泛关注,中国文物在拍卖品市场上也变得越来越抢手,屡创新高的拍卖价格引起了藏品持有者的兴趣。然而,中国政府对待被外国劫掠的文物则不支持企业或者个人通过竞拍获得,而是努力通过外交途径要求文物持有者将其归还中国。在2008年末和2009年初,一场关于圆明园兽首拍卖的问题引起了国内外的广泛关注,其戏剧性的发展过程值得我们对其进行深入的分析和研究。

  2008年10月,国际艺术品拍卖巨头佳士得公司宣布将于2009年2月23日至25日在法国巴黎大皇宫举办"伊夫·圣罗兰与皮埃尔·贝杰珍藏"专场拍卖。拍品中包括1860年英法联军自圆明园掠走、流失海外辗转多年的中国鼠首和兔首铜像,两件拍品拍卖估价均为800万至1000万欧元,总价高达人民币

① 本案例由加拿大阿尔伯塔省麦科文大学商学院亚太研究中心主任魏小军博士,亚太研究中心客座研究员、江苏理工大学商学院讲师黄颖,以及麦科文大学商学院金伯利·霍华德编写。此案例仅作为课堂讨论的材料,作者无意阐明案例是否有效地应对了一个管理情景。为了保密,作者可能在案例中有意隐去了真实姓名或其他信息。未经书面授权,禁止任何形式的复制、收藏或转载。

2亿元。

圆明园兽首的由来

"十二兽首"制造者郎世宁(1688～1766)是意大利人,原名朱塞佩·伽斯底里奥内,生于米兰,清康熙五十四年(1715)作为天主教耶稣会的修道士来中国传教,随即入宫进入如意馆,成为宫廷画家,曾参加圆明园西洋楼的设计工作,历任康、雍、乾三朝,在中国从事绘画达50多年。"十二生肖兽首"是人身兽首,选材为精炼红铜,历经百年而不锈蚀。18世纪中期,乾隆皇帝在圆明园东边一块狭长的地带建造一座豪华的西洋花园,宫廷画师意大利人郎世宁是设计师,他设计并推荐法国神父蒋友仁负责建造人体喷泉。但是在当时的中国,裸露的女性身体是有违传统道德规范和中国审美的,因此郎世宁就改用十二生肖来代替:位于花园中央,一天24小时,12个生肖动物,每隔两小时轮流喷水,俗称"水力钟"。于是,在皇家园林里第一次以生命的形式来塑造喷水形象的,是中国传统纪年中的12种动物,它们在这个充满东方文明气质的大国里有着极好的人缘,而且家喻户晓。兽面人身水力钟就这样诞生了。这是将中国传统文化的元素与西方喷泉的手法巧妙地结合在一起的作品。每一个生肖都穿着衣服,有对襟的服装也有斜襟的,似模似样地坐着,衣服从肩膀往下盖着整个身体,但这并不妨碍雕像的生动性,因为它们还有肢体语言:兔子摇着扇子、牛手里持拂尘、蛇在作揖、猴子手里拿着根棍棒可能是想证明自己是孙大圣的后代、怀抱小弓箭的猪,但它们却不是专司狩猎的动物。生肖们6个一组在一枚巨大的贝壳前排列为左右两边,左侧为南岸,右侧为北岸。十二生肖排坐的顺序是从南向北排列,南一子鼠、北一丑牛,南二寅虎、北二卯兔,南三辰龙、北三巳蛇,南四午马、北四未羊,南五申猴、北五酉鸡,南六戌狗、北六亥猪。1860年,英法联军在侵略中国时,对圆明园这一皇家园林进行了大肆掠夺,将兽首打劫一空。

在今天能够查到的资料中,鼠首和兔首现在存于法国巴黎,而鸡首、龙首、狗首、蛇首以及羊首到目前为止还不知其踪。在12枚兽首中已经有5枚兽首回到中国北京,它们由保利博物馆收藏,它们回流的途径是境外拍卖和捐赠。

其中猪首是澳门赌王何鸿燊 2003 年捐赠给保利集团①的,何鸿燊以低于 700 万港元的价格购得了猪首,而这个价格与 2000 年保利集团拍得猴首、牛首的价格相差不多。保利集团在 2000 年也拍得了虎首,但是得到虎首却花了 15 93 万港元,这个价格高于当时底价的 3 倍。马首则由何鸿燊在 2007 年以 6 910 万元港币购入并捐赠给国家②。

而对于兽首的实际价值,一些专家也认为,实际上,兽首并没有太大的文物价值,只是英法联军侵华的一个罪证而已。中国文物学会名誉会长、国家文物局古建筑专家组组长罗哲文曾师从著名古建筑学家梁思成、刘敦桢等,早在半个多世纪前就开始研究圆明园遗址。他分析,兽首可能是外国人设计的,造型并不好看,相比现藏于北京大学等处的圆明园文物华表等,兽首工艺相对比较粗糙,十二生肖兽首作为庞大的圆明园建筑无数构件之一,只是一般的装饰配件,艺术价值和经济价值都不是很高,也就是大水法的喷水龙头而已。如果兽首在市场上定价,也就是几十万元,加上转卖,最多不超过百万,而且还是人民币。

佳士得准备以 2 亿元人民币的价格拍卖鼠首兔首的消息一经披露,即在中国国内引起了轩然大波,在中法关系处于很微妙的一个时间段上,中国网民普遍认为,法国拍卖这两样从中国掠夺的文物伤害了中国人民的感情。

2009 年 1 月,由 67 名中国律师组成的律师团在北京召开记者会。律师团首席律师刘洋表示,得到拍卖消息后,他通过博客希望律师组团起诉,向法国追索国宝,已有 67 名律师加入。刘洋介绍,中法两国都加入了《国际统一私法协会关于被盗或者非法出口文物的公约》,该公约有规定,被盗文物的拥有者应该

---

① 保利集团背景:1983 年,解放军总参谋部、中国国际信托投资公司(简称中信公司)联合组建一家对外贸易公司,时任中信公司总经理徐兆龙为公司起名"保利",取保卫胜利之意。英文前缀词 POLY 恰与中文"保利"一词发音相同,故取之。王军、贺平等公司创始人都是这一历史的见证者。保利公司的司徽 P,取英文"PLA'(中国人民解放军缩写)、"POLY"、"POWER"之含义,变形的英文字母 P,由赖维武、王小朝于 1987 年设计,象征拳头,代表信心和力量。P 中心的空间,喻意把握现在,放眼未来。1993 年保利公司成立十周年庆典之际,贺平总经理邀请书法家启功先生书"中国保利集团公司",有简体和繁体两个版本。1994 年 11 月,保利公司正式注册"P"和"保利"两个商标,并取得国家工商局颁发的商标证书。http://biz.icxo.com/htmlnews/2009/03/28/1369827_0.htm.

② httP://zh.wikipedia.org/wiki/%E4%BD%95%E9%B4%BB%E7%87%8A.

归还该被盗物,并且没有时间限制。

刘洋说,律师团已起草了起诉书,被告是两文物的收藏者皮埃尔·贝杰等人和佳士得拍卖公司。追索圆明园流失文物律师团的诉状中提出,鉴于两件兽首的归属还存在争议,应该暂时中止这次拍卖,判令将两件铜铸兽首暂时交付于法院保管或者交付法国文化部保管,再由法国政府与中国政府通过外交途径或其他途径解决该争议。诉状中还强调,来自圆明园的两个兽首具有无可争议的历史和艺术价值,属于文化遗产。如果将它们公开拍卖可能会被私人买走,流到法国境外不知去向,给中国人民、中国文化和历史造成不可弥补的损失,也会给世界文化遗产造成不可弥补的损失。

中国律师向巴黎法院提出申请,要求阻止拍卖这两个"150 年前被侵略者夺走的国宝"。

2009 年 2 月 24 日,法国巴黎法院对圆明园的鼠首兔首能否被拍卖作出宣判,法官认为,请求人——欧洲保护中华艺术联合会①对于本案没有直接请求权,驳回其关于要求停止拍卖、禁止拍卖的诉讼请求,并赔偿两个被告方各 1 000 欧元②。

2009 年 2 月 25 日,兽首拍卖如期举行,最终一"神秘买家"以 2 800 万欧元通过电话委托的方式拍下两件文物。

2009 年 2 月 26 日,国家文物局发出的《关于审核佳士得拍卖行申报进出境

---

① 欧洲保护中华艺术协会是成立于中法文化年期间的非营利机构,总部设在法国巴黎。高美斯作为该协会主席,一直致力于通过在欧洲保护和推介中国文化遗产,帮助欧洲民众了解中国;协助中国追索流失海外的中国文物。该机构曾经通过法律途径,追讨甘肃理县出土流失在法国吉美博物馆的金器。

② 巴黎法院从诉讼主体原告的资格入手,不待进入实体审理程序,就"巧妙"地一口驳回。根据法国法律,原告必须是利益相关人。应该说,中国政府或官方机构是最恰当的原告主体,但何故中国政府缺席?原因就在于西方 1995 年制定的《关于被盗或者非法出口文物的公约》。尽管这个条约有追讨文物的规定但同时又规定了五十年的追溯期。而五十年前恰是二战结束时,正是西方对国际事务的控制力迅速衰退和减弱的时期,他们不能再像以前那样通过武力等手段去掠夺这些文物了。于是他们变换手法靠这样的公约来保护已经掠夺到的文物。除此之外,尽管是这样一份不公正的条约,还依然规定仅在缔约国之间生效。但是拥有他国文物最多的英国和美国都拒绝加入,法国虽然加入了但国民议会一直没有批准。一百多年来国际社会所制订的游戏规则都是由西方主导的,都是为了维护他们的利益。因此要想按照他们的规则来要回中国的文物是不可能的。这正是中国政府无法充当原告的主要原因。httP://world.people.com.cn/GB/8880870.html.

的文物相关事宜的通知》，通知中明确指出："佳士得拍卖行在法国巴黎拍卖的鼠首和兔首铜像是从圆明园非法流失的。佳士得在我国申报进出境的文物，均应提供合法来源证明，如果不能提供这个证明或证明文件不全，将无法办理文物进出境审核手续。"

2009年3月2日，中华抢救流失海外文物专项基金在北京召开新闻发布会，买家身份揭晓，竞拍者为中华抢救流失海外文物专项基金收藏顾问、厦门心和艺术公司总经理蔡铭超。在发布会上蔡铭超表示："当时我想，每一位中国人在那个时刻都会站出来的，只不过是给了我这个机会，我也只是尽了自己的责任。但我要强调的是，这个款不能付。"

之后，台湾寒舍集团的董事长王定乾称，蔡铭超这一举动是"技术性搅局"。

但是从事情发展的过程上来看，如果不是国家文物局下发的这一文件，蔡铭超是否会如期付款？如果这一推论成立，那么导致兽首流拍的主要力量是国家文物局，而并非蔡铭超。

这一兽首拍卖事件一波三折，颇具有戏剧性。在整个过程中，从不同的利益相关者角度分析这一事件，所得到的结论会大相径庭。这一事件由一拍卖品市场上的利益纠葛扩散到中国的民众，事件的不可预料性发展使问题扩大化，超出了事件策划人所能够控制的范围，不得不导致国家相关部门插手此事。

各方反应

中国政府

对佳士得的拍卖，中国政府已明确表示不会参加竞拍①。中国国家文物局博物馆司司长宋新潮表示："我们不会买本来属于我们的东西。""拍卖战争时劫

---

① 近年来，中法关系上出现了不少波折，媒体认为法国总统萨科奇像是"一头闯入瓷器店（china）的公牛"，在奥运、西藏等问题上与中国政府"唱反调"，直接导致中国取消了中欧第十一届首脑会议，中止了中法之间巨额贸易合同的洽谈。2009年2月，中国国务院总理温家宝出访欧洲的"环法之旅"，被外界更多地解读为中国与法国之间关系上出现的裂痕，以及中国对法国萨科奇政府不满的表现。

掠的文物,于情于理都不能接受"。在佳士得拍卖兽首事件上,中国政府的态度具有重要的指导意义,不参与竞拍以避免此案例成为今后相似事件引用的参照。

在中国政府的支持下,中华抢救流失海外文物专项基金会于 2002 年 10 月在北京成立。它是国内第一家以抢救流失海外文物为宗旨的民间公益组织,隶属于由国家文化部主管的公益性社会团体——中华社会文化发展基金会。其主要职责是通过民间渠道,协助政府促成流失海外的中国文物回归中国。这一带有官方色彩的民间机构在推动流失海外文物的回归中起到了重要的作用,中华抢救流失海外文物专项基金会的第一位捐赠者就是中国保利集团。在中国文物的回归上,一般采取的方式是由实际购买人购回后进行捐赠。中国政府一直不承认流失海外文物的合法性,这为今后追回流失海外文物留下了空间。这一非官方的基金会协助中国保利博物馆获得了 4 尊兽首。但是为何会以一个近乎于离谱的价格获得这些本没有太大艺术价值的文物,是一个难以说清的迷。这一系列的兽首拍卖中,有几个身份值得关注:中国大陆的保利集团、澳门的赌王何鸿燊、台湾的寒舍集团。蔡铭超只是一个新加入的角色。在 20 世纪 80 年代,寒舍集团的董事长王定乾花了不到 100 万美元,从国外相继购得猴、牛、虎、马 4 尊兽首,在经过了几次拍卖后,获得的收益竟高达 1 亿人民币。正是此人在媒体上呼吁佳士得"不要用文物挣中国人的钱"。

对于人为炒高的兽首价格,中国政府在拍卖结束后的第二天 2009 年 2 月 26 日即通过国家文物局出台《关于审核佳士得拍卖行申报进出境的文物相关事宜的通知》①,此举实际上是限制了中国公民参与竞拍兽首的行为,使竞拍成功后难以完成交货,从而破坏事件策划者所导演的一出戏。

这两件中国文物对国外收藏者而言,并没有太大的价值,相反拍卖这一藏

---

① 通知要求:①各国家文物进出境审核管理处应当认真审核佳士得拍卖行及其委托机构、个人在我国申报进出境的文物。所有文物均应提供合法来源证明;②各管理处经审核认为佳士得拍卖行所申报文物可予办理文物进出境审核手续的,应当书面报经国家文物局批准,并附申报文物的相关材料;③各管理处在审核佳士得拍卖行所申报进出境文物时,发现可能为被盗、走私文物的,应立即向国家文物局和当地公安、海关部门报告。

品会面临极大的风险,其接近 3 亿的成交价格本身就已经背离了其实际价值。而对于中国来说,兽首更多的意味着 1860 年英法联军侵华的罪证。前几尊兽首的拍卖价格是 700 万～1500 万人民币,而到了马首则开始价格暴涨,成交价格高达 6910 万港币。如果拍卖的参与者只是华人的话,那么中国政府的行为则是一次成功的狙击,阻止了利用大肆热炒文物来谋利的一些人。

对于中国公民蔡铭超参与竞拍圆明园鼠首兔首铜像的事情,文化部副部长欧阳坚表示,这"完全属于他的个人行为。中国政府有关部门为加强文物进出境审核管理采取的相关措施,不会影响被劫掠的文物回归中国"。

中国民众

由于法国一系列的举动导致中国民众对法国产生不满,这样的态度也直接表现在对法国企业的抵制上。互联网在中国的发展导致中国民众接收信息的能力大大增强,在一些重大事件上,不仅有了更多的信息来源渠道,更为重要的是,普通民众也由知晓转为采取一定的行动。前几次的兽首拍卖并未能引起民众的多大兴趣,而这一次的拍卖则大不一样,首先是在一个中法的敏感时期;其次,是拍品的价格过高,并且以两件藏品同时拍卖的方式进行;第三,此事经过媒体的发酵在网民中所产生的影响和关注已经难以收场。加上国家政策的收紧,使得这一事件的发展超出了策划人的预料。

针对兽首拍卖事件,新浪对网民进行了调查。结果显示,在高达 47 万网民参与的投票中,84.8%的民众不支持高价购买圆明园兽首,认为现在的价格是被人为地恶意炒高。对待蔡铭超拍而不买的举动,75.9%的民众表示支持;对这一事件所产生的影响,73.8%的民众认为这是一种中国人维护国家利益的做法,13.6%的民众认为这有损于中国商人海外形象。

你认为华人高价购买圆明园是否值得?

序号	选　项	比例	票数
1	不值得。兽首理应无偿归还中国,现在价格被恶意炒高。	84.8%	389 308
2	值得。只要兽首能归国,华人高价回购也是值得的。	11.4%	52 462
3	不好说。	3.8%	17 447

你是否支持买家蔡铭超拒付拍卖款？

序号	选　项	比例	票数
1	支持。	75.9%	350 402
2	不支持。	16.1%	74 428
3	不好说。	4.4%	20 411
4	支持拍下,但应该付款。	3.6%	16 836

你认为这一事件将产生何种影响？

序号	选　项	比例	票数
1	这是中国人维护国家利益的做法,就应该给法国点颜色看看。	73.8%	308 599
2	有损中国商人的海外形象。	13.6%	57 071
3	有损法国人对中国人的印象,激化中法矛盾。	9.3%	38 979
4	不知道。	3.3%	13 801

中国网民在这一事件上起到了推波助澜的作用。爱国、反美、抗日、反法,这是中国人民在经历了数次外国侵略后,长期在国家的对外负面报导影响下形成的一种盲目的爱国热情。这种刺激—响应模式被用于政治和商场上屡试不爽。在佳士得的拍卖中,巧妙地利用了这一工具,刺激国人的敏感神经,只有激发起真正买家的关注,才有可能将炒作的价格推动上去。

网民们在这一事件中所起到的作用是微妙的,一方面推动了广大群众的关注,客观上实现了策划者的炒作目的;另一方面则是有少部分网民开始对整件事情提出质疑,希望能进一步了解这一现象背后的内幕。但是此事件在兽首流拍后迅速降温,由于不关乎个人利益,所以未能有进一步深入的挖掘。

蔡铭超

"买兽首放弃了我所有的信誉",蔡铭超在事后回应记者时说。作为一个内地著名的收藏家,担任中华抢救流失海外文物专项基金收藏顾问,蔡铭超曾在2006年,以折合1.2亿人民币的价格拍下了一件明永乐年间鎏金释迦牟尼像。他是佳士得、苏富比等著名拍卖行的贵宾级客户。

针对当时拍卖的情况,蔡铭超做了一个委托,本意是看一下拍卖现场的情况,如果撤拍或流拍,就不参与了;如果是进入了正常拍卖程序,就会进一步关注。在现场拍卖师报价900万、1000万和1100万欧元的情况下,蔡铭超参与了竞拍,最终这两件鼠首兔首铜像以总共3149万欧元落槌。蔡铭超拍下圆明园兽首,是一次冒着极大压力和风险的非常手段。

对于其真实的拍卖动机,在案例中无法给出一个结论。但是从众多业内人士的评论中,我们或许能够有一个自己的判断。

中国文物学会名誉会长谢辰生接受记者采访时连问了几个"何谈爱国":"国家要求个人不要参与竞购被劫掠的文物,认定这是赃物,你去参拍赃物,与国家不保持一致,何谈爱国?国家不希望把这一本来价值并不算高的文物炒高,希望以外交或法律的途径索回,你跑过去哄抬价格,形成价格炒高到1400万欧元的既成事实,何谈爱国?你要是钱真是太多,你也希望这兽首回国,那你买回来就让它们回国得了,但它们最后回国了吗?你的搅局根本没起任何作用,何谈爱国?"

据法新社2009年2月25日的报道,在拥有1200个座位的华丽的拍卖大厅里,根本没有人竞拍两件兽首铜像,只有三名匿名人士通过电话竞拍铜像。据悉,当晚8点左右,编号为677的鼠首铜像开始以900万欧元起拍,最后以1400万欧元落槌。兔首拍卖直接从1000万欧元起拍,最后同样以1400万欧元成交。让人意外的是,两件兽首从起拍到落槌共5分钟,竞价次数还不超过6次,且竞拍者均通过电话进行,最后两个兽首都是由被拍卖师称为"窦玛"的电话代理人购得。

欧洲保护中华艺术协会主席高美斯在北京表示,他认为事实上只有蔡铭超一个竞拍者,在蔡拒绝付款之后,两件铜首即无人买单。据蔡接受《中国新闻周刊》专访时回忆,鼠首从900万欧元起拍。"有人通过电话出价1000万欧元,蔡铭超按兵不动,价格飙升到了1100万欧元,蔡通过电话告诉现场工作人员开始出价。价格几经交替,很快,停在1400万欧元,落槌……之后兔首的拍卖过程几乎如出一辙"。"按照惯例,如果第一个人不买,别的竞价人就会买,但到目前为止这些竞价人没一个出现。为什么没有落到第二个人手里,这就是个问题,这就证明实际上只有蔡一个竞拍者"。

以上这些信息如果均属实,这一事件就不简简单单是一个单纯的拍卖事件。而是一个巨大的利益网络所制造的一个"局",可能会涉嫌利用藏品拍卖来洗钱或者完成某些幕后交易。中华抢救流失海外文物专项基金表示,蔡铭超代表该基金参与了拍卖。该基金的资金来源为私人捐赠和国家补贴。在竞拍者缺乏的情况下,蔡铭超提高报价的动机值得怀疑。如果国家不在 2 月 26 日出台文件限制佳士得拍卖行所拍得的鼠首兔首入境,蔡铭超所代表的利益集团会不会完成支付,进而完成这一"完美策划的拍卖"?

佳士得拍卖行

佳士得作为世界知名的拍卖行,对艺术品的拍卖拥有丰富的经验,通过把一个艺术品变成一个事件,与政治、民族感情捆绑在一起,而事件越大,其涉及物品的价值就越高,媒体和民众每一次关注,就帮助佳士得提高了一次价格。来自中国的潜在买家有着不可低估的经济实力,并且在蕴含着民族感情等其他因素的时候,艺术品的价值就不是简单地用经济价值来加以衡量的了。

在拍卖之前(2008 年 9 月 26 日),佳士得拍卖行在一份书面材料中对所有拍品进行了一个简单的介绍,奇怪的是,除了鼠首和兔首外,其他的拍品均给出了估价,而这两件藏品只有一个"Estimated on request",而在其他的几份材料中则给出了兽首的估价,均在 800 万欧元至 1000 万之间欧元①。在拍卖结束后的一份报告中同样没有估价。这似乎不像是一个偶然的"巧合"。

2009 年 2 月 25 日拍卖完成后,佳士得给出的一份报告,说明两件兽首共计拍出了 1580 万欧元②,但同时也声明这一拍卖是"临时的",并未完成交易。

佳士得报告原稿

Lot	Description	Estimate (€)	Purchase Price	Buyer
677**	An exceptionally rare and important bronze rat head made for the Zodiac Fountain of the Emperor Qianlong's Summer Palace (Yuanming Yuan), China, Qing Dynasty, Qianlong Period (1736-1795)	Estimate On Request	€ 15,745,000 £14,013,050 $20,372,456	Anonymous

---

① The top lots were exceptionally rare bronze heads of a rat and a rabbit made for the Zodiac Fountain of the Emperor Qianlong's Summer Palace in China which each sold for € 15. 8 million, http://www.christies.com/presscenter/pdf/11122009/105527.pdf, p6.

② http://www.christies.com/presscenter/pdf/1112200910541.pdf.

Lot	Description	Estimate (€)	Purchase Price	Buyer
678**	An exceptionally rare and important bronze rabbit head made for the Zodiac Fountain of the Emperor Qianlong's Summer Palace (Yuanming Yuan), China, Qing Dynasty, Qianlong Period (1736-1795)	Estimate On Request	€ 15,745,000 £14,013,050 $20,372,456	Anonymous

注：The sales of Lots 677 and Lot 678 are provisional and are not included in the sales total② (拍卖号 677 和 678 两件物品的拍卖是临时的，且没有包括在所有交易中。)

藏品持有者

Saint Laurent 和 Pierre Berge 在过去 50 多年的时间中，建立了世界上最大、最重要的私人艺术藏品。2008 年 Saint Laurent 去世后，Berge 就打算出售所有展品①。在拍卖开始前，媒体采访 Berge 时，Berge 表示他知道这两件文物的历史。他愿意把两件兽首送给中国，条件是中国要表态切实地尊重人权。他认为，今天这两件中国兽首有了新的意义，对于全世界许许多多的人来说，他们成了人权和民主的同义词。这只老鼠和这只兔子身上背着民主和自由。他说，这两件古董，首先不能肯定是英国人或是法国人把它们偷来的，抢来的。这些东西当初如果留在中国的话，今天可能已经不在了，很有可能被文化大革命破坏了。"我把这些中国古董保存了下来，我想中国人应该好好谢谢我才是"。Bergé 对中国政府抱着不甚友好的态度，试图以兽首作为交换条件来要求中国改善人权问题，这是中国政府所无法接受的。Bergé 清楚知道，这样的藏品只有中国人会花钱来买，但是当前的环境下已经不再适合拍卖这样的藏品。这一收藏品的价值无法从文化层面加以衡量，更重要的价值体现在其历史上的证据性。将一个本不值钱的东西通过捆绑民族感情，是放大其价值的一个重要手段。

2009 年 11 月 17 日至 20 日，Bergé 举行了第二次拍卖会，Pierre Bergé 对媒体表示，这次不拍卖圆明园兽首。

① http://en.wikipedia.org/wiki/Pierre Berg%C3%A9.

媒体

媒体对这一事件的关注从 2009 年 1 月中旬开始。

根据 Google 提供的搜索量信息，媒体的集中关注和民众的大量参与是在 2 月 26 日～3 月 2 日期间达到顶峰。之后随着事件的关注度迅速降温，并未能够再次引起媒体的兴趣。国内外媒体对这一事件有着不同的解读，主要议论的焦点集中在蔡铭超是否应该付款，此举是否会影响到中国商人的国际形象等问题上，不同的观点争论了一段时间，但是随着时间的推移也慢慢失去了声音。

外界对这一事件的看法

艺术市场专家 Sarah Thornton 在《经济学人》上撰文称，被蔡铭超击败的两名竞拍者之一——一位在伦敦做生意的华人——原本打算将其中一个兽首送回中国，他曾出价 1 000 万欧元竞拍。Thornton 认为另一位竞拍者也有可能打算把一个或两个兽首还给中国，他分析说："艺术史家的一致共识是，兽首并没有那么高的艺术价值，因此中国艺术品的收藏家们对兽首并没有那么痴狂。"相反，此前中国的舆论攻势已把两个兽首热炒成了烫手的山芋。"而它们的价值更多是象征性的和政治性的。正因为如此，很可能这两位失意的竞拍者原本都打算将拍得的兽首送还给中国"。据分析，另一位竞拍者很可能是有意在中国发展事业的商人。

法国作家伯纳·贝尔赛在 2003 年出版了《1860——圆明园大劫难》一书，引起法国人对那段侵略中国历史的反思。针对此次圆明园兽首的拍卖，贝尔赛表示："中国才是这两尊兽首的归宿。虽然目前中国官方没有证据证明它们是被法军掠夺的，战后英国拍卖行也没有相关记录。但是要知道，英法联军的大部分抢夺来的赃物，战后不久便被英国的拍卖行卖掉了，其中就包括佳士得拍卖行，这真是历史的反讽。最近，贝尔热先生还以西藏问题来要挟中国人，这令人想起了去年在巴黎发生的火炬事件，那些喊着"西藏，西藏"的法国人，可能连西藏的地理位置都不知道。我认为，这两尊兽首应当赠还给中国，任何一个私人收藏家的沙龙里摆放它们，都是不合适的。"

兽首拍卖事件是一场未完成的博弈，Berge 表示，在适当的时候，还是会把兽首卖出去的。在这一事件的真相还未真正揭晓前,给出一个结论还为时过早。

讨论问题

1. 在兽首拍卖事件中,普通网民起到了什么作用?

2. 对于蔡铭超以个人声誉作为赌注,拒绝付款,你如何看待?

3. 针对一件实际价值并不高的文物,却以一个天价成交,这其中可能存在哪些问题?

4. 如何看待中国民众在这一事件中的表现?

5. 此案例中有哪些跨文化差异的体现? 从 Hofstede Dimension(霍夫斯泰德文化理论角度)分析差别。

6. 从佳士得拍卖行的角度来看,如何从企业行为和商业道德二者之间取得权衡?

星巴克在故宫：紫禁城中的文化较量[①]

案例导读

星巴克 2000 年入驻在北京故宫，到 2007 年竟然宣布撤出北京故宫。为何原本被故宫管理层邀请而入最后却不得不离开呢？2007 年，央视著名主持人对星巴克高层提出，并不认同星巴克开在北京故宫这一神圣严肃的地方，同时，认为这是对中国文化的不尊敬的表现。星巴克高层对此做出了明确的解释。然而，事情的发展出乎人们的预料，原本一场简单的商业案例却牵动了无数中国人。鉴于互联网的高速发展，中国网民在此事件中起了推波助澜的作用。将东西方文化融合，星巴克不是第一起案例了，然而却是极其引人瞩目的一起。星巴克作为首家专业咖啡企业上市，在世界各地享有盛誉。中国更是它的一个巨大市场。然而，在这次文化交融试水中，星巴克历经 7 年却败下阵来。可是，我们不禁要问，它真的是败的那一方吗？尽管退出故宫舞台，星巴克却选择了一个恰好的时机，也在退出时对所有中国网民做出了解释。在这一场战役中，倒是"受害方"故宫无法解释为何当初要引进星巴克到故宫。由此，星巴克依然稳固了自己的形象，依然被中国消费者所喜爱。

2007 年 7 月，故宫星巴克咖啡店低调宣布，在经营 6 年零 7 个月之后，将关

---

① 本案例由加拿大阿尔伯塔省麦科文大学商学院亚太研究中心主任魏小军博士，亚太研究中心客座研究员、江苏理工大学商学院讲师黄颖，以及麦科文大学商学院金伯利·霍华德编写。此案例仅作为课堂讨论的材料，作者无意阐明案例是否有效地应对了一个管理情景。为了保密，作者可能在案例中有意隐去了真实姓名或其他信息。未经书面授权，禁止任何形式的复制、收藏或转载。

门停业。

事件源起

这一事件缘起央视著名主持人芮成钢的一篇博客。芮成钢在其博文中写到,在一次耶鲁召开的 CEO 峰会上,对星巴克的 CEO Jim Donald 说:"鉴于中国人并没有喝咖啡的嗜好和传统,星巴克能让中国成为它的全球第二大市场,是可喜可贺的商业成功。但是有一件事做的严重欠妥,中国的紫禁城里竟然也有一个星巴克的店,我和我无数的中外朋友们都认为它和中国故宫的氛围极不协调,有碍观瞻。我不知道星巴克是否有在印度的泰姬陵、埃及的金字塔、英国的白金汉宫等等世界文化瑰宝和古迹里开分店的宏伟计划,但请先从中国的故宫里撤出来。"

在随后的 Jim Donald 给芮成钢的回信中,对其提出的质疑提出了几点解释:①6 年前,星巴克是被中方邀请进故宫开设分店的;②星巴克是抱着尊重中国文化传统的心态开设这一家分店的;③星巴克已经尽了努力让这家店和周边人文环境相适应。

作为一个中国较为知名的媒体人,其博客上所发布的文章很快得到了众多中国网友的响应,并且经过各种媒体将这一事件放大,造成了较为轰动的影响,成为各个媒体深度挖掘的素材。

在新浪进行的一个民意调查中,共有 10 054 人参加了调查,84.3%的网友认为星巴克应该搬出故宫,75.3%的网友认为芮成钢是积极的民族文化保护者。

在媒体的不断发酵下,面对公众的压力,星巴克不得不做出让步。2007 年 7 月 16 日,星巴克通过媒体低调发布信息:"星巴克撤出故宫并不是因为舆论压力,而是尊重故宫的统一规划做出的选择。""星巴克与故宫的分手是经过友好协商的,故宫为了挽留星巴克,还主动提出了多种折衷方案,如星巴克若选择留下,可与其他咖啡一同经营。但星巴克希望以独立的形象出现,所以只能离开,但该公司尊重故宫所做的决定。"同时,星巴克大中华区公共关系经理孙可江表示,星巴克以后不可能再在故宫开分店。

以文化之名

中国是一个拥有五千年文明史的国家,各种历史遗迹遍布于全国各地。最为著名的就是位于北京的紫禁城。这是中国明清两代24个皇帝的皇宫,明朝第三位皇帝朱棣在夺取帝位后,决定迁都北京,即开始营造紫禁城宫殿,至明永乐十八年(1420年)落成。依照中国古代星象学说,紫微垣(即北极星)位于中天,乃天帝所居,天人对应,所以皇帝的居所又称紫禁城。

紫禁城位于北京市中心,现称为故宫,意为过去的皇宫。它是明、清两代的皇宫,也是当今世界上现存规模最大、建筑最雄伟、保存最完整的古代宫殿和古建筑群。在1987年,紫禁城被联合国教科文组织认定为世界文化遗产。这一历史胜迹吸引了来自于世界各地的观光旅游者。

2000年,星巴克进驻故宫,位于乾清门广场东侧的九卿朝房,店内只设置一张小柜台两面小圆桌6把椅子,是全球星巴克分店中最小的店。这家咖啡店在紫禁城中的出现,虽然不起眼,但是引起了很多人的关注,尤其是外国游客,其主要的观点大概可以分为几类:①在这样的一个历史文化遗迹中开设一家咖啡馆,是对历史的不尊重,有国外的游客问中国的导游,你们的皇帝以前也喝咖啡吗?这样的问题很让人尴尬;②在一个Forbidden的地方开设了一家象征着自由的咖啡店,这是中国的进步和与世界的融合;③这是一种艺术上的冲撞,两种文化的交织构成了一副奇怪的画面。许多外国游客在故宫的星巴克门前留影,并上传到各种网络空间上,基本上都冠以一个"Starbucks in Forbidden City"的标题。

自1999年北京开设第一家星巴克分店开始,一直到21世纪的头几年,很多中国人并不知道星巴克是一个什么东西。但是随着星巴克在中国大城市的不断扩张,对星巴克的认识才慢慢多了起来。首先对星巴克有所了解的是大城市的白领们,星巴克是继可口可乐、肯德基、麦当劳以及好莱坞之后另一个重要的西方文化进入中国的象征。在一个没有喝咖啡传统的国家里,随着中国对西方文化的认知和接受程度越来越高,咖啡这一软性饮料也逐渐被普通人所接受。特别是面对城市紧张的快节奏生活,很多人把咖啡作为一种有效的提神工具,去咖啡馆也成为人们打发闲暇时间和商务洽谈的一种选择。

在中国的星巴克和在北美的Starbucks虽然采取了相同的经营模式、店堂布置等手段,但是中国的星巴克给民众带来的体验与其在北美是迥然不同的。在北美,星巴克被认为是一个便利的、能够提供独特口味,满足人们日常生活需求的咖啡连锁便利店。但是在中国,很少有人会每天花上三四十元人民币去喝一杯典型的美式咖啡。在这里,星巴克更多的被认为是一个适合放松与休闲的场所,点上一杯咖啡来享受一段咖啡馆的美好时光。这也是为什么在北美大街上行人拿着一杯星巴克的咖啡去上班,而中国人很少去星巴克"点外卖"的原因。在中国消费者眼中,喝上一杯 30 多块的咖啡,是包含了在咖啡馆里享受北美文化的这一部分成本。

虽然中国改革开放之后出生的一代对美国文化的接受程度已经大大的超过了上一辈人,但他们同时也在尝试着寻找自身文化的根基,只有对本民族文化具有足够的认同感和自豪感,才会在文化的交流中真正形成一种"交流"的过程,而不仅仅是简单的接受。

星巴克进入故宫,以一种中性的角度分析,这是一种破坏了文化完整性的行为。故宫作为一个完整的历史文化遗产,我们去感受它历史的厚重,透过庄严的、金碧辉煌的建筑艺术形式来感受文化。置身其中,游客能够感受到的是一种沉浸在历史时空中的体验。我们对文化的感知不仅仅来自于视觉,还有听觉、味觉等等,在庄严肃穆的紫禁城里,虽然星巴克取消了所有了店外的标志,仅仅保留下了星巴克咖啡中英文的标识,这应该算是一种尊重中国文化的表现,但是当游客闻到星巴克独有的咖啡香味,进到店里听着星巴克里的爵士乐,这些文化冲撞是无法消弭的。而星巴克这样的一个现代美式文化的代表则使人们感受到了巨大的文化上的冲撞,对有历史责任感的人来说,这一不协调的现象是难以理解的。

奇怪的是,星巴克在故宫里也相安无事的经营了 6 年的时间,每一年故宫有近 700 万人次游览,4 000 多万人在 6 年的时间里都没有对这一奇怪的现象发出质疑,或者说质疑的声音根本无法进入公众的视线。但究竟是什么原因导致在 2007 年,这一问题的关注度出现了井喷呢?

网民的力量

互联网的发展创造了一个新名词:网民 Netizen,托马斯·弗里德曼描述了一个由公众意志主导的平坦世界,而如今,在 21 世纪的最初 10 年,互联网的广泛使用为全球人口最多的国家提供了一个全民参与的平台。公众意志的形成是一种自发的无组织的,他们相互之间形成强烈的刺激。

绝大多数网民通过互联网获取信息,面对数量众多的信息来源,网民有意识的选择优先连接的方式获得最有价值的信息。获取信息的基本原则是:①新信息是不断增长的;②新信息更有价值;③知名公众人物发布的信息更有权威性;④被更多人阅读的信息是有价值的……

这些基本假设形成了一种具有无标度性质的信息传播模式。这一无标度性表现在各个不同层级上的自相似性。核心节点的意见越能够和一般节点意见一致,越容易引起共鸣,即得到关注,进而吸引更多网民的注意力。这是一种自发演化模式。

2006 年,《世界是平的——21 世纪简史》描绘了一个在互联网繁荣时代的景象。而 21 世纪开始,中国的互联网发展速度令世界惊讶,互联网为这个世界人口数量最多的国家提供了一个全新的双向媒体平台,论坛、博客等信息发布形式为每个人提供了一个自由的信息发布和传播的平台。几年前,网易的一句广告词很好地形容了这一现象,"网聚人的力量"。在长期接受单向信息传播的中国人民掌握了互联网这一有力的信息传播工具之后,信息流动的速度更快了,每一个人都有了一个公平的信息发布和传播的机会,一个更大的群体意见形成机制逐步得以涌现。当一条新信息得到多数人的关注时,并且与大众的利益密切相关时,公众之间的相互思维激荡很快就能将有价值的信息推送到各个门户的头条。根据 DCCI 的统计,在 2007 年,中国网民的数量为 1.82 亿,CNNIC 的报告显示,到 2009 年末,中国网民的数量达到了 3.84 亿,在总人口中的比重上升到 28.9%。巨大的拥有共同文化背景的个体所形成的网民群体涌现出了更多的群体智慧。

在马尔科姆·格拉德威尔的《引爆流行》一书中,提出了踢爆点(Tipping Point)的概念,思想、言论、行为以及流行趋势往往会像传染病一样在某个特定的时间里流行起来。同星巴克故宫事件一样,在一个意见领袖的偶然推动下,具有同样潜在想法的人受到影响,进而开始作出正面的响应,促进信息的流动,最终形成一种群体性意志。

公共意见领袖的力量来自于:①代表了绝大多数的潜在意见;②公众知名人物;③能够更好地组织信息,更有利于信息的顺畅传播。而芮成钢恰好在这一事件里符合以上标准,成为真实意义上的"意见领袖"。首先,芮成钢是央视的著名主播,在一般公众中有较强的影响力;其次,文化保护的话题是公众民族认同感中的一个重要组成部分;第三,芮成钢采取了一些"实质性"的举动来引起了公众的注意,通过与星巴克高层的信件来往使公众意识到芮成钢在这一事件中将会担任起重要的先锋作用。

星巴克的中国之路

星巴克咖啡公司成立于 1971 年,是世界领先的特种咖啡的零售商、烘培者和品牌拥有者。旗下零售产品包括 30 多款全球顶级的咖啡豆、手工制作的浓缩咖啡和多款咖啡冷热饮料、新鲜美味的各式糕点食品以及丰富多样的咖啡机、咖啡杯等商品。此外,公司通过与合资伙伴生产和销售瓶装星冰乐咖啡饮料、冰摇双份浓缩咖啡和冰淇淋,通过营销和分销协议在零售店以外的便利场所生产和销售星巴克咖啡和奶油利口酒,并不断拓展泰舒茶、星巴克音乐光盘等新产品和品牌。

1987 年,现任董事长霍华德·舒尔茨收购星巴克,1992 年 6 月,星巴克作为第一家专业咖啡公司成功上市,迅速推动了公司业务增长和品牌发展。目前公司在北美、拉美、欧洲、中东和太平洋沿岸 39 个国家拥有超过 13 000 家咖啡店,员工数超过 145 000 人。长期以来,公司致力于向顾客提供最优质的咖啡和服务,营造独特的"星巴克体验",让全球各地的星巴克店成为人们除了工作场所和生活居所外温馨舒适的"第三生活空间"。与此同时,公司不断通过各种体现社会责任的活动回馈社会,改善环境,回报合作伙伴和咖啡产区农民。鉴于星巴克独特的企业文化和理念,公司连续多年被美国《财富》杂志评为"最受尊敬的企业"。1999 年 1 月,星巴克进入中国大陆,在北京国贸开设中国第一家门店。目前星巴克在中国大陆、香港、台湾、澳门开设了近 500 家门店,其中约 230 家在大陆地区。此外公司秉承在全球一贯的文化传统,积极融入中国地区文化,做负责任的中国企业公民。2005 年 9 月,公司出资 500 万美元设立"星巴克中国教育项目",专门用于改善中国教育状况,特别是帮助中西部贫困地区的教师和学生。其中首笔捐赠 150 万美元已经与中国宋庆龄基金会合作开展"西部园丁培训计划"。第二笔捐赠 60 万美元已与中国妇女发展基金会开展"水·妇女·健康与发展"项目。

2005 年底,星巴克在上海成立星巴克企业管理(中国)有限公司,主要负责星巴克大中华区战略发展、市场开拓和营运等事务。

美国星巴克大中华区董事长王金龙在 2009 年 11 月 25 日表示,中国将成为其除美国以外的下一个主要市场,并且中国区对集团的利润贡献今年将会增加一倍以上。据行业研究数据,2008 年中国的咖啡消费市场达到了 45 亿美元的规模。

事件的后续发展

星巴克故宫事件的发展速度超过了普通民众的预期,并且网民的力量得到了一次有力的体现,公众在一次社会事件中起到了积极的作用,连网民也开始惊叹自身力量的强大。此后,通过互联网,越来越多的公众事件得以被广大民众所接触,并且通过广泛的网民参与,使事件发展方向更能体现群体意志。

六个月的星巴克事件引起的关注度超过了星巴克任何一次广告宣传。在整个事件的进展过程中,星巴克实际上进行了一次很好的文化融合尝试。由于其在公关等方面措施得力,以及及时的危机处理策略,使星巴克品牌形象并未遭受到影响。

当芮成钢对星巴克的 CEO 提出质疑时,星巴克 CEO 给出的三点解释。而这每一条解释都是合乎逻辑的:第一,开店是中国故宫管理者方面的邀请,而并非自己主动要求进入故宫;第二,阐明星巴克尊重中国传统文化这一立场,这一来使网民的愤怒失去了矛头指向;第三,将故宫店门前的标志等与故宫氛围不协调的装饰全部撤去,证明自己已经在故宫的这一家店上尽到了文化保护的责任。这三点的提出以及后续的撤出故宫的行动,另一方面也是进一步证明了星巴克对中国文化的尊重与理解。这在情感方面得到了中国民众的支持,对于这种不同文化之间的冲突,中国网民保持了一种理性的态度,对具有不同文化的企业在中国的非恶意冲突,表现出了宽容与大度。

星巴克利用这一事件成功地提升了自己的知名度和美誉度。而在这一事件中的故宫方面则无法提出有力的证据来证明自身行为的合理性,唯一能够说出的理由是为游客提供一个休息的场所。美国的媒体对这一问题的评论则多少有点嘲讽的意思："（Starbucks）which opened in 2000 at the invitation of palace managers, who needed to raise money to maintain the 587-year-old complex of villas and gardens. The communists have been accused of failing to maintain China's vast inheritance of palaces, temples and other cultural sites and of seeking such UNESCO designations to promote tourism."（星巴克在2000年时受故宫管理人员邀请开设了门店。这些管理层的人希望通过此番合作来集资去维护这座有着587年历史的城院。共产党已经被指责没能保护好中国巨大的文物财产，以及没能成功寻求到如联合国教科文组织的遗产保护来提升旅游业。）

网民们对故宫管理者的质疑和批评已经超过了对星巴克这一事件主角的关注。在强大的社会舆论压力下，故宫方面不得不与星巴克提前终止了合约，并且承诺开启品牌化经营时代。

对于一个以负责任的形象出现的企业，在面对公众的质疑中，选择合适的时机退出紫禁城，这是网民的胜利，同时也是星巴克的胜利，中国的文化遗产是否也在这样的一个事件中得到了有效的保护？或许我们更应该重视的是在网民力量的推动下，提升文化保护意识。

讨论问题

1. 为什么中国这样一个没有喝咖啡传统的国家会成为星巴克的第二大市场？

2. 星巴克在故宫是不同文化的一次正面冲撞，为何从2000年进入时起，都未能引起足够的关注，却在2007年由一篇博文引爆了？

3. 网民作为一个群体，其公众意志是如何形成的？

4. 有人认为芮成钢是民族文化的保护者，也有人认为这只是一次自我炒作，你如何看待这一问题？

5. 星巴克从故宫里撤出，这是星巴克的成功还是失败？

6. 异质文化能否共存于同一空间？面对的风险和挑战有哪些？

7. 在星巴克撤出故宫后，故宫以故宫自有品牌为基础开发了一系列的餐饮（故宫拉面）娱乐、纪念品等，你认为这样的策略是否成功？

文化与管理的生动实践：
一家英国跨国公司在中国的经历①

案例导读

中国 MBA 毕业生卫晓明在 20 世纪 90 年代参与了一个大型中英合资企业的成立和运作。其有血有肉的经历揭示了国际商务活动中文化的深度、复杂、能量、生命和幽默，以及创造性地应用可行、有效的跨文化管理策略和方法的重要性。

BC 里的逻辑

故事的主人公叫卫晓明，是一名刚在英国一所著名大学读完 MBA 后不久的中国留学生。他虽然已在英国学习和生活了一年多，但是他对英国西方文化精髓的真正体验和领悟是从 1995 年元旦后加入英国的 BC 公司的第一天开始。

BC 是在欧洲名列前三名的跨国食品集团公司 EC 的一个子公司。EC 的总部设在英国伦敦；其子公司和业务遍及欧洲、澳大利亚和北美；拥有 5 万 5000 名员工；年销售额超过 40 亿英镑（约 500 亿元人民币）。EC 虽然是伦敦股票交易所的上市公司，但其 60% 的股份是由英国的一个亿万富翁家族所拥有。该家族在 1994 年的英国富豪榜名列前五名（第一是英国伊丽莎白女王）。其掌门人，人称"老板"，担任 EC 的董事局主席和行政总裁已有 25 年之久。

EC 很早就注意到了亚洲地区在 90 年代以来的经济发展势头，所以一直有

---

① 本案例由英国安格列拉斯肯大学商学院特里·缪亘教授及王炜博士编写。此案例仅作为课堂讨论的材料，作者无意阐明案例是否有效地应对了一个管理情景。为了保密，作者可能在案例中有意隐去了真实姓名或其他信息。未经书面授权，禁止任何形式的复制、收藏或转载。

意识地在积累它的现金储备。到 1994 年当"老板"把在亚洲投资建厂的大权交给 BC 的行政总裁皮特时,EC 已有 5 亿英镑的现金储备。"老板"之所以将此重任交给 BC,是因为 EC 的 50%的利润来自 BC;同时,用他的话来说,他"完全信任 BC 的管理团队"。他告诉皮特:"我们的远景是在十年内在亚洲建设起一个与现在的 EC 规模相当的另一个 EC。"

1994 年年底,皮特将 BC 的研究和发展董事托尼调任为"亚洲区发展总经理",让他具体负责前线的事情。托尼将他的办公室设在了香港中环力宝中心的第 42 层顶楼。BC 还雇佣了一家国际投资银行作为它的财务顾问以及一家国际律师行作为它的法律顾问。当然,BC 还需要精通英语和汉语、具有商业背景(最好有 MBA 学位)、愿意随时出差的年轻人做英中文化的"架桥人"。卫晓明就是在这样的背景下变成了 BC 的一员(面试是由 BC 计划与发展董事杰克和淀粉业务发展董事大卫以及托尼河 BC 人事董事分两次进行);他的正式职称是"业务发展主任"。

在 1995 年元旦过后上班的第一天,卫晓明来到了 BC 位于英国东部的总部。在一个号称"中枢神经"的办公区,他见到了他的顶头上司杰克,以及包括 BC 海外业务的运营董事约翰,财务董事,市场营销董事,人事董事等几位高级管理人员,一些中层管理人员和办公室人员在内的其他许多同事。之所以称为"中枢神经",是因为这里是 BC 的海外事务的决策中心。中午休息时,皮特还亲自从他的办公室来到这里与卫晓明握手,欢迎他成为 BC 的一员并询问了他的工作安排情况。卫晓明感到很温暖。

但在下午,卫晓明撞上了一位刚出差归来的、自我介绍为"安迪"的技术经理。当卫晓明自我介绍说自己叫"Xiaoming"时,安迪笑着说:"什么? 炒面!"卫晓明自己也笑了,因为他意识到安迪(以及其他英国同事)发汉语拼音的"X"有困难,以致将他的"Xiaoming"与中国餐馆的"Chowmian"混为一谈。所以他就此决定采纳安迪的建议,拥有一个英文名字"William"(威廉)。(虽然都是汉字,但英国人听着"威廉"不仅舒服而且能听得懂;而"晓明"则有被当作炒面吃掉的危险! 为了保证主人公的安全并使我们的故事能接着讲下去,以后我们就只能叫他"威廉"。)

威廉很快就注意到,他与皮特的握手以及安迪用他的名字开的玩笑都只是表层的东西。与他在国内一家国营企业供职两年的体验相比,在这个表层下BC 的工作环境体现着两个"很西方"(用威廉的话来说)的企业文化特点。一是这里的人不管职位高低,大家似乎随时都在为工作上的事情讨论、辩论,有时甚至是高声争吵。二是吵归吵,所有的人都随时会保持工作上的互相联系与互相合作;特别是,决策一旦在充分讨论的基础上做了,相关人员便会在行动上毫无保留地按照大家都已理解的决策去执行。

威廉记得在国内企业工作时即使是开会,大多数人都不愿意发言,主要是听听领导怎么说。来英国后,MBA 的每一堂课几乎都有分组讨论;而每一次威廉都不太愿意发表自己的观点。这一是因为总有英国同学勇跃发言,他觉得很难插上嘴;二是因为他不知道他的观点是对还是错,如果错了,他觉得很没有面子。况且他认为学位最终取决于考试成绩而不是讨论时发没发言。

但自从 BC 开始工作后,威廉越来越觉得张嘴表达自己的观点是在英国的企业环境里存活以至发展的最基本技能。根据大卫给威廉的介绍,BC 有一个以小麦为原料生产淀粉和葡萄糖浆的下属分公司。由于这个公司的规模比较小,难以与欧洲大的生产厂商在英国的市场竞争,所以 BC 考虑在中国为这个公司找一个发展的途径。具体来说,就是探讨是否能在中国找一个合作伙伴,建立起一个合资企业,并以此为立足点,寻求在中国市场的持续发展。

可问题是,对"中枢神经"这个龙蟠虎踞之地来讲,几乎一切都是未知数。中国市场对淀粉、葡萄糖浆以及其他高附加值的葡萄糖浆深加工产品的需求量及变化趋势到底如何? 中国的地域这么大,各类产品的用户到底在哪里? 如果找当地的企业建立合资企业,什么样的企业作为合作伙伴比较合适? 原料供应商,淀粉生产厂,还是已经在生产高附加值产品的企业? 另外,什么地方的企业作为合作伙伴比较合适? 最发达的上海和最不发达的农村原料生产区肯定不一样。与中国的同行业企业比较(尽管谁都没见过这些企业),"中枢神经"的头头脑脑们自信 BC 具有技术上的优势。但从初步掌握的资料看,中国的淀粉加工主要以玉米为原料;所以,加工过程的参数及所需要的设备是会有差别的。

而这些英国人就像是天生人人不光相信"真理是越辩越明"而且嘴的用途就是用来讲话的(而不是吃饭的! 怪不得英国的饮食文化没有中国的发达),不管是正式的开会还是非正式的讨论,没有一个人不张嘴的。可对于可怜的威廉来讲,他不仅对淀粉这一行业还没有任何经历和知识(几乎关于这一行业的所有技术术语他都是第一次接触),而且他的管理级别也比其他任何人的都低(他觉得提出不同的观点就有可能"得罪领导")。所以刚去 BC 的头一两个月,每次开会或讨论,他都不知道如何开口,以至于感到就像人人都在向自己扔"砖头"。随着压力的不断积累,威廉似乎觉得自己不被同事尊重,自信心开始大减,甚至有点自卑的感觉。

但进入第三个月后,有三件事让威廉终于人生第一次真正开了自己的口。一是有一次"中枢神经"的秘书(这里级别最低的人了!)在给杰克用计算机整理后者口述的一封信时,因为一个句子的英语语法与后者争论了起来。杰克耳红面赤,还说了不礼貌的话。可这位近 60 岁的英国老太太一点不让步,最终以杰克说"对不起,是我错了!"而收场。这件事让威廉领悟到,英国人不光是"真理是越辩越明"而且是"真理面前人人平等"!

另有一次,威廉因为第二天要与大卫一起出差到一个地方,晚上住在了公司附近的一家宾馆。在电视上看 BBC 的晚间新闻时,他看到伊丽莎白女王参观一所偏僻地区的小学。当女王步入一个教室时,一个六七岁的小女孩站了起来,一边向女王挥手,一边问她:"哈罗,你叫什么名字?"这件事使威廉意识到,不管级别高低、富贵差别,每个人首先都是一个"人"。而且,一个六岁的小女孩都敢向女王提问题,自己堂堂正正的一个大小伙如果还不敢开自己的口说自己的话,这辈子活得冤不冤?第三件事是有一次在开会讨论时,杰克注意到了威廉有点不知所措和自卑的样子;等散会后,杰克私下里告诉威廉:"如果我踢你,你也可以反踢我嘛。"

其实一旦树立了开口的勇气,并且注意寻找切入点(因为大家都是人,所以肯定会有我知道而其他人不知道的地方;特别是,威廉的汉语优势让他可以提前获得别人所不能获得的有关中国市场的信息),从一点一滴说起,积少成多,威廉很快就恢复了自信,喜欢上了自己的工作,并且感觉到越来越受到其他同事的尊重。毕竟,尊重是靠自己的努力赢得的,而不能等别人施舍给自己。

到后来,威廉就发现他真正融入了 BC 的"中枢神经"这个团体,因为不管他在听别人表达他们的意见还是他在表达自己的意见,他脑子里一直想着的是,这些意见里的哪些成分有助于实现这个团体的大目标,而不是这些意见绝对意义上的对与错。以前对"面子问题"的敏感也随之荡然无存。

至于 BC 的第二个企业文化特点（互相联系与互相合作），威廉记得在国内企业工作时虽然大家都不太愿意在开会时发表意见，在会后的行动中却各行其是，每个人都按照自己的理解去做事。这样的结果是，大家的辛勤劳动往往难以连结成一个有意义的整体，以至于经常出质量方面的问题，并且效率低下。在英国大学读 MBA 时，除了听课和偶尔的小组作业外，威廉的大部分学习时间都是一个人度过的。"书要自己读，作业要自己做，试要自己考"，用他的话来说。

但在 BC 的"中枢神经"，因为每个人都是这个团体的一分子，并且每个人做的事情都是为了实现这个团体的未来目标，所以大家做的事情都是相互关联的。另外，每件事情的完成都需要他人的配合与合作，对威廉来讲，他几乎找不出一件事是和别人没关系（至少是和一个同事有关，否则他做的事情就可以说没有工作上的意义）。即使是阅读一份别人的报告也不完全是自己的事情，因为最起码读完后威廉要给写报告的人一个反馈（比如，报告里哪些内容与自己掌握的情况相吻合，哪些又有出入，哪些是威廉以前不知道的但对他的工作却十分重要，等等）。如果威廉想阅读某个方面的资料，但不知从何下手，他必须向负责这一领域的同事咨询，以使后者能给他提供或者推荐相关的资料。

对"中枢神经"这个团体来讲，最能代表"互相联系与互相合作"精神的东西也许是一本日记簿了。威廉原来以为"日记簿"是一个人用来抒发自己一天生活感想的东西。其实不是。日记簿是用来保持与别人联系以及合作的工具。首先，这里的人每个人都随身携带一本日记簿（威廉当然也很快开始使用从秘书助理那里得到的一本），随时记入日记簿"哪一天"、"什么时间"、与"什么人"、就"什么事情"讨论。秘书老太太还有一本很大的日记簿，随时记录、更新着"中枢神经"近二十人在世界各地出差时的宾馆住址和电话传真号码，以使他们能克服时间和地理上的障碍，随时保持工作上的联系。

两个企业文化特点，一个是和说话有关，一个是和行动有关。但核心可用一个词来概括表达，这就是"逻辑"（logic）。威廉是从一个让他感到有点震惊的事情中领悟到这一点的。对 EC 来讲，有关中国的国际人事政策是一个新领域。为了帮助 BC 开拓这一领域的工作，"老板"从他的总部派了一个人事经理到 BC 的

"中枢神经"。可是仅仅两个月后,这位人事经理却离开 BC 又回到了 EC 总部。当威廉问杰克他为什么离开,杰克说这是因为他说的东西"不逻辑"(illogical)。

多年后,威廉意识到,安迪在他上班的第一天有意把他的名字"晓明"叫作"炒面"其实是一种逻辑扭曲(他与安迪前世无仇,后世无怨,安迪绝没有将他立马变成一盘炒面吃掉的意图和能耐)。这大概就是英国人(以至西方人)的幽默吧!

万里相爱于中国

三个月的煎熬与磨练后,威廉突然发现自己一下子变成了 BC 的"非常重要人士"(VIP)。这是因为 BC 决定派大卫和威廉打前哨,展开对中国淀粉行业为期近三周的考察与调研,并寻机物色合适的当地合资企业伙伴。

"中枢神经"的人管理级别再高,但除了威廉,没有一人具有汉语语言交流能力。而要实地前往中国并与中国人打交道,则几乎一下子什么事都离不开威廉,因为只有他才能将 BC 与中国具体连接起来。有同事因此开玩笑对威廉说:"你现在成了 BC 的中枢神经了!"(玩笑归玩笑,从"炒面"到"中枢神经"的转变使威廉觉得还是特有成就感。)

在去中国之前,大卫和威廉首先需要确定好在中国的访问和考察对象。大卫从他的信息渠道得知,一家德国淀粉设备制造公司正在打入中国市场,所以他和威廉一起去德国访问了这家公司。这家公司已在中国东北地区开始售出一些设备,也知道有当地的淀粉和淀粉深加工产品厂家在寻找国外的合作伙伴,所以答应安排大卫和威廉在东北访问几家公司。通过在中国的个人关系介绍,威廉还安排了对轻工部淀粉和发酵协会,农业部有关粮食生产的专家,以及位于北京和东北的几家大型食品或造纸企业(这些企业都是淀粉产品的用户)的访问考察。

由于 BC 是位于伦敦的英中贸易协会的一名成员,威廉还去了该协会的小图书馆。在这里,他看到一本很过时的、汉语版的中国公司年鉴。他注意到一家位于中原的生产食品调味产品(FI)的企业"CC"是中国食品行业的最大的企业之一。由于生产 FI 需要用淀粉作原料,所以威廉决定与 CC 联系。可年鉴里的电话号码已变,所以威廉只好通过电话号码查询业务找到了 CC 的总机,然后再找到了 CC 总经理办公室的传真号。没想到的是,在威廉给 CC 发了一个表达访问意向的传真后的第三天,他就收到了 CC 董事长陈焕庭发回的传真。他说 CC 一直在寻找一个西方的企业作淀粉生产的合资伙伴,所以他期待着尽快见到大卫和威廉。

由于秘书老太太通过英国的旅行公司只能订购伦敦与北京之间的飞机票,威廉用了他的一位北京朋友介绍的旅行社来安排他们在国内的宾馆住宿和机票订购。

一切就绪,就不需要等待西风了。大卫和威廉于 1995 年 3 月 22 日乘坐飞向东方的中国国航班机开始了他们的中国商旅。在对事先约好的政府部门和企业厂家的访问中,大卫一般要首先介绍 EC 的情况及在中国的发展远景,并提一些有关中国市场和行业方面的问题;威廉做翻译。但中方的反应有各式各样的。比如,北京一家造纸厂的两位高级工程师已将威廉在与他们联系时发的传真里列的问题作了详细的书面准备;而东北一家淀粉产品生产厂的十几名技术人员却一点自己的信息都不想透漏,只关心大卫给他们的一个技术难题找到一个详细的解决方案。

最让大卫难以理解和接受的却是与访问内容可以说一点关系都没有的事情。在沈阳时,又一次他们下午两点就结束了对一家 FI 生产厂的访问(因为该厂实在不是合适的合资伙伴)。可该厂厂长却不让大卫和威廉离厂回自己的宾馆,一直让他们等到晚上七点才把他们带到了沈阳一家"最好的餐馆",由该厂的十几名员工陪,宴请了他们。不管威廉怎样解释这是中方的好客,而大卫一直认为这是对他的"人权的剥夺"。4 月 1 日愚人节,威廉得知从沈阳至吉林的唯一一班航班被取消了(让大卫失望的是,这不是一个玩笑!),他们只好坐晚上的火车。由于是慢车,走走停停,他们一直坐了近 14 个小时。

好不容易到了吉林,虽然从德国公司热情安排的对所谓合资对象的访问中获得了不少有关中国淀粉行业的信息,但由于一家很大的法国淀粉产品公司正在东北活动,并考虑在此投资,大卫觉得尽管东北是中国的玉米生产重地,EC 只能不考虑东北。

但是,柳暗花明又一村。尽管从北京坐飞机至中原一省会,然后又坐了近 4 个小时汽车,他们对 CC 的访问却让大卫十分满意(不,一万个满意! 尽管路途曲折,颠簸劳累)。除了一路上司机大讲路两旁如何到了秋天便是一望无际的玉米外,大卫从第一次见到陈焕庭董事长就认定了他领导的 CC 是一个理想的合资企业伙伴。

在 CC 自己经营的宾馆里,大卫和威廉见到了陈董事长。五十多岁的陈董事长看上去非常放松、自信,充满了能量。陪同他的是一个在美国留过学的四十来岁的宋博士(当然精通英语了)。陈董事长介绍说,CC 八年前还是年产 400 吨 FI 的小厂,现已具有年产 12 万吨的规模,成为 FI 中国市场的领导企业,产品出口东南亚各国。他接着说,CC 从葡萄糖浆到 FI 的发酵技术是非常先进的,但其弱点是淀粉和葡萄糖浆的产出率低。如果 CC 与 BC 合资生产淀粉和葡萄糖浆,BC 在淀粉和葡萄糖浆生产方面的技术优势就可发挥,而 CC 则可以把合资企业生产的淀粉和葡萄糖浆作为原料来生产 FI。宋博士插话说,中国 FI 市场的年增长率是 15%～20%。陈董事长还介绍说,CC 刚从丹麦进口了一套淀粉生产的主要设备,如果 BC 对合作感兴趣,CC 可以等 BC 来中原一起建一个新的淀粉厂。

大卫和威廉于 4 月 7 日离开北京回到英国。来不及休息,他们便立即写了一个全面的对中国淀粉行业的考察报告,同时建议 BC 开始与 CC 谈判以寻求建立一个用 CC 已经进口的设备来生产淀粉的合资企业;如果这第一步取得成功,第二期就可以考虑进入其他淀粉深加工产品领域,同时扩大第一期的淀粉厂。

BC 的决策者们在仔细阅读、认真辩论大卫和威廉的报告后,认为他们的建议值得跟进。CC 在得知 BC 对淀粉厂的合资项目感兴趣后,决定推迟其原计划的淀粉厂建设以等待 BC。这就有了以后的八个月内一拨接一拨的 BC 人员来到中国对 CC 的各个方面进行考察,并同 CC 的有关人员展开讨论,而威廉几乎是每次必到,肩负着翻译与协调的重任。(之所以拉得这么开,是因为这些人除了中国,还要飞往亚洲的印尼、越南等国以探索在这些国家投资建厂的可能性。)

跑得多了,威廉当初奔波于省会机场和 CC 之间的新鲜感逐渐被一种冒险感所取代。7 月份一个烈日当头的一天,他们乘坐的汽车的一个轮胎跑爆了,可车里没有备用轮胎。他们只好在烈日下等了三个多小时才等到另一辆车。又有一次,由于北京至省会的飞机晚点,威廉等人在晚上才上路。当大家由于旅途疲劳和道路颠簸正酣睡时,车子突然停了,横在车前面的是一根大木头。当司机下车后,一帮当地的人马上围了上来,要司机付钱他们才肯搬掉木头。一直到司机说他车里载的是几名重要的"老外"时,这帮人才骂骂咧咧地将木头搬掉。威廉的一个同事事后说,这是一条"通往地狱之路"("the road to hell",这也是西方一个非常流行的歌曲名)。

鬼(地狱里的鬼,而不是游荡于旷野的鬼)才知道威廉的同事一点都没有乱说。因为如果上面的两个事件是出于偶然,那么威廉几乎每一次上这段路都要看到的交通事故便是必然的了。有一次,在靠近一个村庄的一个路段,他和托尼看到两个人相隔不到十五米,各自躺在一滩血泊之中。在车里,他们进行了一个深入的讨论,以求找到如此频发交通事故的根本原因。最终,托尼接受了威廉的结论:对于来往的车辆,当地人有一个与发达城市里的人不同的观念,即他们没有认识到,当人与车相撞时,失去生命的(也即进入"地狱"的)是人而不是车。

威廉对于CC所处的县城的感觉也越来越真切。污染是其主要特点。每一次快到该县城,他都远远可以看到从发电厂和蒸气厂的大烟囱里冒出的浓浓黑烟。当他进入县城时,空气的味道是发酵过的味道。当他在大街上行走时,五分钟内,他的衣领和鞋便变成脏的了。可是,当地人却在街道两旁的小食摊上吃饭,任凭过往的汽车卷起云雾般的尘土。傍晚,当地人喜欢吸着同样的空气在露天舞场跳舞。

CC的宾馆也没有威廉和大卫刚来时看上去的那么好。经过一天的长途旅行,大家都希望好好洗个淋浴。可是如果到达宾馆的时间不好,就洗不成,因为热水傍晚只供应两个小时。要打国际长途电话至英国,打电话的人只能用接待大厅里的电话,并且有服务小姐计时,大厅里的其他人做听众。餐厅里饭菜的种类很多,可由于几乎每个菜都加了CC生产的调味配料FI,所有的菜吃起来都味道类似。

当然,这一切都吓不倒也难不倒BC技术队伍的领队人大卫。用威廉的话说,大卫是个"天不怕地不怕"的典型苏格兰人。(罗马帝国时期,苏格兰人硬是将罗马兵团挡在了英格兰,这也让现代的苏格兰人有资格认为自己比英格兰人在天性里更勇敢一些;当然,足球比赛另当别论!)而 CC 的技术队伍是由一个姓张的三十出头的年轻人带队。张先生有大学化学系毕业文凭,曾在中原一个乡政府工作。陈董事长赏识他的才干,将他调入了 CC。大卫对张先生的印象很好,所以两支队伍经过几轮讨论研究,很快就淀粉厂的主要技术参数(包括玉米原料来源、电气供应、生产过程、设备及所需投资)达成了共识。

听到托尼和大卫一起向他保证,说新淀粉厂在技术上是合理的,杰克也访问了 CC。会计师出身的杰克想了解 CC 的财务情况,可陈董事长告诉他:"CC是一个国营企业,财务报告是为上级主管部门准备的。"他说杰克可以通过对 CC 厂房设施的参观来形成对 CC 财务状况的概念。他们还探讨了合资企业的股份结构。陈董事长认为 BC 和 CC 应各占 50%,以体现"公平原则",并说 CC将以进口的设备和现金作为自己的股本。杰克在给了陈董事长一份 EC 的年度报告后说,EC 有大量的现金储备,所以将以现金作为自己的股本。并说由于远在万里之外,BC 应占多数股份以获得一点应有的安全感。由于一时无法达成共识,他们决定将这个分歧留待以后再说。

吃饭时,杰克问陈董事长 CC 在过去八年的成功秘诀。陈董事长说:"政企合一。"杰克不理解。陈董事长举例说,当地税务局的人员是和 CC 的财会人员坐在一个办公室办公的!宋博士介绍说,陈董事长还是地区区委委员和全国人大代表。似乎要证明自己在当地的影响力,在杰克离开 CC 去省会机场的路上,陈董事长调了一辆闪着警灯的警车为他开道。

当然,杰克很清楚 EC 的投资决策是以财务模型来说话的。回到英国后,他就让"中枢神经"的一个管理会计师建一个淀粉厂的财务模型。总投资很容易地确定为 900 万美元(因为主要设备已被 CC 进口),可要计算效益需要许多来自当地的数据(比如玉米的购入价、电价、蒸气价等等),而这些只能通过威廉从 CC 的有关人员获得。好消息是,财务模型显示的投资回报率在第五年超过了 EC 的 20% 最低要求。

于是,在征得皮特同意后,杰克发出了邀请陈董事长和宋博士访问英国一周的邀请信。(当然,陈董事长做梦也想不到,以后我们也会越来越明白,他可以说是被"20%"这个数据邀请来英国的。)1995 年 11 月 12 日,陈董事长和宋博士抵达旗杆上飘扬着中英两国国旗的 BC 总部。皮特总裁亲自接见并详细介绍了 BC 的情况。随后,还安排他们对 BC 的主要工厂和研发中心进行了详细的参观,并在他家所在的小村庄的中国餐馆设晚宴款待客人。在听到陈董事长和宋博士是乘坐经济舱来到英国时,杰克立即安排秘书为他们买了商务舱的回程票。

也许是耳闻目睹了 BC 的经济实力和管理水平所致(以及 BC 盛情款待的影响),陈董事长和宋博士在随后与杰克和大卫的正式谈判中表示可以接受杰克提出的关于 BC 在合资企业占 51% 的股份的要求。

陈董事长和宋博士访英的高潮当然是他们被带往伦敦的 EC 总部面见"老板"了。威廉从未去过 EC 总部也未见过"老板",所以在火车上一直想象着 EC 总部的豪华和"老板"的阔气。到后他才知自己大错特错。因为 EC 总部是又小又简陋,而且"老板"本人穿着非常朴素,一点也看不出是个亿万富翁。(了解"老板"的大卫事后告诉威廉,"老板"平时走在大街上,从没有人会觉得他是个超级富翁。这和威廉所了解的国内许多未富先阔的人的风格形成强烈对比)。

"老板"先问了陈董事长一个个人问题。他说:"我听说 CC 是国有的,可如果政府不让陈董事长当董事长了,CC 会由谁来掌管。"陈董事长回答说,中国政府喜欢连续和稳定。"老板"然后将他的注意力转向淀粉合资项目的可行性。他说,根据 EC 的经验,由于淀粉生产所需要的技术不复杂,竞争很容易变得激烈,导致利润率很快下跌。陈董事长说,CC 在中国取得成功靠的是"滚雪球"的发展战略,即每次一小步但每一步都很踏实。"老板"没有直接对陈董事长说的作出反应,他问大卫:"欧洲的主要淀粉产品生产公司是如何赚钱的?"大卫回答说,它们都是靠集成式生产,即从原料生产淀粉,然后用淀粉生产高附加值的深加工产品。"老板"建议说,除了淀粉,BC 和 CC 也许值得再做一些工作以探讨加入一个淀粉深加工产品的可能性;这样,合资企业在中国就会有一个更强的起始点。陈董事长愉快地接受了"老板"的建议。

回到 BC 总部,皮特让杰克组织了一个内部讨论。大卫认为一个可用于医药和食品领域的淀粉水解结晶衍生物(SD)由于所需的技术复杂程度介于普通淀粉与最深度淀粉加工技术谱的中间,可能是最合适的打入点。大家都被大卫的"逻辑"所征服。当这一想法被告知陈董事长和宋博士时,他们说他们对 SD 几乎一无所知。在向中国打了几个电话后,宋博士说,中国确实有一家用从欧洲进口的技术设备生产 SD 的企业,效益还可以。大卫说,合资企业可以用淀粉厂年产的五万吨淀粉年产两万吨 SD,只是不知 SD 的市场需求情况。宋博士说,不管合资企业生产多少 SD,CC 都有能力将其销售掉,因为 CC 已有 FI 的全国销售网。

在杰克和大卫的建议下,皮特总裁随与陈董事长在他们访英最后一天的早上签署了一份意向书,决定 BC 和 CC 合作开展一个淀粉和 SD 集成生产线的可行性研究(涉及玉米原料来源、SD 的市场需求以及生产过程的设计),其结果将决定两家是否合作。

对玉米原料来源的研究,杰克认为威廉已可独当一面,他被派往中国三周开展此项工作。事实也是如此,一年来在 BC 学到的技能和知识、MBA 所培训出来的系统思维方式,以及他生来与中国的千丝万缕的联系,都使得威廉做起这项工作时有"水到渠成"的感觉。回到英国后,威廉写了一个全面的报告给皮特、杰克、托尼、大卫等有关人员,结论是合资企业不必担心玉米原料的来源。当威廉碰到皮特时,皮特赞扬了他的报告。

皮特希望尽快完成对 SD 的市场调查工作。托尼认为这可让 CC 来完成,因为 CC 了解中国。而杰克认为 BC 还不能过于依赖 CC,应该开展独立的市场调查。这项两周时间的调查任务最终也落在了威廉的肩上,但杰克给他配了一名曾在一家法国 SD 厂工作过的技术专家作助手,他叫尼古拉。他们的调查发现,中国虽然也有 SD 生产厂家,但大多数规模很小,技术设备落后,年产量只有几千吨;最大的一家在用进口技术和设备,年产量为一万吨;中国还没有外商投资 SD 生产。所以,合资企业如果能淘汰掉一些小的厂家,这有可能是一个机会。但要成功,合资企业需要引入大量的技术专业人才(因为用于医药的 SD 技术要求很高,而 BC 和 CC 目前都没有这方面的专业人才),同时需要建立一个全国性的 SD 销售网(因为用户到处都是,但每个用户的用量不是很大)。在香港停留的一天,他们完成了他们的报告。

但当威廉和尼古拉回到英国时,他们发现由于皮特调整了 BC 的管理结构并让约翰从此直接负责 BC 和 CC 的合资项目,他们的报告的主要阅读者便变成了约翰。由于约翰以前没有直接介入此项目,他让他的销售经理来读此报告。而后者既无 SD 销售经验也无中国市场知识,仅就报告中所提供的信息问了几个"逻辑"问题。

生产过程的可行性研究按道理应该是最直接了当的了,但却充满了曲折和险阻。首先,经过几轮在北京丽都假日宾馆的磋商,虽然两支技术队伍都认为他们必须选一家欧洲的设备厂商来设计 SD 的生产过程并供应主要设备,大卫想多进口一点以使合资企业具有技术优势,而张先生却质疑这样做的成本后果。最终,大卫建议说,为了保持技术优势同时降低成本,合资企业可以从 BC 低价购买几台二手但翻新过的离心机。CC 的技术人员认为这是个好主意。具体的操作程序是,BC 将几台离心机先卖给即将选定的欧洲 SD 设备厂,然后由后者将翻新过的离心机包括在它与合资企业的销售合同里。

可令谁也没有料到的是,1995 年年底中国外经贸委出台一个新的政策。政策说,1996 年 4 月 1 日后成立的外资企业将不再享受所需进口设备的免税,而且享受免税的企业的设备进口必须在 1996 年年底完成。这意味着,BC 和 CC 不但要在 1996 年 4 月 1 日前完成合资企业的成立,而且由于 SD 设备的设计、制造和运输需要近一年的时间,BC 和 CC 要在合资企业成立之前就要与欧洲的 SD 设备厂商签订购买合同!

以后的事情也确是这样发生的。为了加快进度,大卫建议由 BC 直接在欧洲进行 SD 设备厂商的选择与谈判,然后将结果通知 CC。CC 只能同意。几周后,大卫完成了与一丹麦厂商(ES)谈好的近两百页的英文合同文本。香港的托尼随后给了 CC 一周的时间来阅读并签署此合同。由于宋博士回美国了,陈董事长将任务交给了不懂英语的张先生。在一名刚毕业的懂一些英语的大学生"Josh"的帮助下,张先生打电话给托尼说,他需要更多一点时间。托尼的回答是"没有可能"。张先生只好签上自己的名字。

(Josh 当然有汉语名字,可他的中国同事都更乐意叫他 Josh。因为对中国人来讲,Josh 的英语发音不但比翻译过来的"乔希"更容易上口,而且直接发 Josh 可表明自己会说一点英语。所以以后我们就叫这个翻译 Josh,也可算作我们中国人重视英语的见证。如果有个别中国人的英语水平实在太低,不知怎样发 Josh,那么就发"搅事"。以后你就会明白,"搅事"不但发音比"乔希"更贴切 Josh,而且更符合这个翻译本人。)

由于合资企业最终还是有可能成立不了,BC 和 CC 还定期共同签署并向

ES 发一份传真,表示同意按照 51∶49 的比例承担如果这个购买合同在设计、转包和制造各阶段被取消的取消费。

当然,皮特仍需要一个能显示满意投资回报率的淀粉和 SD 集成生产线的财务模型才能得到"老板"对此项目的首肯。对投资回报率影响最大的是销售收入,可是虽然销售价格可用目前的市场价作参考,未来五年每年的销售量却难以预测。因为谁也没有在中国销售 SD 的经验,所以 BC 围绕 SD 销售量的争论十分激烈。最终达到了一个折衷的预测。威廉征求了 CC 的意见,后者还是老话:"不管生产多少 SD,我们都可以卖掉。"但当约翰将财务模型的第一版向皮特报告后,后者并不满意其显示的投资回报率。

在仔细研究了管理会计师搞的财务模型后,约翰觉得杰克在前一阶段与 CC 已经达成一致意见的淀粉副产品转让给 CC 的价格"太友好"(价格高一些,当然合资企业的投资回报率就会好一些)。他让托尼到 CC 与陈董事长就这个价格再次谈判,可不管托尼如何解释 EC 的决策程序,陈董事长不愿意再谈这个问题。在得到托尼通报的情况后,英国的约翰觉得最"逻辑的"办法是将淀粉厂从合资企业的项目中割出去,这样既满足了"老板"对深加工产品的兴趣,同时又去掉了淀粉副产品价格的谈判麻烦。在约翰将他的主意告诉皮特后,皮特说,在谈判时,你不离开谈判桌就不可能找到对方的底线。这样,约翰给托尼下命令,让他告诉陈董事长,BC 现在只愿意和 CC 合资 SD 的生产和销售,淀粉厂 CC 自己搞。他另外告诉托尼,"这下,CC 就会感到痛了"。

意识到这个做法不光让 CC 的淀粉进口设备白白浪费了八个月,而且 CC 还不能从 BC 学习淀粉生产的技术,威廉给托尼讲了他的担忧。可托尼让他清楚他是为 BC 还是 CC 工作。由于约翰让托尼告诉陈董事长,CC 要么接受 BC 的新方案,要么就没有合资企业,陈董事长选择了前者。

就像这些还不够乱,单独的 SD 项目投资回报率依然不能让皮特满意。约翰让大家想法"改进"财务模型。大卫随后将一些他认为不关键的基建用料(如不锈钢管等)由进口改为国产,而托尼则稍微提高了 SD 销售价和销售量的预测。当约翰高兴地准备将一个"令人满意"的财务模型向皮特作汇报时,威廉说他感到这个 SD 项目的最大风险在于 BC 和 CC 都没有这一领域的经验。而约翰说,"不要担心,这将是中国唯一的一个用最先进进口设备生产 SD 的合资企业"。

要成立合资企业,BC和CC得先完成签署"合资企业合同"、"合资企业章程"以及其他附属合同。这些听上去需要很长时间才能完成的事情却没花多少时间。这一是因为有关合资企业的大多数事宜,双方到这时已讨论和谈妥了;二是这些文件的准备工作是由BC的法律顾问来做的。双方同意合资企业的董事会由五人组成,三人来自BC,两人来自CC。另外,BC的财务顾问向BC建议说,对管理层的掌握比对董事会的掌控更重要。所以,BC提议董事长和副总经理将来自CC,而副董事长、总经理以及财务监管将来自BC。陈董事长高兴地接受了这一提议。

合资企业的总投资是1960万美元。其中注册资本为1800万美元,将用于基本建设,而差额160万美元将向银行借贷,用作流动资金。所以,BC和CC应认缴的出资分别为918万美元和882万美元。BC当然是以外汇现金的方式出资,可当谈到CC的出资方式时,宋博士提出为"人民币和财产"。BC的法律顾问说如果写"财产",则必须列清楚什么财产和价值多少。陈董事长解释说,比如土地,但认为没必要在合同中详列。当BC的法律顾问想进一步坚持自己的观点时,宋博士说我们没必要为这个细节纠缠,还有更大的事情需要我们一起去解决。

BC的法律顾问问:"什么更大的事情?"宋博士说由于合资企业的总投资超过了1000万美元的省级批准权限,所以需要向国家外经贸委报批。可他担心能否在1996年4月1日取得国家一级的批准文件。宋博士的这个信息让BC的法律顾问有点乱了阵脚,因为他对这么重要的规定竟然疏忽了,没有提前向BC说明。双方随后同意各自就此事再做一番研究后再在一起谈。

BC向其在北京"有关系"的国际财务顾问咨询,可后者说由于许多外商都想利用这最后的机会,所以在4月1日前在北京获批的可能性确实一点也没有。CC不久即告诉BC,他们想了一个办法,宋博士可飞往香港与BC的法律顾问等面谈。考虑到此事的重要性,约翰随后与EC的法律董事一起飞抵BC的香港办事处。

宋博士说他们可以将合资企业分为两个小合资企业来成立,这样审批就可在省级部门进行。而向省级部门申请,CC保证在4月1日前拿到一切批文。

BC 的法律顾问经过一番研究后说,在中国确有将一个大的项目分为小项目以获地方政府审批的先例。所以,BC 最终决定采纳宋博士的提议,将合资企业一分为二。在 BC 的法律顾问加班加点将两个合资企业的"合资企业合同"和"合资企业章程"准备完后,双方在深圳签署了这些文件。签字的证明人是地方政府的党委书记。

以后发生的事情只能用约翰的"miracle"一词("奇迹")来形容。BC 的法律顾问重新起草了 BC 和 CC 的"合作意向书"。两天之内,CC 组织人员用汉语编写了两个合资企业的可行性研究报告。在陈董事长和张先生的努力下,1996 年 3 月 25 日,省医药管理局批准了药业合资公司的申请,工商管理局对两个合资企业的名称进行了注册,省计委批准了食品合资公司的可行性研究报告;26 日,省计委批准了药业合资公司的可行性研究报告;27 日,省外经贸委批准了两个合资企业的成立,省人民政府发了批准证书,工商局发了营业执照;28 日,省税务局发了税务注册证明;29 日,省海关为合资企业发了海关注册证书。到此,合资企业成立所需的一切手续提前两天办完!

两天后的 4 月 1 日即是西方每年一度的"愚人节"。"愚人节",顾名思义是愚弄人的日子,可 1996 年 4 月 1 日却标志着 BC 和 CC 合资企业的"蜜月"的开始。

对大卫和其他的 BC 人员来讲,他们在合资企业成立之前就冒险与 ES 签订进口设备合同的举动是成功的;而张先生和 CC 的员工则为合资企业将为他们带来的声誉、工作和报酬而喜不胜收。陈董事长对地方报纸评论说:"我们很高兴找到了一个真正的西方大跨国公司 BC 作为合资伙伴。BC 将给合资企业带来充足的资金和先进的技术,这将保证合资企业的成功。""老板"对英国的《金融时报》评论说:"CC 的发展成就给我留下了很深的印象。我们相信 CC 是一个很强的合作伙伴,我们可以依赖它在整个中国发展起来。"

1996 年 5 月 15 日在上海香格里拉酒店举行的第一次董事会会议标志着合资企业进入运作阶段。会议通过陈焕庭和张先生为中方的董事,约翰、托尼和威廉为英方的董事,陈焕庭为董事长,托尼为副董事长。约翰告诉威廉,他作为董事的职责主要是协调双方的关系,并做一个"棘手问题解决能手"("trouble shooter")。会议还通过了中方提名的张先生为副总经理,一位当地税务局的副处长余先生为中方在合资企业的兼职财务代表，以及托尼在香港找的维特为合资企业的财务监管。由于托尼暂时在香港还没有找到愿意居住在 CC 的总经理，维特被通过兼任代总经理。

（余先生尽管实际职务为当地税务局的副处长，可为了表示对地方政府领导的尊重，CC 的员工都亲切地叫他"余局长"。孔子曰，入乡随俗，我们以后也就叫他"余局长"吧。）

董事会会议结束后不久，张副总负责制做了合资企业的公章；维特和余局长一起开了合资企业的银行账户。按照中国法律规定，合资双方必须在领取营业执照后的 90 天内向合资企业的银行账户注入至少 15% 的各自认缴的出资。可当 BC 于 5 月 20 日完成这第一次注资后，宋博士打电话给托尼说，由于 CC 现在需要自己建淀粉厂了，现金流动有点紧张，所以想以银行信用证(letter of credit)支付整个 ES 进口设备的方式来完成其认缴的 49% 出资额的注入。因为要付利息给银行，信用证其实比现金成本高，但可为 CC 赢来时间。约翰有异议，但合资合同说的是"人民币和财产"而不是"人民币"。托尼咨询了 BC 的法律顾问，后者说只要信用证是以 CC 的资产作抵押，这样的操作是没有问题的。BC 只好接受宋博士的提议。

合资企业的破土动工典礼选在了 1996 年 6 月 6 日。张副总解释说，这是"风水"里"六六顺"的一天。他以闪着警灯的警车开道，带领载着英国客人的车队进入 CC 所在的县城。街道两旁是由几百名手持鲜花的小学生组成的欢迎队伍；工地上有当地的军乐队在演奏。所有的英国客人都为这从未在英国见过的场面而感动。但当典礼进行了一半时，天开始下起了大雨。乐队只好停止演奏，省计委主任的发言只好缩短。约翰发言时开玩笑说，这雨是他从英国带来的。

晚宴上，省计委主任指着饭桌上切好的西瓜说，"圆"代表"圆满"，"红"代表"红火"，"甜"代表"甜蜜"，这就是他对合资企业的祝福！所有懂汉语的人都禁不住给他报以热烈的掌声。当威廉把他说的翻译给约翰和托尼等后，托尼用他现学的汉语亲自说："你讲得太好了！"大家也给托尼报以热烈的掌声。

毫无疑问，宴会桌上的气氛是"甜蜜"的，就像两人相爱……

家庭生活的风风雨雨

从 BC 的角度追溯起来，中国的"风水"完全是迷信，而约翰从英国带来的

"雨"才是真的。因为"六六顺"的破土动工典礼不光意味着 BC 和 CC"蜜月"的结束,甚至可以说是合资企业"走下坡路"(downhill)的开始。(又有谁能说,这个 downhill 不是大雨给冲出来的?)

这事得从维特说起。维特是生在加拿大的华人,受西方教育,但会说广东话。90 年代西方在中国投资热兴起后,他寻根来到广东,在一家香港公司开的小厂做会计已有两年了。被托尼招聘过来,待遇一下子跳到了跨国公司 BC 外派管理人员的标准(是其香港公司的两倍)。加上他四十来岁,仍是单身,所以很高兴前往中原农村地区的这个小县城。

合资企业的破土动工典礼后没几天,他便在 CC 的宾馆里建立起自己的临时办公室。他去工地上转悠时,发现这里已有很多人在搭建工棚、修筑临时道路。其中一人告诉他,他们是从 CC 被调入合资企业的员工。维特有点纳闷,因为他离开香港前托尼告诉他合资企业的员工将会公开招聘。所以他立即打电话给托尼报告了这一情况。

作为亚洲区发展总经理,托尼在成功完成 BC 和 CC 合资企业的成立后,被 BC 总部要求尽快在印度尼西亚成立一个类似的合资企业做立足点。所以他一直到 8 月 6 日才来到 CC 的宾馆准备和陈董事长谈此事。威廉也从英国赶到这里参加他们的会面。托尼开门见山地指出按照《合资企业合同》,合资企业的员工将从社会上公开招聘,可他听说 CC 已调了一些自己的员工到合资企业。陈董事长说确有此事,但如果托尼认为合资企业不需要这些人,他可以将他们抽回来。托尼这下有点急,说合资企业确实需要用一些 CC 的员工,但他的期待是合资双方能像一个团队一样,在采取行动之前先互相交换意见并进行充分的讨论。陈董事长回答说,他原则上同意托尼说的,可 CC 不可能等 BC 的人到了才做事。

托尼这下闹了个红脸,因为他到现在还没有搞定一个愿长期呆在 CC 宾馆的 BC 技术队伍(他一直在说服大卫干这个工作,可大卫已开始看清楚这是个苦差事,所以不愿意接)。威廉缓和气氛说,不管怎样,双方多交流沟通会有助于消除误解。

傍晚,托尼与威廉和维特三人在 CC 的宾馆一起吃饭。维特谈了一些他到达这里后的情况。他说 CC 调到合资企业的 Josh 现在是他的翻译(他的普通话只会几个词,所以要说英语给 Josh)。有一次他和 Josh 一起去买办公用品的时候,商店的售货员小姐问他发票上要开多少钱。他觉得奇怪,而 Josh 告诉他售货员小姐是为他好,并且这样做在中国是常事。维特还说,他一点也不明白当地人为什么喜欢生吃大蒜。"想想吃过后嘴里喷出的味道",他笑着说。威廉说因为中国人相信"蒜可治百病"。托尼最后建议说,维特必须自己摸索出在这里做事的方法。

由于炒菜吃的不舒服,威廉饭后自己散步走到了一家小面馆要了一碗面吃。与同桌的一位吃客聊天时,吃客谈到他的一个亲戚是 CC 的一名工人,并说 CC 已拖欠工人工资近两年了。当威廉把这个信息告诉托尼时,托尼只是说"难以相信"。

几天后,威廉来到广州参加将于 8 月 12 日在广州白天鹅宾馆举行的合资企业成立后的第一个技术会议。BC 的临时技术队伍由大卫和他的半个成员(一位年轻的工程师)组成。之所以是"半个成员",是因为按照托尼的安排,他要花一半的工作时间在印度尼西亚的项目上。之所以在广州举行,是因为大卫从伦敦飞了 12 个小时到达香港后,不愿意再奔波。住在白天鹅宾馆的费用当然很高了(每人每晚 300 美元),但他们和威廉的出差费用由 BC 承担。

相比之下,张副总带来参加会议的共有九人。由于他们没有买到足够的火车票,所以一拨坐了 36 个小时的火车,一拨坐了 48 小时的汽车,才赶到广州。因为他们前一晚住在每人每晚 100 元(约合 12 美元)的挺远的一家旅社,在开会的当天早上,他们坐了两个小时的公共汽车才赶到白天鹅宾馆。他们的出差费用当然由合资企业承担。

赶来参加会议的还有一名试用翻译冯先生。他是威廉的大学同学,正在深圳一家公司任职。威廉知道他英语好,特别是工程专业英语方面非常可靠,所以想试用他做翻译,负责 BC 和 CC 双方技术人员的沟通。在征得托尼的同意下,威廉和冯先生已谈好,一旦他在这次会议上的表现获得双方技术人员的认可,他将受聘于合资企业,同时享受 BC 将给他提供的额外补偿。

会议的议事日程有三项。一是由大卫介绍 BC 代表合资企业与 ES 就进口设备合同的谈判过程;二是由张副总介绍 CC 建淀粉厂的计划;三是共同讨论 SD 厂的建设问题。当大卫谈到 BC 将通过 ES 向合资企业提供五台翻新后的离心机时，一名 CC 的技术人员说合资企业应该只需要三台。大卫解释说，因为价格便宜，最好有两台做备用。张副总等表示理解。会议进展到第二项时，张副总只是说，SD 厂建成时，淀粉厂就建成了。大卫让他介绍一点详情，他说，"这与你无关。"

　　注意到张副总的态度问题，威廉建议会议开始讨论第三项事宜。大卫首先说他们需要搞一个详细的项目计划，而对国内供应商的考察和选择应由双方的人员联合进行。可张副总带着情绪说，CC 知道怎样建一个小小的 SD 厂，同时由于代总经理维特一不懂技术二不懂普通话，他自己作为副总经理，应负责对国内供应商的选择。看到张副总这样一个态度，大卫便也来了情绪。威廉只好打圆场说一个合资企业就像一个家庭，双方应尽量互相理解，为实现共同的目标添砖加瓦。可是，张副总似乎打定主意谁也不想听，会议只好提前结束。（唯一让威廉感到欣慰的是，大家都认为冯翻译是个好翻译。）

　　当广州技术会议的情况传到约翰的耳朵时，他说他简直不可以相信。他告诉威廉，他以为合资企业成立后，CC 将会按照《合资企业合同》的要求与 BC 密切合作，以力争达到财务模型所预算的目标。实际情况是，CC 要按照自己习惯性的愿望和方法去做事，而这是与 BC 没能及时地任命一名得力的总经理有关（维特很显然不能胜任）。经过讨论，BC 决定提名威廉任合资企业的总经理，以尽快将合资企业的运作纳入正规。CC 对威廉已经很熟悉，所以欢迎 BC 的提名。

　　威廉从 9 月 1 日起正式上任。可是尽管约翰希望他能带着全家在中原的省会立足，他爱人并不愿意带着刚出生不久的儿子回去，所以他就靠频繁的出差以及电话传真来掌握合资企业的运作。即便如此，由于威廉的背景和经历，他能够从合资企业双方的不同角度看问题，抓住大事情，并采取合适的行动措施，进而确实为合资企业带来了一个全新的开始。

　　首先，一有机会，他就向他的 BC 同事介绍中国的历史和文化背景，使他们逐渐改变对 CC 的期待。比如，在 9 月底确定参加在丹麦的 ES 举行的第一次技术会议的人选时，托尼的想法是张副总和两名来自 CC 的技术人员，而陈董事长最终确定的名单是张副总加上他的女儿（她在 CC 管财务）和一位当地政府的副市长。尽管从 BC 的角度看，这个做法很奇怪，可经过威廉的解释，大家最终都理解并接受了这个"中国的特点"。

可是维特的语言障碍，特别是张副总明显的与 BC 人员的不合作态度，却是威廉改变不了的。在没有任何 BC 人员参与的情况下，张副总与当地一家医药设计院谈了一份初步设计合同，并且只是在得到了陈董事长在合同文本上签了字后才把它拿给威廉看。威廉一看，整个合同价值 50 万元人民币，可设计院的"责任"一栏只是手填了不到 20 个字。当威廉提出自己的疑问时，张副总非常不耐烦地说："陈董事长是合资企业的法人，当然可以签合同。我和陈董事长保证这个合同没问题。"

回到英国后，威廉向约翰谈了这些情况。经过与香港的托尼在电话上商谈，他告诉威廉，托尼将召回维特，以使威廉可与 BC 的人事经理一起招聘一名精通英语和普通话的财务监管。可是，约翰不知道 BC 能将张副总如何。

威廉向他提议是否可说服陈董事长用一个姓黄的 CC 的技术人员取代张副总。这位黄先生曾在 BC 和 CC 的谈判过程中多次在 CC 的技术队伍里出现过。通过与其他 CC 员工私下里的谈话，威廉了解到在合资企业成立之后，由于张副总与黄先生和不来，陈董事长将黄先生调到了 CC 的一个分厂。由于他很年长，并且看上去很温和，大卫曾管他叫"温儒"。

（当然，大卫是没有这样的汉语文化水平而给黄先生起名"温儒"。"温儒"是当时威廉从大卫给黄先生的英语称谓"gentleman"翻译过来的。英汉字典里，"gentleman"一般翻译为"绅士"，可根据威廉对英国文化的了解，"绅士"完全是英国历史的产物，而中国没有英国的历史，如何产生"绅士"。所以，考虑到中国自己的儒家文化主宰的历史，更准确而贴切的翻译应该是"温儒"。更重要的是，在威廉给大卫这样解释后，大卫也认为将"gentleman"翻译成"温儒"有"逻辑性"。鉴于"逻辑"的力量，我们不妨就此接受"gentleman"的汉语翻译为"温儒"。）

威廉与陈董事长通过电话进行了两个小时的深谈。他首先阐述了他认为很重要的合资企业运作的几点原则，包括互相尊重、共同目标和密切合作，并举了 BC 决定把有语言障碍的维特用一个精通普通话的新的财务监管取代的例子。陈董事长完全同意他说的。威廉然后转到张副总不愿意与 BC 人员合作的情况，并举了他谈的 50 万元人民币的医药设计院合同。陈董事长说他确实让张副总在签合同之前要与 BC 的"技术专家们"商量。最后,威廉建议陈董事长考虑有没有可能用黄先生替换张副总当副总经理。陈董事长答应说他将做一些调查研究,然后在威廉下次来到合资企业后给予确切的答复。

同时,BC 的一位人事经理通过一家设立于香港的国际猎头公司找到了几位财务监管的人选。威廉回到中国后与 BC 在香港办事处的财务经理共同在上海面试了他们。尽管没有一个人完全符合他们的要求,他们最终还是决定选择其中的方先生,英文取名叫"萨姆"(Sam)。萨姆生于上海,近三十岁,已在上海的一家国营企业财务部工作了四年。他通过自费的业余学习已获得了中国会计和英语语言的几个文凭。尽管他的财务技能和英语技能还有待提高,但威廉对萨姆表现出来的进取态度很满意。按照 BC 的人事经理准备的聘任合同,萨姆年薪将由 BC 用美元支付(约为 15 万元人民币),外加四周的带薪休假期。

当威廉来到合资企业后,陈董事长告诉他,说他同意威廉提议的由黄先生替代张副总,但是黄先生最快在 1997 年元旦后才能来合资企业上班。威廉告诉陈董事长,BC 新确定的技术专家保罗(Paul)马上就可到达合资企业,并将长期居住在 CC 宾馆。他还说,在黄副总到达之前,保罗可通过冯翻译与 CC 的技术人员密切合作、开展工作。鉴于双方的技术人员对冯翻译的能力非常满意,威廉提议由冯翻译任项目经理,陈董事长表示同意。当威廉把这些得到陈董事长首肯的人事变动告诉约翰和托尼,他们都非常高兴。

近五十岁了,保罗仍是一个单身。他已在 BC 的淀粉和葡萄糖浆厂任高级技术经理多年。约翰鼓励他多在合资企业呆,而保罗每在合资企业呆一天,他都会有按每月 1000 英镑来计算的"受苦补偿"。但最低要求是,他每次必须在合资企业呆四周,然后才能回英国工作两周。

为了表示对威廉的支持,陈董事长还在 CC 的会议大厅召集合资企业的全体员工开了一个动员大会。在会上,他正式介绍了保罗,并要求合资企业员工听从总经理威廉的领导,云云。当晚,陈董事长让他的办公室主任安排威廉和保罗与他一起去了 CC 的歌舞厅。威廉唱了一曲《在水一方》,陈董事长既没有唱歌,也没有跳舞。他的办公室主任告诉威廉说,陈董事长很少陪人来歌舞厅。

就是在这样的和谐气氛下,第二次董事会会议于 1996 年 11 月 20 日在省会的假日宾馆召开。在开会的前一个晚上,约翰与陈董事长进行了一个私人会谈,他想说服陈董事长将张先生调离合资企业的董事会,以防他对威廉的工作造成不利。可陈董事长直截了当地告诉他,BC没有权利干涉CC让什么人进董事会。

在董事会会议上,威廉回顾了合资企业取得的进展,并介绍了新的项目计划,新的项目预算,新的管理结构以及正副总经理的财务审批权限。这些都被董事会通过。董事会还为威廉设定了工作任务:"按照通过的预算按期建成工厂,生产出合格的产品,销售完所有的产品,以为合资企业带来利润。"

当会议讨论完议事日程上的事宜时,陈董事长突然变了一个话题。他说BC需要向合资企业注入更多的资金。约翰说,BC刚完成其第一次注资,下次什么时候再注资取决于工程的进度。陈董事长让张董事说说情况。可就在张董事要张嘴说话时,约翰和托尼意识到他们必须马上离开会议去赶乘飞机。最后一分钟的董事会决议是,威廉将与萨姆和余局长一起搞清合资企业的现金流动要求,以帮助约翰决定什么时候注入新的资金。

其实,从威廉三个月前一当上总经理,他就开始运用财务预算和项目计划两个工具(他在读MBA时学过这些)对合资企业的"事"进行全面的掌控。

首先,当时的张副总已嚷嚷着说,工厂的基本建设费将会超过预算的1800万美元而达到2200万美元。超支400万美元,这是BC无论如何也不能接受的,约翰告诉威廉。经过一系列由保罗把关,并由所有相关人员参加的刨根问底式的会议讨论,到第二次董事会会议前夕,威廉重新预测的基本建设费为2050万美元。与原来预算的1800万美元相比,重新预测的数字包括430万美元原预算中漏掉或估计过低的东西以及180万美元原预算中估计过高的东西。而前者还包括净差值约100万美元的大卫原来估计为国产而保罗现在发现必须进口的设备和材料(如不锈钢管)!

同时,由于保罗的到来和冯经理与当地技术人员的有效沟通,他们有了一个比较可靠的项目计划。有当地的土建工程师指出,在马上就要到来的冬季,水泥路面的铺设将不能再进行。保罗说,至少需要四个月时间才能完成用进口的不锈钢板加工大型储罐的任务,另需四个月时间才能将这些储罐和其他设备吊装在土建结构上。可是,到1996年10月底,合资企业还不知道中国的哪些公司可以做罐加工的业务。威廉便作出决定,让保罗立即与有关技术人员一道对加工厂商进行考察访问。这也是为什么在第二次董事会会议上,威廉将试生产的时间计划在 1997 年 12 月底(而之前的张副总估计 1997 年夏天即可试生产)。

按照第二次董事会会议的最后一分钟决议,威廉开始与萨姆和余局长密切合作,以董事会会议通过的重新预测和项目计划为基础,确定合资企业下一阶段的现金流动要求。萨姆和余局长两人的工作风格完全不一样(尽管都是中国人),一个用计算机和专业财务软件来算账,一个用自己的头脑和算盘来算账。然而,两人都得出结论,合资企业需要马上注资。

为了稳妥起见,约翰决定在进行第二次注资之前,让 BC 在上海的财务顾问派一名金融会计师前去合资企业的银行进行一番核实,以证实 CC 确已开了合格的银行信用证来作为其注资的方式。经过与银行有关人员的周旋,该会计师发现 CC 确实开了用于购买 ES 进口设备的信用证,可信用证是以合资企业的财产而不是 CC 的财产作抵押。按照张董事(他有一个亲戚在此银行工作)的解释,"这在中国是正常的做法。我们是在用合资企业的钱作抵押为合资企业进口设备。"

当然,BC 是绝不会接受这样的"正常"做法的。经过一系列来自 BC 的高层以及 BC 的财务和法律顾问的压力,这个事情最终以陈董事长、托尼和威廉分别代表 CC、BC 和合资企业联合签署一份送往银行的备忘录而解决。该备忘录明确陈述,信用证的全部责任都由 CC 承担。

事后,当威廉碰到陈董事长,后者抱怨说:"你们英国人都是教条。"

这次信用证事件让 BC 意识到,必须加强合资企业的财务纪律。萨姆在随后的内部审计过程中发现,有一笔 5 万元的现金付款不符合现金支出的程序,而收款对象是当地的医药设计院。威廉立即想到张副总与此设计院签订的 50 万元初步设计合同。这 5 万元支出是不是设计院给张副总的回扣呢? 威廉只能猜测。

可有一个涉及余局长的问题却几乎是铁证如山。好几个月以来,余局长代表几名"外聘顾问"签收了每月的顾问费,可当威廉问他这些顾问的背景以及他们为合资企业做了什么事时,余局长却支支吾吾说不清楚。威廉把余局长的问题报告给了陈董事长,可陈董事长一点不以为然,并说威廉这样做不仅用不好余局长还会伤及他的"关系"。他还提醒威廉说,余局长在他手下可是"一只小老虎"。威廉想不通,最终以初生牛犊不怕虎的精神将这些"顾问"从工资单上全部划掉了。

一个更普遍的问题却是,许多员工不断地从合资企业支取现金,可从不及时将报销凭证与支取的现金对冲,以致有的现金借出已有半年多了。同时,据威廉观察,一旦这些员工将钱借出,这钱就几乎变成他们的了,因为几个月后他们总是可以拿回各种各样的发票(许多是假的)。而到那时,谁也无法搞清楚他们用钱的故事是真的还是假的。威廉因此决定,在没有将以前借的钱报销冲账之前,任何员工不可以再从合资企业预先支取现金。

更奇怪的事是,最先到达合资企业工地的国产设备配件是一大堆电缆线,并且保罗发现买的太多了。威廉问签合同的张董事(他当时是副总经理),他说威廉应该去问把技术关的电器工程师;而当威廉问这位电器工程师时,他说这一切都是按照"领导的指示"办的。

进入 12 月,合资企业从一家香港的进出口公司收到一份传真,说有一批进口的不锈钢管将被运往合资企业。这些不锈钢管被大卫划分为国产材料,而张副总重新将它们划分为进口材料,然后让 CC 的进出口部负责进口。可保罗在传真上注意到,即将运给合资企业的不锈钢管比原来要求的要低一个级别。威廉将此事捅到了陈董事长那里。陈董事长叫来 CC 进出口部的头询问了情况,最后让他取消了这个进口合同。可后来,这位 CC 进出口部的头对威廉说:"你得小心,否则我会赶你走。"当威廉把他说的话告诉陈董事长,陈董事长没说什么。

建筑工地上,主厂房的框架已建成。可是,土建队的头说,ES 还没有提供大型容器基座的技术信息,使得厂房的分段建设无法进行。威廉拿起电话打到丹麦的 ES 技术经理,后者说这些信息早已提供给合资企业。威廉问冯经理,冯经理将他带到一个临时工棚。在这里,他看到了尘土覆盖的一大堆来自 ES 英文资料。"天哪,这么一个几千万美元的工厂仅在靠一个翻译来翻译所有的英文资料!"威廉立即决定聘用一批专门于各个领域的翻译协助冯经理的工作。

保罗还发现,合资企业需要一些外籍工程师在土建建构、机械工程、电器仪表和建筑装修方面提供支持服务。威廉随后开始与几家香港的工程咨询公司接触、谈判。

有些事情却让威廉或忍无可忍或哭笑不得。有一次，当一个司机被通知带几个合资企业的技术人员到 CC 宾馆参加与 ES 的技术专家的很重要的会议后，他却开着公司的车送自己的朋友去了。威廉批评并警告了他，他却说他是从 CC 调到合资企业的，威廉解雇不了他。威廉只好宣布开除这个司机，并通知萨姆将他从工资单上除去。又有一次，有一个小姑娘拿着一个条子来找威廉。条子是张董事写的，上面说这个姑娘是 CC 的党委书记的一个亲戚，希望威廉给安排一个工作。威廉只能说安排不下了。还有一次，一个炊事员的助理告诉威廉，他得了肝炎，不能在炊事班工作，要求到采购部工作。尽管他没能到采购部工作，这个事件提醒了威廉对采购部的工作进行了一番调查研究。他发现，采购工作可以说是整个合资企业最好的工作，因为用公司的钱买东西，采购员几乎总可得到一定的回扣。

尽管事情很多，结合他 MBA 所学的知识，威廉清楚地认识到这一切的根源在于没有建立起系统、有效的工作程序。或者说，由于受 CC 国营企业文化的影响，合资企业在人员、工作、表现和报酬这几个方面没有合理地匹配起来。

在与采购部经理、财务部监管以及其他相关经理们进行一对一的讨论并广泛地征求了各方面意见的基础上，威廉为采购部制定了一套系统的工作程序。其核心是集体决策，即购买一样东西，不是一个人说了算，而是各司其职，各把其关，互相制约，共同承担。由于体现了团队精神，个人腐败的机会就被大大地减小了。工作程序里还包括对个人责任的定义和对个人表现的评估，以及把奖金和表现挂上钩的机制（CC 的奖金是人人都有，而且人人一样）。

按照同样的办法，威廉还为其他各部门制定了系统的工作程序，并将所有这些整理成一个文件，命名为《合资企业各部门工作程序》。然后，他拿着这个文件去见陈董事长。陈董事长翻着文件看了几页后，在最后一页签上了自己的名字。

最后，威廉将有董事长和总经理签名的《合资企业各部门工作程序》复印并发放到了每一个员工手里。

这样，仅仅四个月的时间，威廉就使合资企业踏上了一个健康的发展道路。他的 1996 年圣诞节当然也过得非常开心。

但从 1997 年元旦过后的第一天开始，合资企业的几乎一切就都由不得他了。这可从三个方面来概括描述，分别涉及一个人，一批设备和一个企业部门。首先，他做梦也没有想到，他自己请来的看上去像个"温儒"的黄副总竟是一个"瘟神"。（黄副总当然是一个人，而不是一个神。"瘟神"只是对威廉来说，而陈董事长决不会视他为"瘟神"。所以，叫他"瘟神"是免不了带有个人偏见的。）

在黄副总到合资企业上班的第一天，威廉从英国打电话给他，欢迎他加入合资企业，同时让他组织技术人员，包括保罗和冯经理，一起对国内的供应商进行考察，并将考察的情况通过传真传给他。他随后还给黄副总传真过去董事会通过的管理结构和正副总经理财务审批权限的文件。三周过去了，威廉没有接到一个来自黄副总的传真，却接到了托尼从香港打来的电话，让他立即改善保罗的处境。托尼说由于黄副总将冯经理的直拨电话线掐断了，而 CC 电话系统的接线员不能说英语，保罗无法与冯经理联系。

当威廉于 2 月 12 日抵达合资企业时，黄副总还没有结束对国内供应厂商的考察，但他没带保罗和冯经理。保罗告诉威廉，自从黄副总到达合资企业，他在合资企业的日子几乎没法过。除了将冯经理的电话线掐断外，黄副总还将合资企业的所有车辆，包括保罗和 BC 人员的专用车，归于他的统一管理。他还宣布，没有他的批准，任何司机不可带人去外地出差。冯经理告诉威廉，黄副总到达合资企业后还开会说，只有他才可以与总经理威廉、保罗和其他来自 BC 的人员进行联系。威廉又找了几个员工谈话，他们似乎都不太愿意说什么。

等到黄副总回到合资企业，威廉立即找他谈话。在首先向黄副总阐述了自己对合资企业远景的看法后，威廉问他为什么要掐断冯经理的电话线。他说，陈董事长让他到合资企业后狠抓日常开支。因为陈董事长感觉到，从 BC 人员出差时选择高级宾馆住的情况来看，BC 对产品成本好像不太在意。威廉说，他可以理解陈董事长的观点，但是 BC 人员的出差费用是由 BC 承担的，与合资企业的产品成本没有关系。

看着黄副总似乎听懂了他说的，威廉将话题转到工作汇报关系上。他说他必须随时了解合资企业的整体情况，以便决策，而这意味着他需要与其他管理人员联系。可黄副总带着很大的情绪说："我是你的副手，你必须相信我。如果你让其他人给你汇报工作，就意味着你不相信我。"可不管威廉怎样向他解释，工作汇报与个人信赖完全是两回事,黄副总都坚持只有他才可以向威廉汇报工作,而其他人都得向他汇报工作。威廉想:"我的上帝,这不又是一个张副总吗?"

第二天早上,威廉简单地向香港的托尼报告了黄副总的问题。托尼提醒威廉说由于黄副总是威廉推荐给陈董事长代替张副总的,他必须自己去处理这些问题。威廉决定与陈董事长商量此事。当他告诉陈董事长黄副总不同意董事会通过的管理人员工作汇报结构的文件,以及掐断冯经理的电话线使得他与保罗无法联系的情况时,陈董事长像往常一样,一边抽烟一边耐心地听着。等到威廉说完,他说,"你指望靠一两个文件管理一个企业吗?"威廉说,"没有,但这是个重要的开端。而且一旦我们大家都同意,那么每个人都应按文件所说的来行动。"陈董事长笑了,但没有说什么。想了一下,陈董事长接着说,他听说合资企业的电话费用很高,如果威廉不能很有效地控制合资企业的开支,他就成不了一个称职的总经理。

他们这样说着,威廉突然意识到他其实不可能在一个具体的事情上得到陈董事长的直接支持,因为他们的整个思维哲学似乎是不一样的。

几天后,威廉让萨姆将有关国内供应合同的情况给他搞一个汇总。他们发现黄副总在没有咨询保罗的情况下实际上已越权签订了好几个大的合同!他立即召见黄副总,问黄副总是否阅读了第二次董事会通过的正副总经理财务审批权限文件。黄副总说,他读了,但认为这个文件不现实。威廉问:"为什么?"他解释说,如果他带着保罗一起出差并将情况传真到英国的威廉,要浪费很多时间。威廉说,发一个传真到英国只需几分钟时间,而且保罗的参与对于供应厂商的技术评估至关重要。可黄副总坚持说,"这不方便。"他接着说,陈董事长告诉他保罗对国内的情况不熟悉,所以让他尽量以最低的价格购买国产设备。

威廉这时已很清楚,没有意义再继续和黄副总辩论他已越权这一事实。另外,他感到合资企业的混乱处境已非常严重。他立即打电话给香港办事处找托尼,可托尼正在印度尼西亚的一个小岛上搞一个新的项目并且电话无人接。绝望之中,他打电话给英国的约翰,约翰说解决问题的最好办法是召集下一次董事会会议。他让威廉草拟一个议事日程,并与陈董事长敲定一个时间和地点。

第三次董事会会议最终于 1997 年 3 月 7 日在北京王府井饭店召开。之所以选择这个日期和地点,是因为陈董事长要在北京参加每年 3 月份召开的全国人大会议。这天,陈董事长在下午请了两个小时的假,赶到王府井饭店参加董事会会议。对总经理威廉来讲,除了陈董事长的时间限制外,另一个不好的征兆是约翰派了新加入 BC 的海外业务财务董事代表他参加会议。在托尼宣布董事会会议开始后,陈董事长提议邀请黄副总和宋博士列席会议。BC 的董事们接受了他的提议,可他们万万没有想到,由于议事日程上的一项关于丹麦进口设备的事宜,列席会议的黄副总和宋博士将成为这次会议的主角。

要想将丹麦进口设备这个使威廉大伤脑筋的第二件事说清楚,我们得先回到进口设备到达上海港的 1996 年 11 月。

按照《合资企业合同》,进口设备的过海关一事是由中方负责的。陈董事长让威廉把这事交给张董事。在上海呆了一周后,张董事回来说他需要从合资企业预领一大笔钱,以活动关系进而取得海关人员的配合。他还让 Josh 一个人带了一些重要的报关文件到上海。可几天后,Josh 哭着回到了合资企业,说他在火车上将所有的文件和身上带的钱都丢了,以至遭了很大的罪才算回到了家! 由于上海海关拒绝再出一套报关文件,陈董事长决定在省海关报关,因为那里有他的"关系"。也许是陈董事长要挽回 Josh 为 CC 丢的脸面,在张董事的提议下,陈董事长宣布将"搅事"从 CC 开除。

(尽管 Josh 早就从 CC 调到了合资企业,陈董事长认为他搅的事是 CC 的事而不是合资企业的事。从这里我们也许可以窥探到陈董事长的思维哲学。)

到 1996 年 12 月底,所有的进口设备都到达了上海港并随后被运到合资企业工地。由于冯经理的有效协调,省海关的报关非常顺利。可当省商检局对这些进口设备进行开箱检查时,两个十几米长的真空罐、三个大型结晶罐和五个离心机因被鉴定为有质量问题而得到了"不准许使用"的通知。威廉打电话给丹麦 ES 公司的技术经理,后者解释说 ES 计划在合资企业工地对真空罐的焊接点和结晶罐的底部进行最后的磨光工作。但当谈到五个离心机的问题时,他在电话里笑了起来,说这是 BC 原来就想要的。威廉问他什么意思,他说威廉应该去问自己的老板。威廉打电话问香港的托尼,托尼说在大卫与 ES 谈判进口设备合同时,他按照约翰的指示与 ES 在这五个离心机上谈了一笔可让 BC 净赚 10 万英镑的小生意。威廉立即感到这对合资企业可能会带来伤害。

　　第三次合资企业董事会会议就是在以上的背景下在北京召开的。当黄副总和宋博士被叫进来以后，陈董事长说："让我们谈一谈进口设备的事吧。"因为托尼作为副董事长正在主持这次董事会会议，他红着脸说："让我们按议事日程来吧。"而陈董事长说："还是让我们谈一谈最重要的事吧。"他接着让黄副总发表看法。

　　黄副总看上去非常愤怒的样子。在详细描述了两个真空罐和三个结晶罐的质量问题后，他说："五个离心机是工业垃圾。我从没有看见过如此糟的进口设备。我们的技术专家估计说一个电机是五十年代制造的，可有制造日期的铭牌被油漆盖上了。控制板是六七十年代的产品。""我已在中国找到类似的全新的离心机，其价格是进口价格的 20％"，黄副总接着说。他还说由于真空罐和结晶罐的土建工程基座已经完工，ES 必须对由此造成的吊装工作延误进行财务赔偿。

　　这时，陈董事长拿出一些从当地报纸上剪下来的报道。报道说，一个当地的国企被一个欧洲的设备供应商欺骗了。他说，虽然报道没有明确说是 CC 被骗，CC 的名誉已受到负面影响，因为很多人都知道所涉及的当地企业是 CC。

　　托尼这时表达了他的观点。他说他对商检局发出"不准许使用"通知感到失望。但是，ES 原本计划在合资企业工地上进行最后的磨光工作，而五个离心机原本就是二手翻新，所以不能和全新的比。张董事这时开口说到："翻新的离心机应该看上去和新的一样，要不然翻新有什么意义。"托尼没有就张董事的论点直接回应，而是说他认为合资企业在进口设备这件事上有两个目标需要达到。一是消除这件事对 CC 名声的负面影响，二是要使 ES 承担，以及时修正这些设备的质量问题，并且保证不影响合资企业将于 1997 年年底进行试生产的目标。

　　宋博士这时插话说，他认为合资企业应该开始采取针对 ES 公司的法律行动。他接着说，不论以后的事情如何发生，他看不出来 ES 就这个事件对合资企业工程进展以及 CC 名声的负面影响如何能逃脱财务补偿的责任。让威廉对宋博士进一步刮目相看的是，他说他已从一个北京律师事务所带来了几名律师，如果董事会愿意，可马上与这些律师讨论。就在这时，陈董事长的秘书进来说，陈董事长必须马上回去参加人大的会议。所以，董事会在接下来的五分钟内通过了两项决议。一是由威廉带领一个有宋博士和黄副总参加的合资企业队伍与 ES 谈判；二是在陈董事长离开后，其他董事留下来与这些律师讨论。

对威廉来讲，与律师们的会议完全是浪费时间，因为他知道 BC 绝对不可能与 ES 打官司。然而，他和托尼以及约翰的代表还得假装对 ES 的行为感到愤怒，并在考虑采纳律师们的建议。当他们与律师们的会议结束后，威廉感到极为疲惫，因为这次董事会会议不仅没能解决甚至缓解他工作中已有的问题，反而给了他又一个难题。

那个周末，威廉飞回了英国。星期一上班，他的第一件事就是与 ES 负责合资企业进口设备合同的经理取得联系，并一起确定将于 3 月 31 日在中原的省会谈判。

代表 ES 赶到中国参加谈判的是其拥有商务授权的技术经理，以及 ES 上海办事处的一名香港籍工程师。尽管威廉是合资企业谈判队伍的头，他很清楚他必须在谈判的过程中非常小心，要不然他的总经理工作就没法再做下去了。比如，当宋博士在会议前即建议说应该邀请商检局的人员一起参加时，威廉虽然没有在众人面前直接反对他，却在私下里说服他这样做可使谈判更加复杂化。当 ES 的技术经理说黄副总是他的钱包的扒手时，威廉只好表明他的态度："你是一个傻瓜，还是什么？"

在愚人节的这一天，合资企业与 ES 达成协议并签署了一个备忘录。ES 同意将两个真空罐和三个结晶罐负责运到其在上海的修理车间进行全面的修理。对于五个离心机，ES 同意将旧的电机和鼓风罩全部用新的取代，并更新控制板。备忘录里还说，对于这些设备问题是否造成了真空罐和结晶罐定位吊装工作的延误以及合资企业是否有权就这一问题向 ES 索赔，双方没有达成协议。

当托尼收到了该备忘录的传真时，他向威廉表示祝贺。四周后，ES 通知合资企业说修理工作已经完成，希望合资企业安排商检局的官员来上海重检。约翰和托尼听到这一消息后非常高兴，但是威廉知道他必须先面见陈董事长。

在说威廉面见陈董事长之前，还得说一下第三件让威廉感到无能为力的事，这就是市场营销队伍的建设一事。

在威廉走马上任总经理一职不久，他就向约翰指出，这个合资企业的最大弱点是缺乏市场营销能力，所以合资企业必须立即着手开展这方面的工作。而约翰却说威廉首先应该考虑将新的工厂建设好。

尽管如此，威廉还是主动开始建设市场营销队伍。首先，他让陈董事长向他推荐几个医药领域的销售人员加入合资企业。陈董事长向他推荐了他的私人医生的丈夫。这位先生在一个国营医药公司当过文书。威廉给他的第一个任务是搜集当地使用 SD 的医药公司的信息。三周过后,威廉发现他什么信息也没有收集到,而他给威廉的理由是他不知道这些公司的电话号码!

带着对这位先生的消极态度的失望和对陈董事长的推荐能力的怀疑,威廉开始了一个面向社会的新做法。在合资企业员工的介绍下,他遇到了两位刚从一当地大学市场营销系毕业的大学生。他们身上的两个特点使得威廉决定聘任他们为合资企业的市场开发代表,每人每月收入 1 000 元人民币。一个是他们都对新的东西持开放态度,并渴望从实践中学习;二是他们都充满了能量,并且办事有效率。威廉另外以每月 200 元的代价聘请了两位他在市场调查时认识的 SD 行业的专家做他的市场顾问,让他们及时给他提供市场发展的动态信息。一位是前江苏省一个医药中外合资企业的总工程师,另一位是前上海 SD 厂的总工程师。

在威廉的不断影响下,约翰、托尼和陈董事长都认识到了建设合资企业市场营销能力的紧迫性和重要性。因此,他们同意威廉的提议,聘任一位市场营销副总经理。在几位朋友的互相介绍下,威廉遇到了正在东北一家外资企业开的医疗分析设备销售点任经理两年的赵先生。除了没有直接的 SD 市场营销知识和经验,赵先生具有合资企业市场营销副总经理这一工作所需的一切条件。近三十岁,英俊,健康,活泼,外向,他大学学的是化学,研究生学的是药物分析。

赵先生也深深被合资企业的发展前景所吸引。他告诉威廉他现在的工资收入是每月 3 000 元(这和威廉的预计差不多)。威廉最终与他签了一个聘任合同,前六个月聘他为市场营销经理,月薪 4 500 元;如果表现理想,他将被晋升为市场营销副总经理,全权负责这个部门的建设与发展。赵先生高兴地接受了这个合同。(所以以后我们就叫他"赵经理")。

威廉给赵经理前六个月设定的工作目标是发展 SD 的客户并协助他建设市场营销部。赵经理果然完全胜任。除了做广泛的电话采访调查,赵经理还搞了一个计划,让他的市场发展代表每人负责访问几个省,并在每个人完成了一些访问后,整个队伍将集中在一个地方对结果进行总结和比较。他还设计了一个问题清单,这样每位队员就都很清楚应该问客户什么问题。而在整个团队分散行动之前,他将与他的队员们一起访问几个附近的客户,以向他们展示如何与客户进行交流。一个月后,赵经理即向威廉传真了一份进度报告和他的队伍的第一批工作结果。威廉对赵经理满意极了。

同时,一位在 BC 香港办事处的商务经理开始与威廉一起探索 SD 在东南亚的出口市场。约翰让大卫从英国飞抵香港,然后与他们一起访问了新加坡的一家使用 SD 作原料的大型国际医药公司。在首先介绍了 EC 在亚洲的发展策略和合资企业的情况后,这家医药公司的采购经理说该公司目前所用的 SD 是从欧洲几家 SD 厂商进口的,因此他相信合资企业是具有地理优势的。

可不久,赵经理即告诉威廉他遇到问题了,需要威廉给予解决。他说当他和他的队员们完成一部分出差任务回到合资企业后,余局长拒绝给他们报销。按照《合资企业合同》,一切财务事宜都需要英方提名的财务监管和中方的财务代表共同签字认可。余局长说他们的出差花费超过了 CC 定的标准。威廉解释说这个合资企业是一个新的企业,市场营销人员做的工作也是新的,他们必须按照合资企业的新的标准来开展工作。可余局长拒绝合作。

到这时,威廉已将合资企业的形势看得很清楚了。骄横跋扈的黄副总,有利益冲突的进口设备,以及余局长对市场营销人员的刁难,这一切的根源都在陈董事长。只要他一句话,这一切都可在顷刻间迎刃而解。所以,他决定不再浪费时间,立即约见陈董事长。可约好了几次,总是未能见成。

正当威廉为在中国见不着陈董事长而烦躁时,在英国的约翰却紧急召见他给他加了更大的压力。一见面,约翰就老话新说,说 BC 决定威廉必须尽快带着全家回中国,因为当他回到英国后,合资企业就会产生一个"权力真空",以至于问题不断。威廉虽然可以理解他说的,但很不高兴听到约翰把一切责任都归于他。他抱怨说,约翰没能亲自参加的第三次董事会一点都没有帮助他解决任何问题。

当然,从个人和家庭的角度来看,威廉也觉得几乎天天都在路上的生活不是长久之计。由于他经常在外,他的一岁多的儿子见着他陌生得很。所以,他和他爱人也决定离开英国。他们希望能和托尼一样立足香港,可约翰说香港离合资企业太远,最理想的地方是中原的省城。威廉说那里的条件太差,他爱人带一个小孩不方便。最后的折衷方案是上海。但在与 BC 的人事经理商定移居合同时,约翰与威廉辩论了起来。约翰说威廉是天生吃中国饭的,所以不应该有"外国服务补贴"，而威廉认为他作为 BC 的正式员工，应该享受同等对待。最终，这次辩论不但威廉取胜，而且使得 BC 总裁皮特签署了一个新的 BC 人事政策（因为以后移居亚洲的员工可能会越来越多），明确说明所有员工不管其种族来源，都应一视同仁。

（这个辩论结果与威廉两年前刚加入 BC 时不敢开口说话的情形相比，简直有天壤之别！同时说明，中国人只要掌握了西方人的逻辑方法，则可达到"不鸣则已，一鸣惊人"的效果。）

在上海，威廉从一个专为外商修的写字楼里租了一套每月近 4 000 美元的房间。这个费用当然由 BC 负责。在搬迁期间，威廉从保罗得知，他通过与一西方工程公司的联系已在上海找到一家可制作薄壁不锈钢罐的厂家。威廉很高兴保罗在这个瓶颈问题上取得的进展，随后通知黄副总与保罗一起到上海对此厂家进行考察。他特别嘱咐黄副总，在他完成全家从英国到上海的移居后，他将在合资企业工地举行一个特别会议，以讨论和决定这个价值 500 万元人民币的合同的签署。

威廉于 5 月 12 日完成移居后即赶到了合资企业。但令他简直不可相信自己的耳朵的是（还不能说眼睛，因为他什么也没有看到），黄副总已与当地的一个厂家签订了合同！威廉问黄副总这个厂家是个什么样子的，他说谁也没有去考察过它，只是让它做了一个很小的样品，他和其他的技术人员都觉得做得还可以。威廉又问了其他几个技术人员，从口径的一致上，他事后觉得极有可能这个厂家向所有相关的技术人员都送了"通融费"。

威廉对黄副总越权签合同的行径愤怒至极，可最紧迫的事情不是发火，而是必须马上确定这个厂是否在技术上合格。由于保罗回英国休假去了，而威廉自己不是一个技术专家，所以他带了三个技术人员坐了四个小时的车赶到了这个厂。这回他简直不可相信他的眼睛。因为整个厂区只有一个破旧的车间；这个车间里只有几台简单的、缺乏维护的设备；而合资企业的珍贵的不远万里从欧洲进口的不锈钢板则被堆在一个角落，表面的防腐膜已多处被损坏。在回去的路上，一个"有点良知的"（这是威廉事后的评语）技术员说，此厂家比他所见的任何一家加工厂都差。

两周后，威廉总算是见到了陈董事长。他告诉陈董事长 ES 已将有问题的设备在上海修理完备,希望合资企业安排商检局进行重检。并提醒陈董事长,进口设备的问题必须尽快解决,否则会严重影响整个合资企业的工程进度。他还向陈董事长诉说了黄副总一再越权签合同,特别是与根本没有技术能力的一家当地小厂签订 500 万元的不锈钢罐加工合同,以及余局长刁难销售部人员出差报销的情况。在静静地听取了威廉报告的情况后,陈董事长让他的秘书把宋博士和 CC 的党委书记叫了进来。他的秘书还带进来一盘瓜籽,除了威廉,其他人便开始嗑瓜子。

在陈董事长首先给其他人讲了威廉给他讲的情况后,宋博士看着威廉说:"你不觉得现在已到了向 ES 采取法律行动的时候了?"威廉说:"我们的目标应该是尽快解决进口设备的余留问题,以便集中精力进行合资企业的建设。""你搞不了这个项目",陈董事长说。威廉问道:"你什么意思?"宋博士说:"十个你也抵不过一个黄副总。"威廉说:"黄副总越权与谁都没有见过的当地小厂签订价值 500 万元的不锈钢罐加工合同。我和几个技术人员一起去看了这个厂,我们都认为这个厂不但做不了这个活,而且将会使我们的进口不锈钢材料成为一堆废铁。"

陈董事长说:"黄副总告诉我,你和保罗总想用要价高的加工厂商。我告诉你,如果项目超支,超出的部分由 BC 负责。"当听到威廉说"对任何合同来讲,满足技术要求是第一位的"时,陈董事长敲着桌子说:"我信任我的人。如果他们加工的这些不锈钢罐不能用,我将掏我的腰包。"他还表达了他对威廉从外省招聘销售人员的不满,认为这样做的成本太高,并说余局长的做法是对的。陈董事长的秘书这时说"是吃饭的时间了",威廉等待已久的会议便结束了。

回到他在 CC 宾馆的办公室后,威廉给英国的约翰打了一个电话,报告了他与陈董事长等的会议情况。约翰说,他可以理解 CC 特别想控制合资企业运作的情况,但告诉威廉不要紧张,同时告诉他一个"好消息"。这个"好消息"是 EC 正在组织一个检查团要在 7 月份来中国对此项目进行全面检查,以表达 EC 董事会对这个合资企业的重视和支持。他建议威廉等这个检查团到了以后向他们报告这些情况。

可威廉做不到"不紧张"。相反,由于这里严重污染的工作和生活环境,工作压力(虽然身为总经理的他对合资企业的运作已几乎失去影响,可约翰和托尼仍在期待着他达到预算的目标)和家庭压力(移居到上海后,他的爱人由于不适应,总是抱怨厨房水的不纯净、人行道的拥挤和空气的污染等),他第二天便病倒了。

在输液的病床上,威廉一会儿清醒一会儿迷糊。在隐隐约约之中,有关他的家和合资企业的各种画面交织出现在他的头脑里。他想到了他是如何和他的爱人从相爱到结婚,也想到了 BC 和 CC 是如何从相爱到结婚。他想到了婚后他和他爱人很快就发现在一起过家庭生活与在一起谈恋爱几乎完全是两回事,两人之间总有各种各样的分歧影响着他们的生活。他也想到了合资企业成立后 BC 和 CC 似乎才真正开始相识,因为双方的分歧可以说是无处不在,无时不在。

他想到了他的家庭的转折点是他们的儿子的出生。因为有了儿子以后,他和他爱人即使有分歧出现,也会很快转向抚育儿子成长这个共同的大目标。有了共同的大目标,分歧就显得不重要了。也可以说是他们的儿子给他们这个家带来了意义。

可当威廉想到合资企业这个家的未来时,他立即感到头痛。因为合资企业的儿子(或者女儿)应该是个什么样子的呢?毫无疑问,BC 和 CC 成立合资企业是为了"赚钱",可各自为了赚钱而采取的某些自以为"聪明"的举动却在像毒品一样伤害着合资企业这个肌体,正所谓,"聪明反被聪明误"。可如果"赚钱"不是合资企业的全部目的,那合资企业的目的的其他内容又是什么呢?

在这刻骨铭心而又朦朦胧胧的深思之中,威廉沉沉地睡着了……

附件

玉米淀粉产品的生产过程与应用范围

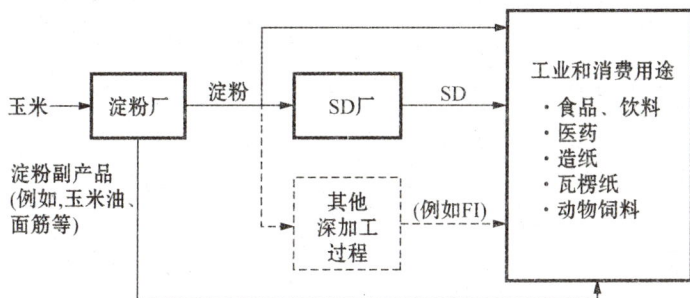

缩 写 汇 总

BC：英国公司

CC：中国公司

EC：英国公司的母公司

ES：丹麦设备制造公司

FI：CC 公司生产的食品配料

SD：合资企业将生产的医药用淀粉深加工产品

讨论问题

1. 通过本案例反映出来的中国人与英国人的差异，并结合自己的学习和生活经历，分析和阐述霍夫斯泰德（Hofstede）的五个维度文化理论里有关中英文化差异的误区和缺陷。

2. 结合自己对西方文化的理解，总结本案例所反映出来的英国企业文化的特点，并分析本案例所涉及的英国公司（BC）在投资决策过程方面有哪些需要改进的地方。

3. 结合自己对中国企业（特别是国营企业）的了解，分析本案例所涉及的中国企业（CC）在领导艺术方面有何优秀、独到之处，以及其管理方法上有哪些会阻碍其走上国际舞台。

4. 假定你是被 EC 总部派来检查本案例中的合资企业的一名董事，请从宏观角度对合资企业所处的处境做一个客观的总结，并提出一个改善这一处境的行动方案。

布克的中国策略：
一家加拿大家具企业的逆境突围①

案例导读

在加拿大埃德蒙顿的布克公司的首席采购官必须做一个关于从香港子公司第一海洋贸易公司采购的决定。第一海洋是布克设立的全资附属子公司，布克可以利用其从中国和其他亚洲厂商采购家具。该公司认为，与利用制造商的代理商相比，通过在中国建立子公司可以获得较低的成本和更少的商品交货时间。本案例提供了布克和第一海洋的历史和一些家具业背景信息，以及布克的家具采购如何完成。虽然布克已在中国建立了第一海洋为其采购提供了一个采购选择，但布克内部采购利用第一海洋所占的比例低于科姆的预计水平，同时金融危机对企业来说是一个严峻的考验。维持企业的生存，并且顺利熬过寒冬，这是当下最为重要的事情。

搬家对于加拿大人来说是一件平常的事情，不停的迁移自己的住所，对于事业尚未稳定的年轻人来说尤其频繁。随之而来的就是加拿大人在家具上较高的消费支出。每一次搬家意味着需要淘汰一批旧家具，并且重新购买。但是2008年开始的经济危机使北美的经济陷入萧条，人们普遍降低了对未来前景的预期，搬家的次数也有所降低，对家具的需求也大幅度地下降，这使得加拿大的

---

① 本案例由加拿大艾伯塔省麦科文大学商学院亚太研究中心客座研究员、江苏理工大学商学院讲师黄颖、亚太研究中心主任魏小军博士，以及麦科文大学商学院高登·吕思克编写。此案例仅作为课堂讨论的材料，作者无意阐明案例是否有效地应对了一个管理情景。为了保密，作者可能在案例中有意隐去了真实姓名或其他信息。未经书面授权，禁止任何形式的复制、收藏或转载。

家具行业陷入了一个困难的局面。作为加拿大本土最大的家具零售商之一的布克同样面临着前所未有的困境。

布克概况

布克是一家拥有 37 年历史的加拿大本土的家具零售企业,截止 2008 年 7 月,布克在全国范围内拥有超过 200 家店面,6 个配送中心,总面积超过了 200 万平方英尺。

公司的创始人 Bill Comrie 于 1969 年在 19 岁时开始进入到家具行业,这是一份由父亲传下来的小企业,Bill 将公司名字改成 Bill Comrie's Alberta Factory Sales,不久,Bill 就显示出其高超的经营天分。他的灵感来自于发现数量众多的埃德蒙顿(布克公司的诞生地)市民喜欢在很晚的时候开车出门①,于是,诞生了一个半夜疯狂促销的方案。在第一个促销方案推出时,Bill 和他的销售团队在 2.5 个小时里销售了价值 14.4 万加元的家具,这比他父亲上一年全年销售的还多。

Bill 希望能够在此基础上扩张,但是他的合伙人却认为应该保持现有的规模,但是最终还是借给他 16 000 加元。Bill 在向银行贷款租下墓地边一个存放棺材的 4 500 平方英尺(约合 418 平方米)的房子后,带着仅剩的 8 000 加元,Bill 的第一家家具店 Bill Comrie's Furniture Warehouse 在 1971 年开业了。

作为一个天才的推销员,在 1970 年早期,Bill 亲自在电视上做起了广告,邀请市民们到店里参观。结果数以千计的人来到 Bill 的小店参观并购物。在整个 70 年代,Bill 的家具店维持了持续的成长。最初 6 个月仅有 16 400 美元的营业额,而在四年后,年营业额达到了 5 500 000 美元。1975 年,家具店搬到了埃德蒙顿市区北边的一个砖房,1978 年,店名称改为了布克 Warehouse,之后变成了布克。

到 1980 年,布克在那个唯一的店里年营业额达到了 7 500 000 000 加元。到

---

① 埃德蒙顿的纬度较高,冬季寒冷,较少有人选择在冬天搬家,而夏秋季则是搬家的高峰期,同时夏天的日落时间较晚,在夏至时分,大概在夜里 12 点左右天黑。因此,在埃德蒙顿的夏秋季节,市民的入睡时间很晚。

1982 年,分别在 Calgary 和 Fort McMurray 开设了新店,并将营业额推升至 1 亿加元。1984 年,布克跨出了意义重大的一步,进入到安大略的市场,并在多伦多开设了两家商店。此时,布克已经是加拿大最大的家具零售商了。1999 年,首家特许经营店在 Hinton 开业,标志着公司进入到小型区域性市场。

2001 年,布克在多伦多开设了一家 110 000 平方英尺的家庭展示中心 (Home Show),此后于 2004、2005 年又开设了两家。这三家店被称之为"布克 SuperStores"。

2002 年,布克买入了 Mid Northern Appliances 公司,通过重新整合,布克变成了加拿大建筑市场上最大的家用电器供应商。

2004 年,布克重新设计了自己的网站,这使顾客可以全天候在线选购超过 6 000 件商品。这一系统还可以使员工或者小型的零售店直接获得所有布克商品的库存信息

在 2004 年,布克又并购了 United Furniture Warehouse,并使其加入到布克的品牌家族中来。2005 年并购了 Sleep Better 这一床垫品牌,并在 2006 年将其更名为布克 Mattress Store。当前布克的店铺包括:100 家直营店,32 家特许经营店,23 家床垫店,3 家大卖场,10 家清仓店,以及 United Furniture Warehouse 现有的店面,总共店铺数超过了 200 家。

近 40 年的发展历程使这样一家本土家具企业在加拿大国内拥有了较高的品牌知名度,以及客户忠诚度。长期的发展也使得企业积累下不少行之有效的经营理念。

公司的核心战略是,通过遍布加拿大的家具、床垫、电器产品业务驱动长期利润的增长。

围绕这一核心战略,企业注重了多方面的平衡,提出了四个方面的成功关键因素:

(1) 在现存的和潜在客户中培养客户忠诚和品牌拥护;

(2) 优化与供应商之间的关系;

(3) 在员工中孕育追求卓越的环境和价值观;

(4) 增加市场份额。

在很多员工眼里,布克是一个非常不错的雇主,给员工较高的福利,极少解

雇员工,在困难时刻也会与员工同舟共济。或许在许多商人眼中,这样的做法不够有雄心壮志,但是注重平衡恰恰是一个企业获得长期发展能力的有力手段。

在 2005 年,布克进入到加拿大前 10 位零售商之列。

布克的经营现状

随着公司成立集团(布克 Group Income Fund)上市之后,企业的发展也吸引了众多的公共投资人,市场对于公司的估价是按照企业的市值来进行评价的。

从 2004 年至 2008 年第三季度,公司股价一直维持在一个较为稳定的水平上,金融危机的影响导致公司的股价一落千丈,2009 年公司市值大为缩水。

外部环境的影响导致公司在经营上出现了不小的困难,面对竞争加剧、客户需求下降、投资者要求稳定回报等多重压力,公司急需找到一条有效的突围路径。

在公司 2008 年报中,对当前的经营业绩进行了公布,"随着消费者信心指数跌至 26 年来的最低点,全球经济危机的冲击是公司第四季度业绩下降的主要原因,第四季度的合并营收以及营业收入为 3.652 亿加元,全年为 14.3 亿加元(比 2007 年分别下降了 10.7% 和 1.4%)"。

公司高层对当前的形式忧心忡忡,虽然主要是外部环境带来的问题,但是作为企业必须能够适应环境的发展,否则,市场也是无情的。

2009 年公司撤换了 CEO,启用了一名有着多年零售业背景的新任 CEO,上台之后便对布克进行了改革,从供应链优化、市场预测等方面做出了新的决策,希望借此度过困难时刻。

布克的竞争优势

- 领先的采购能力;
- 金融服务;
- 价格领导优势;
- 商业和特许销售团队;

- 店面/网络零售基础；
- 供应链成本效率；
- 配送模型和基础设施；
- 支配性市场地位。

布克的经营战略

通过特许经营模式实现扩张。布克意识到,作为家具行业,使自己的网络遍及市场的各个角落,是成功的一个重要原因。消费者能够很便捷地发现当地的布克的各种特许经营店,使用布克的配送网络,可以最大化消费者的选择空间,同时实现更大的市场占有份额。

采取特许经营的模式,能够充分激发起各个加盟店主的积极性。通过共享布克的品牌和网络资源,积极开拓当地的消费市场,由自身盈利动机驱动,各个加盟店具有较高的工作动力。这一合作方式帮助布克实现了低成本的网络扩张,使现有的配送中心资源以及批量采购拥有了更高的效率。特别是企业所使用的连接整个企业运营的系统,随着使用者的增加,边际收益的增加远远大于其边际成本。将标准化的运营模式向各个加盟店进行推广和使用,极大降低了加盟者开店的风险,这是一种有效的合作与双赢的关系。

布克的产品战略定位

布克在产品定位上的首要客户是:Busy Jenny。这是一种典型的时间紧张、30~40岁的有工作的母亲,她们是家庭购买的主要决策者。第二种客户是空巢家庭,以及刚刚从学校毕业的年轻夫妇,他们刚买了第一套住房。

这三种类型的人构成了家具需求市场的主体。此外,布克还在努力进军新房装修市场。在加拿大的新建公寓中,基本上以提供全装修房为主,在这一市场上也有着巨大的产品市场需求,布克致力于将自身发展成为加拿大的一流家具零售商。

在布克的市场定位中,延续的是一直以来的观点,但是对于市场需求的主体发生的变化却缺乏足够的响应。

越来越多的年轻人喜欢光顾IKEA的卖场,灵活的、现代的、充满功能性的产品设计迎合了大多数年轻人的需求。而布克的产品往往更加符合中老年人的审美需求：颜色相对比较单一，缺乏变化性，没有现代感，产品厚重。

企业也发现越来越难以对市场的需求进行精准预测了，虽然有六个分布在全国的配送中心在协同运作，但是由于缺乏对广告效果的充分预估，企业的促销政策效果缺乏有效的评价。例如在受到企业促销政策的刺激下，消费者的购买欲望和企业应该准备的库存间应该如何匹配。如果顾客对产品表现出了极大的兴趣，但是却没有足够的库存作为保障，那么促销所起到的作用恰恰适得其反。

由于国际间分工的细化，以及加拿大国内生产成本的不断增加，布克也越来越倾向于在发展中国家进行产品采购，通过巨大的销量保障来进行产品价格议价。布克在资源的采购上，不是自行完成的，而是委托了一家名为第一海洋（The First Ocean）的贸易公司进行国际采购。第一海洋作为委托代理人，在全球范围内具有产品竞争力的市场上进行一系列的采购活动，并满足布克的销售需求。布克将这一部分的业务外包，虽然节约了采购上的固定成本支出，但是却相应延长了产品的采购周期，这对于具有一定流行趋势的家具行业来说，显得对市场的反应不够灵活有效。

为了能够在经济低迷时期刺激消费者购买，布克还利用和金融机构合作的机会，向消费者提供了延期付款的选择。当前的政策是可以享受15个月不付款的优惠，只要最低采购金额达到：家具250加元或者床垫499加元。这15个月的优惠对消费者来说还可以享受到无利息的优惠政策，只需支付一个占总采购金额4.11%的管理费。这为顾客提供了一种灵活的付款方案。这一做法能够实现企业产品流动性的改善。

对于习惯于透支消费的加拿大人来说，在经济低迷时期有这样的一种服务也是一个好消息。先行产品购买，在12个月之后再开始进行分期还款，这大大降低了当前的现金流动性的压力。对于布克来说，这一方案也可以实现企业现金流以及产品流的稳定，并且保障企业当前能够稳定地持续经营。风险则可以由金融公司和保险公司来进行控制。

在布克还有另外一种销售模式 The Clearance Store，即清仓打折店。在加拿大，对于客户满意的承诺是布克一贯的理念，消费者选购了不合适的产品，或者发现产品存在一定的质量缺陷,此时,消费者完全有权利要求退换商品。对于存在一定瑕疵的家具,布克在回收后,并不是直接将产品退回上游供应商,而是将有瑕疵的产品集中到地区的清仓店,然后低价打折出售。这为低端消费者提供了一种选择,同时加速了产品的变现能力,避免了高昂的逆向物流成本。这一举措帮助企业扩大了市场的占有率。对于那些并不是非常讲究,或者是仅仅临时过渡性居住的人来说,选择一个价格非常便宜的略有瑕疵的产品是一个不错的选择。

布克的发展战略是较为保守的,在加拿大市场上建立稳定的根基是企业当前的发展战略。它主要的目标是为了满足加拿大本地市场的需求,而国外的业务主要是完成全球范围内的产品采购。

面对增速迅猛的新兴市场,布克是否应该考虑将自身的家具行业的连锁销售经验和品牌向外输出,扩大新兴市场的需求呢?

金融危机对企业来说是一个严峻的考验。维持企业的生存,并且顺利熬过寒冬,这是当下最为重要的事情。

布克的困境

与竞争者相比,布克相对反应迟钝,较少采取裁员等收缩性策略以优化自身市场表现。

布克产品缺乏新意,难以领导家居潮流,与 IKEA 等竞争者相比,无法吸引年轻人的注意力。

在供应链的控制上缺乏有效的手段,布克采购的周期太长导致竞争力下降。

布克是一个适合养老的企业,缺乏足够的活力,企业规模变大之后,机构的臃肿冗员导致效率降低。

在研发设计团队上布克缺乏实力,导致企业难以打造具有自主形象的产品,缺乏足够鲜明的产品形象,经营模式易于被对手所复制。

布克国际供应链仍然处于较低的合作状态,缺少真正意义上的上下游合作。

布克,该如何再造其供应链?

对供应链概念的理解是逐渐深入的,最初布克认为供应链是企业间的横向一体化取代了纵向一体化,通过外包与合作的方式获得更高的比较收益。对布克来说,企业的发展与扩张也是依靠供应链逐步实现的。这一过程是渐进性的,并且逐步优化。

从布克的角度看,自己在逐步构建一个完整的家具供应链,而链条的核心就在于布克如何来整合链条上各个不同的角色。

一个最简化的供应链模型是从供应商到顾客的完整链条。

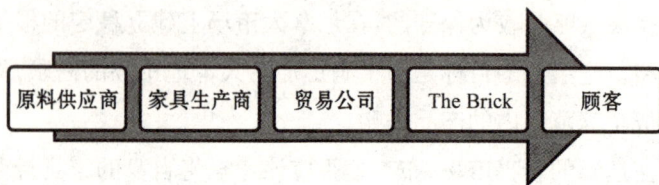

原料供应商	家具生产商	贸易公司	The Brick	顾客

在这样一个链条上,布克最为接近顾客的一端。面对市场上广泛分布的潜在顾客,布克的任务是如何更好地实现将优质的家具产品以合理的价格送至消费者手中,并且通过渠道的渗透、服务的完善以及品牌的推广实现消费者对布克的信任与依赖,从而建立一个畅通高效的产品流通渠道。

为了能够达到这一目的,布克需要研究如何建立这样的一个供应链网络结构。全球化的产业分工带来的规模效应导致了成本的明显下降。运输能力的提升也为低成本物流带来了可能。布克需要解决的问题主要是如何在全球最具有产品竞争力的地点进行批量采购,用来满足消费者对产品的需求以及来实现产品的价值,而第一海洋就是一个重要的渠道。

加拿大的家装市场

2007 年,加拿大统计局估计,加拿大家具市场总价值大约为 126 亿美元,预计按照目前的家具采购开支,每户每年将接近 825 加元。这项研究还指出,近年来,加拿大家具市场在 4%~6%的范围内稳步增长;专家们认为这种增长势头归因于税后收入的增加,税收负担的减少,以及加拿大的人口增长导致的家庭总数增加。2007 年,来自 Aktrin 加拿大家具研究咨询公司预计,在消费者支出的趋势中,能够转化到加拿大总住户对家具的实际支出为 28%的增长,这一增长预计到 2015 年结束。

从短期来看,由于日益严重的对美国以及其他国家财政问题的担忧,加拿大家具市场将面临一个艰难的时期。因为在 2008 年年初,根据住宅销售的反映,经济的不确定性普遍存在。家具销售被认为是一个弹性的商品,是与消费支出密切相关的。反过来,消费者的行为也与经济前景、市场信心、失业率和住房市场等因素密切相关。鉴于这些因素和日益恶化的经济前景,加拿大家具消费需求萎缩有可能在 2008 年和 2009 年发生。

在加拿大家具行业的销售可分为三个基本采购渠道:百货公司,零售商店,小区域独立的家具零售商。百货公司如湾和西尔斯,是第一批在加拿大各地建立的家具业者,并且提供传统的中上层价位的产品。同样,家具超市也在近年来发展壮大,并且在全国各地普遍存在,但这些零售商通常提供的大量产品的价格区间也较大;零售商在加拿大包括宜家、里昂家,还有最近兴起的阿什利室内家具。随着家具超市数量的增加,一些独立的零售商和区域连锁店已经看到他们的市场份额逐年下降,因为他们难以提供匹配的产品选择和有竞争力的价格。越来越多地,这些零售商的成败取决于他们在何种程度上能够满足细分的市场和具有更高价格阈值的客户的需求。很多情况下,这些零售商有忠实的客户群并且可以保持价格的竞争力,因为他们有较低的间接成本。因此,他们在加拿大家具零售行业仍是重要组成部分。中小型连锁与区域据点的例子包括在蒙特利尔的布洛尔特、马蒂诺和在大多伦多地区的坏小子。随着零售渠道在北美越来越模糊,第四个渠道的出现更加剧了竞争:杂货店和零售商,如超级硬件,家庭五金,伦敦药品和 Costco 公司——最近扩展到了加拿大家庭家具市场。

第一海洋

最初的概念

20 世纪 90 年代,布克开始派采购团队到亚洲,以了解响应正迅速成长的亚洲市场并进入这些市场。这些早期的外派调研是在亚洲各国代理机构的协调下进行的。本质上,选定的代理人会到机场接采购员,安排他们的酒店住宿,并把他们送往各工厂和家具店参观。作为回报,购买任何访问的工厂的产品将意味着是对代理人的佣金提成;这些佣金被加入在所有进行的出货价格上。随着海外采购开始增加,采购员开始花更多的时间在海外,这些代理机构的费用逐渐高了起来。为了降低成本,不再需要代理介绍工厂(已与厂家建立重要和有意义的直接关系),布克开始认真考虑建立自己的海外采购办事处。

2003年底,保罗科姆里——布克的创始人比尔的儿子,被任命承担此任务。首先海洋贸易公司在香港注册成立,并被许可在整个亚洲运作。最初的概念是在布克的埃德蒙顿的总部外运营。人们很快发现,为了在亚洲营运,有必要在亚洲保持永久的存在。保罗发现他至少每一个月花费两个星期在亚洲。为了平衡布克国内购买团队的需求和在亚洲必要的存在,他雇佣了凯瑟琳·弗格森来管理更多的国内方面的相关业务。虽然凯瑟琳早前主要工作是行政,但她的背景是非常适合公司正在成长的国际业务的。

凯瑟琳出生于法国巴黎,但她大部分成年时期在国外。第一次在英国学习英语,然后转移到中国,以帮助启动法国航空公司亚洲办事处。之后,她决定留在北京学习中文,而在那里她遇到了为同一目的来自埃德蒙顿的她的丈夫。毕业后,夫妇俩回到埃德蒙顿组建了家庭。几年后,凯瑟琳重新进入劳动力市场,在发送多个简历后,在2003年最终被保罗聘用。虽然她以前没有做过家具业,但保罗和其他在布克工作的高级管理人员相信她的出色的组织能力将很快弥补她经验缺乏的不足。

移至中国

2004年初,布克购买了联合家具仓库,保罗不再是进口部总监,而是接管了新购置的家具连锁经营。作为保罗推动的结果,凯瑟琳晋升为代替保罗的作用,成为布克进口部总监。

不久,在2004年末,凯瑟琳决定将她的家搬到在中国上海成立的一个常设第一海洋办公室。他们相信,随着长期存在,布克将能够进一步发展同工厂的现有关系,并创造新的联系。第一海洋部的主要职责是产品采购和质量控制,给布克的价格是在工厂成本上5%的提价,这将涵盖采购成本及运送到加拿大境内的产品的质量控制。其中的好处是显而易见的——不仅布克能够利用到与亚洲市场相关的成本节省的优势——较低的劳动力和投入成本,也可以在当地确保产品质量,减少缺陷或损坏的产品运往加拿大的事件发生。

第一海洋和布克密切合作,共享相同的资源。第一海洋在竞争中的一个优势是它能够获得详细的产品成本,这些数据原本是机密性的,但第一海洋有权获得其他供应商相关数据,包括进口商,如他们从哪些工厂购买,他们以什么价格购买,他们提供哪些服务。由第一海洋行政人员按产品类别汇总这些资料,并在亚洲办事处内分享。第一海洋还创建了关于布克产品订单确认和船期购买的详细资料。这些信息存储在一个中央位置,可以被这两个地点的雇员访问。第一海洋与布克各个部门之间每周一次电话会议,话题可能不同,但一般而言,其目的是要确定第一海洋以何种方式来改善其对布克的服务。

组织结构

当凯瑟琳抵达上海,她实施了高度结构化的组织框架,包括区域经理、产品经理、产品开发经理,与质量控制检查。在顶层有三个区域经理,每个人被分配到特定的中国地理区域:北中国,南中国及东南亚。每个区域经理原生在负责分配给他们的地区,因此对自己所在区域有很好的了解。区域经理保持现有的在其区域内的制造商关系和寻求新的接触。当一个潜在的供应商被确定,区域经理要评估工厂的能力和产能,并传送这些详细的评价到产品经理。此外,区域经理同凯瑟琳密切合作开发了后来演变成基础文件的第一海洋的质量控制程序。

产品经理各自被分配到一个特定的类别,大多数情况下,在上海办事处以外的地方工作。2007 年,第一海洋来源分为 5 大集团的产品范围:装饰,卧室,餐厅,一次性用品,电子。产品经理同时与布克采购以及亚洲各地的工厂密切合作开发产品,然后在海外旅行时展示给采购员。因此,产品经理的主要作用是拿到采购员给的项目,基于发展区域经理提供的信息确定哪些工厂最适合开发家具,然后监测和更新每个样品的发展进程在每周计划电话会议。

开发基于特定需求和价格目标的产品往往是一个困难和耗时的任务,需要产品经理多次往返工厂。第一海洋通常不对样本付钱,这是行业惯例并不少见,但随着时间的推移,可能导致工厂的不满,因为生产了多个样品,工厂却尚未收到任何布克采购订单。产品开发管理人员几乎都是中国人,对加拿大家具业的认识很有限。他们往往仅有一个照片和采购价格目标,他们在逐步提升中英文良好的沟通技巧以及时完成项目和达到买家的满意度。

产品开发经理主要支持区域和产品经理。他们花了大量时间在工厂监测样品生产,并确保对加拿大的出货完整和及时,与第一海洋的质量控制检查者一起合作,在工厂的生产线工人旁边,向区域经理提出任何质量差异。

截至 2005 年底,第一海洋雇用 60 多个亚洲各地的员工,并和中国、马来西亚、越南、泰国的家具制造商建立了广泛的网络发展关系。同年航运量大约为 8 000 个集装箱,相当于 1.2 亿美元落地产品。作为这个量的结果,第一海洋能够实现小型营业利润。虽然该公司的采购能力广泛,但购买的产品大部分是来自上海地区的室内装饰类。雇员的工资是每月统一费率的薪金,在每年年初重新评定。此外,该组织的离职率很高,因此很难建立第一海洋的员工与加拿大购买团队的长期纽带关系。

讨论问题

1. 在质量和价格方面,相对其竞争对手布克的优势在哪里?

2. 在国际采购中,什么是地方优势和劣势?

3. 第一海洋提供给布克什么样的价值?

4. 如何改变第一海洋和布克之间的关系来增加第一海洋生存空间呢?

美体小铺(The Body Shop)的社会责任^①

案例导读

　　一个企业的成功也许在某些人眼里仅仅是获取巨额盈利,而在 The Body Shop 的创办人 Dame Anita Roddick 看来,成功的意义远远不止这些。一个企业存在的意义也不只是扩大企业规模、拓展业务。企业,必须承担起自己的社会责任。这是对社会的回报。任何一个企业或者一个人存在于社会,虽是独立的个体却又是紧紧相连,必然彼此影响。不像有些企业依靠纯经济手段、策略来发展企业,Dame Anita Roddick 把企业的社会责任这种想法运用在经营之中,也成功地实现了跨国投资、管理。并且,不仅获得了巨大收益也获得了人们的尊敬。早在企业创办稍有起色时,Anita 就开始与一些贫困地区的厂商合作,帮助解决他们的生活困难,并且时刻关注地球环境问题、人权等。而如今,众多企业也开始致力于回馈社会,塑造企业健康的形象。毫无疑问,The Body Shop 是这一领域的领头羊。

　　企业的社会责任是一个较为宽泛的概念,什么样的企业是"负责任"的? 这很难下一个确切的定义。但是企业又的的确确是一个社会的公民。任何企业作为一个环境中的独立系统,如何学会与环境相适应,并与环境共同发展是重要的大问题。

　　跨国企业面临着在全球经营的复杂环境,其中不乏在面对不同文化时,不

---

　　① 本案例由加拿大阿尔伯塔省麦科文大学商学院亚太研究中心客座研究员、江苏理工大学商学院讲师黄颖及亚太研究中心主任魏小军博士编写。此案例仅作为课堂讨论的材料,作者无意阐明案例是否有效地应对了一个管理情景。为了保密,作者可能在案例中有意隐去了真实姓名或其他信息。未经书面授权,禁止任何形式的复制、收藏或转载。

同的价值观所带来的冲突。例如中国人以勤俭著称,加班努力工作是一种美德,而一个中国企业在西方国家经营如果采取同样的理念则会导致当地员工的强烈反对。

如何使企业履行好一个企业公民的身份是现代企业所需要学习的一个重要理念。融入当地的社区环境,为当地居民带来福利和工作机会,并尽可能保护环境,这样的企业才能够在当地长期经营下去,实现企业的可持续发展。

在这些方面,一些企业提供了一些值得学习的经验和方法,其中社区公平贸易计划得到了很多人的关注。这一方法被认为是一种与传统贸易理念相左的做法,但是在一些先锋企业的尝试下,也取得了不少良好的效果,并且也得到越来越多人的认同。

本案例讨论了提倡社区公平交易计划的一家美容护肤品企业——The Body Shop,通过对其经营理念和实际做法的分析,我们能够认识到当前跨国企业经营中所可能面临的冲突与矛盾,并掌握一种全新的化解矛盾的方法。

The Body Shop:做一个有社会责任感的企业

The Body Shop 诞生于英国 Brighton(布莱顿),创建于 1976 年。创始人安妮塔·罗迪克在当今的英国商界已享有先锋人物之称。The Body Shop 专注于生产纯天然的美容化妆品。安妮塔·罗迪克是第一个大胆使用天然荷巴油、洋甘菊、芦荟和大麻籽为化妆品成分的人,The Body Shop 是最著名的精油护肤品品牌。由于品牌注重纯天然和环保,包装非常简易,并可循环利用,在公益事业上投入了较多的精力。1997 年,国际品牌顾问公司的一项专业调查表明,The Body Shop 在全球最杰出品牌的排列中居于第 27 位。1999 年,The Body Shop 被英国消费者协会评为第二大最信得过的品牌;当前在超过 60 个国家拥有了 2 500 家店铺,销售超过 1 200 种产品,2008 年,在全球开设了 124 家新店,包括诸如印度、巴基斯坦、纳米比亚、波兰、斯洛文尼亚、摩纳

哥、埃及这样的新兴市场。

The Body Shop 的产品纯天然、健康,产品选择丰富,适应儿童、妇女、男士等各类人群。The Body Shop 的宗旨是不仅要赚钱,而且还要在一定程度上促进社会和环境的改变。自创业以来,The Body Shop 坚持他们的五个信念:反对动物实验、支持社区公平交易、唤醒自觉意识、捍卫人权和保护地球。在此基础上,为了满足各种顾客的需求、完善产品的品质和功效,如今 The Body Shop 的产品经过逐步的配置和研发已生产出了 600 多种关于头发和皮肤的绿色美容保养品,另有 400 多种产品附件,其中包括脸部、身体及头发清洁用品、护肤保养品、香氛、香油、精油及彩妆等。

我们生活在一个物质的世界里,如何保持日益增长的消费需求与地球和谐相处是一个日渐严峻的挑战。

The Body Shop 努力地改变因全球经济发展带来的地区间的巨大差异,通过推行社区公平贸易帮助贫困地区获得可自给自足的经济来源。在产品的包装上,使用再生材料,降低了对一次原料的使用量。

公司的创始人 Anita 认为,生产和创造新产品不应该通过动物实验来验证其有效性,也不应该通过破坏地球来达到目的,更不应该建立在对员工的剥削基础之上。

公司认为,良好的美容护肤产品应该是有助于健康的,而不是把自己变成那些并不真实的美女模特。

The Body Shop 的创始人 Dame Anita Roddick 说,"The business of business should not just be about money, it should be about responsibility. It should be about public good, not private greed."(企业的生意不仅仅是关于钱,而应该是责任。它应该关乎公众利益,而不是一己私利。)

这一家化妆品企业与众不同的是,在销售产品的同时,致力于参与并推动 "Community Fair Trade"(社区公平贸易)行动,借此帮助发展中国家的贫困人口获取可持续发展能力,同时向市场提供合理价格的产品。消费者在购买 The Body Shop 产品时,实际上就是支持了公平贸易计划的发展。公司在 1990 年成立了慈善基金会,基金会致力于支持人权保护、环境及动物保护,公司仅仅在本土拥有一家肥皂生产工厂,位于苏格兰中部的格拉斯哥,其他所有产品均来自于海外生产。

2006 年，The Body Shop 成为欧莱雅集团的一个独立运作与管理的部分。

The Body Shop 的价值观

The Body Shop 相信美丽的唯一途径是：自然的方式。相较于其他化妆品企业，The Body Shop 在品牌价值观上与众不同。其品牌价值包括了 5 大方面：①反对动物实验；②支持社区贸易；③激发自尊；④捍卫人权；⑤保护地球。

The Body Shop 在企业的使命陈述中说，企业的业务是在经济收益、社会、环境三者之间寻求平衡。

公司有一个利益相关者委员会，其中包括了非政府组织、雇员、贸易商和供应商的代表。

利益相关者委员会对企业发展导向提出了几条建议，包括：①采纳战略性、系统性途径来实现可持续性远景，包括如何使 The Body Shop 围绕其核心价值观制定可持续的政策；②建立明确的企业治理结构，使所有的董事对特定的价值目标负有相应的责任。

在减轻对环境的影响方面，主要的观点有：①重新评估气候变化目标，以强化在 2010 年成为一个碳中性（carbon neutral）零售商的使命；②减少水资源的使用；③致力于发展国家和全球气候变化政策，明确企业能够支持的自然区域和社区以帮助其适应气候变化。

另外，他们认为企业必须负责任地采购：①致力于将所有棕榈油供应链中的非 RSPO 成员加入到可持续发展圆桌会议中来；②评估可解决环境问题的方案的可行性；③建立正式的社区交易模型以保证农民的利益能够得以保障；④通过合作的手段将 The Body Shop 的销售利润在上游的农民中分享；⑤将上游的供应商看作是伙伴，并帮助这些伙伴改进工人的工作条件。

The Body Shop 的采购

在上一节说到，企业的采购必须对各方负起责任。事实上，多年以前，The Body Shop 已经将绝大部分产品采取外部采购的形式来获取，但是企业并没有将社会责任同期外包，而是更加积极致力于供应链上各个环节的工人权利的保

障。The Body Shop 通过以下手段来保障企业进行负责任的采购行为:

(1) 天然原料的社区采购:21 种不同的原料采购自那些贫困落后的社区,从巴西到萨摩亚。与供应商之间建立长期的稳定合作关系,并且付给公平的原料采购价格,同时帮助社区成长。

(2) 礼物和附件的社区采购:65 种不同的产品由分布在世界各地的落后地区民众所生产,从建立第一个社区贸易供应商关系以来,这一形式已经持续了20 年的时间。

(3) 合同制造:所有的直接产品制造商受到道德贸易项目的监控,以保障工人的权利并得到尊重,并且这一标准是全球统一的,不存在区域性的歧视。

(4) 主要原材料的关注:某些主要的原材料在采购过程中得到了特殊的关注,例如,为制造肥皂所进行的棕榈油采购;为主要木制附件的木材采购;对这些采购活动进行恰当的管理,以保障不会对当地的植被造成危害。

关于反对动物实验他们提出:①与欧莱雅集团讨论发布一个联合声明,终结在化妆品中采取所有的动物实验;②对 The Body Shop 反对动物实验所取得的成就进行宣传,以在更广的范围内推广这样一项运动。

在对环境的影响达到最小化这一问题上,The Body Shop 认为,有三个方面的工作是可行的:①关注于气候变化;②减少废弃物的产生以及降低包装对环境的影响,在产品的包装材料上采用了 100% 可以回收的 pet 瓶;③在使用化学产品上要负责任。

The Body Shop 的使命陈述中大致包含了这样几点:①致力于追求社会以及环境的改善;②在利益相关者中寻找创造性的利润与人的需求的均衡,企业的利益相关者包括了:员工、顾客、零售商、供应商和股东;③保障企业的业务具有环境可持续性,不因为当前利益的需求而对未来环境的破坏妥协;④致力于对当地的、国家的以及国际的社区作出贡献,The Body Shop 在遵循关怀、诚实、公平和尊重的原则得以执行的条件下进行贸易;⑤在化妆品行业对保护环境、人权、反对动物实验三个方面积极参与;⑥不断缩小企业承诺和实践之间的差距。

The Body Shop 关于公平贸易的理解

The Body Shop 对 fair trade(公平贸易)有着自己的定义:

（1）收入：在公平的条件下付给工作者适当的工资，这一决策由当地制定。

（2）社区：发展社区的长期利益。

（3）可预测性：建立长期的、可以预测的供应关系，以保障农民生产的利益

对待能否成为 The Body Shop 的社区公平贸易伙伴，它也是慎重对待的，需要当地的社区能够遵循一些 The Body Shop 的基本要求。当前，已经有超过25 000 人从社区公平贸易中获益。

The Body Shop 在进行贸易的过程中，强调了一种自我强化的目标，此目标分为三个步骤：首先，以公平的方式为 The Body Shop 生产高质量、自然成分的产品、礼物和附件；其次，尽可能多地带给贫困地区更多的收益；第三，通过销售渠道宣传 The Body Shop 的行为，以获得消费者对于品牌的支持，促进企业销售量的上升。这三个目标之间是相互联系并且不断强化的。

在国际原材料价格剧烈起伏的时候，The Body Shop 尽可能地维持原料采购价格的稳定性，保障初级产品生产者能够获得公平的交易。

对待合同制造商，The Body Shop 要求合作伙伴必须签署并同意伦理要求，这些要求包括：①不能强制员工工作；②工人可以参与和组织贸易联盟；③工作条件应该是安全且健康的；④不得雇佣童工；⑤员工不得超时工作；⑥员工必须能够挣得足以生活的薪水；⑦员工必须被公平地对待，不管他们的信仰如何；⑧员工需要得到正常的雇佣；⑨员工不能受到语言、性或者身体上的侵犯或约束。

The Body Shop 的财务情况

在 2008 年，该企业的总体营业收入上升了 1.9％，在瑞典、瑞士、中东、香港、新加坡、韩国、印尼、印度的增长尤其显著。由于 2008 年经济形势不佳，导致发达国家的客流量萎缩，如英国、西班牙和北美。2008 年，The Body Shop 的销售收入为 12.34 亿欧元，西欧和北美占据市场份额的 60.5％。在世界其他地区的销售份额上升明显，占总销售额的 39.5％。此销售收入和欧莱雅集团旗下的药妆产品销售收入基本持平。

在欧莱雅旗下，The Body Shop 是一个独立的部门，它不受欧莱雅运行的控制，继续保持自己的销售网络、进货渠道，也依旧同自己的雇员、供货商、客户等保持紧密的联系。事实上，欧莱雅只是在股份上绝对控股 The Body Shop，并不

会干扰或影响它之前的经营原则与理念。

结语

企业社会责任能否带给企业足够的利润？面对其他以利润为导向的企业，The Body Shop 的竞争优势在哪里？如何获取消费者的信任，进而促进企业销量的提升？

实现 CSR（Corporate-Social-Responsibility，即企业社会责任）不仅仅是一个口号，更多的是需要企业实际的行动，并且是以一种可行的方式。

近年来，企业的社会责任问题受到了媒体和公众的普遍关注，中国的企业往往是重灾区，成为事件的焦点。三聚氰胺奶粉事件、煤矿安全事故频发、农民工欠薪、企业延长工人劳动时间等等，企业在社会责任问题上，没有能够做到一个负责任的"企业公民"，这对企业和产品的形象造成了巨大的冲击，无形中会左右消费者在市场上对产品的选择。

企业的社会责任担当不仅仅是一个口号，而是具体的行为。The Body Shop 等企业做出了一个很好的典范。对自由贸易理论的质疑使这些企业在长期国际社会分工后发现，自由贸易并没有能够改善发展中弱国的环境、生态以及人们的生活条件，而是通过购买者优势、不对称的产业分工等手段，利用技术、管理、品牌、采购量等手段对上游议价能力最弱的供应商进行压榨，从而获得超额利润。这一点在国际分工中导致了全球经济的失衡。强国越来越强，而弱国则难以实现可持续性发展的目标。

好在并不是所有的企业和消费者都认为自由贸易是一个好的途径。公平贸易的理念开始在发达国家中逐渐开始盛行。通过给所有参与到社区公平贸易的农业生产者以合理的待遇，向市场出售价格合理的产品，并尽量争取多数发达国家消费者的理解和认同。这是企业实践社会责任的一个核心环节。

讨论问题

1. 在商业利润和社会责任间，The Body Shop 是如何进行权衡的？这种不以利益最大化作为企业发展目标的经营理念能否实现企业的生存与发展？

2. "不进行动物实验"这样的一个做法是否会受到消费者的反对或者担忧？

作为消费者,未经动物实验的化妆品,你是否会毫不犹豫地选用? 阐述你的理由。

附件

Anita Roddick 生平①

美体小铺的创始人 Anita 1942 年出生于英国海边市镇小汉普顿,父母是意大利侨民。她 10 岁时读到一本关于二次大战纳粹党对犹太人进行大屠杀的书籍,自此便开始关注人权、道德等问题。她受培训成为教师,曾到以色列的集体农场参加教育交流活动,继而游历多国进行教育工作。回到英国后,Anita 的母亲介绍了 Gordon Roddick 给她认识,二人相当投缘。他们在小汉普顿携手开设了一间餐厅及一所酒店,并于 1970 年结婚,其后诞下 2 名孩子。1976 年 3 月 26 日,Anita 成立了第一间 The Body Shop。创办的初衷只是单纯地希望帮助丈夫 Gordon 圆梦——Gordon 要以 2 年时间骑马横越南北美洲,因此 Anita 需要担起家庭生计。缺乏任何营商训练或经验的 Anita,起初只是听取丈夫的意见,尽量每星期赚取 300 英镑。不过,Anita 渐渐体会到营商除了可维持生计外,原来还可以发挥其创意。第一家店为她带来的并不只是财务知识,还令她理解到贸易的一切,包括采购、销售、创造产品及提供服务,令她懂得怎样以优质产品和服务吸引更多顾客消费。秉承她的创业理念,The Body Shop 于 30 年间不断发展,成为国际企业,在全球 55 个市场拥有超过 2 200 间分店。尽管成就非凡,Anita 总是谦称不知自己如何做到!

虽然 The Body Shop 是因为 Anita 要维持生计而成立,但开店的经营模式则是受到她过去的经历所启发。足迹遍天下的 Anita 曾旅居农村及渔村,体验不同地方的小区生活。她发现世界各地许多女性,都是以天然原料来养颜,而且效果极佳。此外,自小受母亲影响的 Anita,喜欢学习母亲于二次世界大战时的生活,彻底落实节约原则,因此 The Body Shop 的营运过程中,亦积极推行:重复使用(re-use)、再次装填(re-fill)与循环再造(re-cycle)。这种理念成为 The

---

① http://www.thebodyshop.com.hk/sc/anita.aspx.

Body Shop 环保运动的重点。

她知道要取得成功，除了靠良好的概念外，还要配合天时地利。The Body Shop 创业时，正值欧洲刚开始提倡环保及宣扬"绿色"概念，这正好造就了公司的迅速发展。虽然绿色向来是 The Body Shop 的标记，但第一间店铺之所以选择绿色为主调，其实只是为了要遮盖墙身的霉迹，又刚巧找不到其他颜色的油漆，可说是一个美丽的巧合。在首间 The Body Shop 开业的 6 个月内，Anita 已开设了第 2 间分店，而 Gordon 亦返回英国。他想出了自负盈亏的开新店模式，使 The Body Shop 的特许经营网络火速拓展至世界各地。The Body Shop 于 1984 年上市。随后 Anita 获颁无数奖项。她打趣说，有些奖项她明白为何得到，有些则摸不着头脑，但有些她亦自觉是应得的。

Anita 相信企业有能力为社会带来更多正面的能量。因此 The Body Shop 的使命宣言是"建立道德良心企业，让人类所居住的世界更美好"。多年来，The Body Shop 及其产品不断为人权及环保工作出力。

1993 年，Anita 会晤了尼日利亚的奥干尼族(Ogoni)代表团。他们携手抗议跨国石油公司壳牌(Shell)在勘察及产油的过程中，强占奥干尼族居民的家园。他们更与非牟利机构发起人权运动，呼吁国际关注事件。可惜，1995 年，奥干尼族精神领袖肯萨洛维瓦(Ken Saro-Wiwa)族长及 8 名族人惨被尼日利亚政府处决。然而，这次人权运动并没因此而停下来，最终，19 名被监禁的奥干尼族人获释。至 1997 年，在人权运动展开的 4 年后，壳牌发表声明，表示今后的营运会合乎人权及可持续发展原则。1 年后，他们发起"利润与原则"推广活动，向大众表示会在经营时关注企业责任，顾及利益相关者的权益。Anita 相信，The Body Shop 会促使壳牌公司了解如何体现企业的公民责任。

2001 年 9 月，Anita 带领 The Body Shop 与国际绿色和平组织合作，加上数以千计的其他机构及顾客支持，共同表示关注全球暖化问题，发起使用再生能源的国际宣传运动，建议各国善用风力及太阳能等可再生能源，减少由燃烧石油所引起的环境污染。

此外，The Body Shop 又通过提倡社区公平贸易，令企业与个人利益同时得到保障。The Body Shop 是首间推行公平贸易政策的化妆品公司，以合理价格从各地社区直接购买最优质的天然材料和手工艺品。由 Anita 监督实行的社区贸易计划已持续了超过 20 年,初期以"贸易,而非援助"(Trade—Not Aid)为口号,原本只有一家印度供货商,现在社区贸易计划的伙伴已遍及超过 20 个国家,包括巴西及赞比亚等,为多于 15 000 人提供稳定收入。Anita 理解到,虽然与 The Body Shop 经商不会令农民致富,但可以协助他们维持自己选择的生活方式,自己主宰命运。

The Body Shop 与位于迦纳塔马利的供货商 Tungteiya 合作,是社区贸易计划中一个成功例子。Anita 与 The Body Shop 基金会提供多个磨坊及开谷机器,协助供货商提取乳木果。自此,塔马利地区的妇女们获得工作,从而能赚取稳定收入,以支持教育、医疗开支,并建造新房屋,改善居住环境。当地居民又存得资金建造了 10 所学校,购买教育设施及聘请老师授课。同时,经济改善也令他们更易获得安全饮食及卫生设施。迦纳有 43% 人口生活于世界银行所订立的贫穷线以下,就业机会相当不足。Tungteiya 乳木果协会的成功个案,相信可以带来不少启发。

可以肯定,The Body Shop 及 Anita 的成就的确深入民心。她的启发性,令 The Body Shop 成为国际知名企业,与数千名员工共同分享相同的目标及价值观。其营商理念与做事方针,为企业社会责任树立了新的典范,有别于主流商业社会的经营手法。

Anita 形容自己过往几年的生活,是人生中最兴奋的阶段。她认为年纪越大就会越进取。她喜爱 Dorothy Sayers 的引述——"越成熟的女人,越易被任何世界上的力量吸引而停不下来"。1999 年 11 月,Anita 参与了反对西雅图世贸部长会议的游行,与许多参与者共同指出世界贸易组织是妨碍第三世界国家发展的元凶,并亲身见证"西雅图大抗争"(Battle of Seattle)。

2000 年,她出版自传《Business as unusual》。至 2001 年,她又编辑了《Take it Personally》,谈及关于全球化及世界贸易组织的权力争议。

Anita 曾发起多次人权运动,取得骄人成果,这亦使她决定设立个人的出版社——Anita Roddick Publications。她喜欢利用多元化的渠道宣扬她一向关注的项目——人权、环保及创新的异见思维,她称之为"大杀伤力武器"(weapons of mass instruction)。首两本于 2003 年出版的书籍分别为《Brave Hearts, Rebel Spirits: A Spiritual Activist's Handbook》及《A Revolution in Kindness》。

2004 年出版的包括《Troubled Water：Saints，Sinners，Truths & Lies about the Global Water Crisis》及《Numbers》。2005 年，她重新修订《Business as unusual》，推出新版。

Anita 于 2001 建立网站 www. AnitaRoddick. com，于 2004 年建立网站 www. TakeItPersonally. org。这些网站成功吸引了大批拥有近似想法的人，鼓励他们投身大规模社会运动，网站的潜力令她大为赞叹。

之后，Anita 继续热衷参与多项国际社会运动，包括反对跨国企业剥削第三世界血汗工厂（与全国劳工协会携手合作）；加入人权组织，要求美国政府释放政治犯 Angola Three。这 3 名政治犯是 1970 年代的黑人政治活跃份子，已在安可拉监狱中被分开单独监禁了接近 35 年。

2006 年，欧莱雅 L'Oréal 集团收购了 The Body Shop。Anita 当时说："对于我和 Gordon 来说，这次并购是庆祝 The Body Shop 诞生 30 周年的最佳礼物。"

L'Oréal 非常拥护及支持 The Body Shop 的价值观。他们了解 The Body Shop 是业界的先驱，并已将企业的社会性提高到一个新的境界，不仅要能盈利，同时需一并顾及社会需求、人性尊严，以至动物权利及社区贸易。

收购后，Anita 仍然是公司的全球总裁。在 2007 年，她继续参与 The Body Shop 店铺的运动，更为 L'Oréal 担任顾问，给予关于社群贸易的意见。

Anita 又于 2007 年对外透露，她在 1971 年生小女儿时需要输血，因此感染了丙型肝炎，她是在 2004 年才诊断得知的。自此，她便积极支持丙型肝炎基金会（Hepatitis C Trust）的工作，并成为其赞助人，提升公众对此疾病的关注，并游说政府采取更多预防措施。这是 Anita 的典型作风，将个人的体验化作推动社会运动的力量，务求令更多人认识有必要关注的问题，推动社会态度及政策的改变。

2008 年 9 月 10 日，Anita Roddick 爵士不幸病逝。弥留之际，她的丈夫和两名女儿陪伴在侧。Anita 的离开令人惋惜，全球各地均举行了追思活动。英国首相白高敦向她致敬："她透过产品，令大众了解到不少改善社会民生的方法，在环保与人权运动上建树良多。她亦是全国首屈一指的女商人，为全国创业女性树立了典范。"

多次与 Anita 合作的环保组织——绿色和平的执行长索文则说："Anita 不只在环保与人权议题方面启发身边的人,她的热情也让人深受鼓舞,今天每家公司都说自己环保,她却是在数十年前就开始做,她是真正的先驱。"

受惠于社区贸易计划的迦纳 Kuapa Kokoo 可可豆供货商说："我们非常感激神赐给我们这个启发者。她致力改善弱势社区的生活,这份热诚及精神将会永远长存在我们的脑海里。Anita 及 The Body Shop 在 Bayerebon 区兴建了一所学校,更令 Kuapa Kokoo 所有家庭、族长及人民永远怀念她。她的爱如种子般,随年月渐渐成长,给予我们丰盛的果实。"

美体小铺的发展历史①

1976 年 3 月 26 日,英国南岸的布莱顿出现了第一间 The Body Shop 门市。1978 年,布鲁塞尔的一个售卖亭成为第一间特许经营店。直至 1982 年,新分店每月平均开设 2 间。

The Body Shop 于 1985 年上市,并成为绿色和平的赞助商。一年后,成立环保企划部,并于 1986 年与绿色和平合办第一个大型活动——拯救鲸鱼。

The Body Shop 首个来自社群贸易的产品是脚底按摩器(Footsie Roller),于 1986 年由南印度居民生产。这个交易令企业与 Teddy Exports 结下深厚渊源,现在 Teddy Exports 是企业在印度的社群贸易计划的主要供货商之一。

1990 年,在进军美国一年后,The Body Shop 已收到 2 500 个特许经营申请。市场对 The Body Shop 产品的需求不断增加,新店亦越开越多,公司在开业后的短短 14 年间,贸易网络已遍及 39 个国家。

1990 年,旨在资助人权和环保组织的 The Body Shop 基金会(The Body Shop Foundation)正式成立。

The Body Shop 基金会于 1991 年推出关注露宿者的《大事报》(The Big Issue)。至 1998 年,《大事报》成功延伸至美国,由 The Body Shop 基金会提供部分资金,并在洛杉矶出版。

---

① http://www.thebodyshop.com.hk/sc/our_history.aspx.

在 Anita Roddick 的推动下，新商学院（The New Academy of Business）在 1995 年于英国巴斯大学成立，提供崭新的管理学学士课程，教授社会责任、环保和道德课题。

1993 年，The Body Shop 发起人权运动，呼吁国际社会关注奥干尼族（Ogoni）和他们的族长肯萨洛维瓦（Ken Saro-Wiwa）被压迫事件，并抗议砚壳公司与尼日利亚政府勾结强占他们的家园。

1994 年，直销业务的 The Body Shop At Home™ 在英国成立，并于 1995、1997 及 2001 年先后进军加拿大、澳洲及美国。现在已遍及美国 48 个州份，而且规模越来越大。

The Body Shop 继续实践环保营商理念。2001 年，英国 The Body Shop 以及在 Watersmead 的总公司转用可再生环保能源。现已有多间 The Body Shop 店铺转用环保能源，其余店铺亦陆续效法。

The Body Shop 成功推广反对动物测试运动。英国于 1998 年 11 月全面禁止使用动物作彩妆产品和原材料测试，并于 1996 年发起大规模请愿行动（共收集到 400 万个签名）向欧洲委员会（European Commission）递交请愿书。

1997 年，The Body Shop 成为首间实行由国际保护动物组织发起的化妆品人道准则（Humane Cosmetics Standard）的公司。

1995 及 1997 年，The Body Shop 价值观报告（Values Reports）被联合国环境规划署誉为可持续发展的先驱，于企业环境报告书中获最高评级的公司。

1997 年，The Body Shop 创业 21 周年，推出新的旗舰店设计，获年度零售店设计优秀奖。

1998 年，正值世界人权宣言 50 周年，The Body Shop 与国际特赦组织发起联合行动，呼吁人们关注人权人士的困境，鼓励消费者为人权"出一份力"（Make Your Mark），这个行动成功获得 300 万人参与。

1999 年，The Body Shop 在英国、欧洲、美国和亚洲设立办事处，将营运和管理架构扩展到海外。

2001 年，The Body Shop 首个会员奖赏励计划 Love Your Body™ 在美国推出，并且非常受欢迎，现已在全球主要市场推行。顾客可尊享 9 折购物优惠、赠品、生日礼物以及会员优惠。

2001年6月，The Body Shop业务扩展至南非。New Clicks Holdings加盟成为The Body Shop在南非的第一间特许经营店，并透过本身的基金会（New Clicks Foundation）致力于实践企业社会责任。

2002年，The Body Shop与国际绿色和平组织发起使用再生能源的国际宣传活动，并向在约翰内斯堡举行的世界持续发展高峰会递交600万个顾客签名。此外，又投资推广再生能源，资助发展中国家的节能计划，并在产品包装上使用回收物料以实行保护环境的原则。

2003年，The Body Shop为协助防止家庭暴力，推出全球性防止家庭暴力运动。这项运动源自企业过往10年在加拿大、美国和马来西亚等市场所举行的地区性运动。运动目的旨在提升社会对家庭暴力事件的关注、为有关团体筹款，以协助受害者，并确保顾客和员工清楚地知道如何向有关事件的受害人提供建议和协助。

2003年6月14日，Anita Roddick被列入英女王寿辰荣誉奖得奖名单，被封为爵士。

2003年，The Body Shop的业务扩展至爱沙尼亚和土耳其。

2004年，The Body Shop成为全球首个加入可持续发展棕榈油圆桌会议（Roundtable on Sustainable Palm Oil）的零售商，并与非政府组织和发展商合作保护热带雨林以及改善工人和原居民的人权状况。

2005年，The Body Shop加入安全化妆品运动联盟（The Campaign for Safe Cosmetics），基于对化学品方面的政策和负责任态度，荣获绿色和平和乳癌基金会嘉许。

2005年，The Body Shop在保护动物方面表现优异，英国（皇家）保护动物协会（Royal Society of Prevention of Cruelty to Animals）独立评审委员会根据The Body Shop的反对动物测试政策，在首届颁奖礼中向它颁授年度大奖。

2005年，The Body Shop业务扩展至约旦和俄罗斯，全球分店数目增至2 045间。

2006年3月27日，The Body Shop踏入30周年。

2006年，The Body Shop赢得人道对待动物协会（PETA）Proggy（进步）奖，作为企业对反对动物测试上贡献的嘉许。

2006年，The Body Shop与联合国儿童基金会以及联合国秘书长合作，继续推动全球防止家庭暴力运动，并探讨家庭暴力给儿童带来的影响。

2006年7月12日，The Body Shop加盟L'Oréal集团，并在伦敦证券交易所取消上市，继续以英国为基地，并继续实践原有的营商理念。如今The Body Shop的管理层在L'Oréal集团内独立运作，直接向集团的行政总裁Jean-Paul Agon报告。

2007年9月10日，创办人Anita Roddick爵士逝世，享年64岁。The Body Shop仍然坚守Anita Roddick爵士的创业理念。

2007年，The Body Shop及MTV推行的第一个合作计划"停止艾滋病毒传播：喷出新态度"活动，通过义卖限量版野红莓淡香水，为活着基金会（Staying Alive Foundation）筹得约43万英镑善款，支持他们宣扬预防艾滋病，通过教育启发年青人对艾滋病毒及艾滋病的认识和关注。

2008年1月，Sophie Gasperment加盟The Body Shop，并于2008年6月正式成为The Body Shop总裁。2008年8月，全线The Body Shop店铺披上新装，令品牌形象焕然一新。

欧企在中国的文化因素思考:法波的个案①

案例导读

　　本案例描述了欧洲知名企业法波集团在中国市场的国际化经营历程,解释了合资企业——法波坚石成立以来取得丰硕成果的深层次原因。然而,这些成就的取得也不是一帆风顺的,其中经历了双方的辛勤工作以及持续的相互适应。本文对法波集团的发展历程以及国际化之路进行了详细描述之后,聚焦于在中国市场的经营情况,法波坚石从成立到成功的道路以及未来企业文化发展的前景。具体而言,该案例详细讲述了欧洲与中方合作伙伴的首次正面交锋,例如他们如何建立相互的信任,如何制定详细的商业规划。同时,还涉及了法波坚石成立与发展过程中,组织结构、人事交流与沟通、品牌化、服务与自我实现、人力资源等方面的问题以及解决过程。

　　十月的一个下午,走进位于佛罗伦萨的法波电子控股集团总部大厦时,外面正下着小雨。从外面进来的时候,还感觉到有一丝寒冷,但是进入大厦发现,里面却温暖如春。此行目的是来访谈法波电子总裁戴维·拉莫先生,说明来意之后,我被安排到了大厦一层等候室。周围身着套装、休闲装的人们来来往往,但并没有破坏房间的这份宁静。

　　环顾四周,我的目光落在了一本书上,该书收集了大部分欧洲知名品牌。轻轻翻开之后,法波电子控股集团首先映入眼帘。我之前在佛罗伦萨设计中心

---

　　① 本案例由西班牙马德里大学张莹莹博士和中国人民大学高中华博士编写。此案例仅作为课堂讨论的材料,作者无意阐明案例是否有效地应对了一个管理情景。为了保密,作者可能在案例中有意隐去了真实姓名或其他信息。未经书面授权,禁止任何形式的复制、收藏或转载。

了解到，法波电子控股集团是一家创新与设计导向型公司。在浏览该公司网站时，我一直思索，法波集团如何从生产电子小产品的作坊，成长为全球知名品牌？为什么在中国也能取得如此巨大的成就？

众所周知，中国市场正在迅速崛起，受到了很多国外企业的关注，但是由于他们对中国商业环境缺乏系统了解，来到中国之后却举步维艰。而如今，法波电子控股集团被视作跨国公司中国化经营的成功典范，广受他人效仿。人们不禁会问，法波电子是谁？为何能在中国取得如此之大的成就？戴维·拉莫先生将为我们讲述法波电子控股集团的故事。

法波电子的发展历程

1936年，法波电子控股集团（后简称法波电子）成立于意大利佛罗伦萨，前身是一家生产小电器的小作坊。创立者法波·维比特的雄心壮志使当初的小作坊成长为如今拥有3 500多种产品，子公司以及分支机构遍布全球55个国家的企业集团，历经四任领导者。截至2009年，法波电子年营业额已经达到3.5亿欧元，拥有5 000多名员工，其中一半在意大利工作，一半在其他国家工作。

法波电子子公司以及分支机构达22家之多，核心业务涉及范围较大的电子设备生产领域，如电子材料和线路防护物、照明设备、声控与数字连接器、导线管、电子设备等，这些先进技术为诸多家庭、企业及公共空间提供了舒适安全的解决方案。

法波电子的国际化道路

法波电子的国际化道路开始于20世纪60年代，他们在占领了绝大部分意大利市场后，决定开拓意大利以外的市场。通过不懈的努力，法波电子在1968年与一家德国电子公司建立了战略合作伙伴关系，为其国际化扩张提供了不少帮助。20世纪90年代法波电子陆续进入了葡萄牙、法国、摩洛哥、阿根廷以及巴西等国家。目前，不仅在意大利本地市场拥有了约50％的份额，而且还在法国、葡萄牙、摩洛哥、德国、中国、突尼斯等多个国家设立了国际代表处、分支机构以及生产工厂。

尽管意大利目前还是法波电子最大的市场，但是由于该市场趋于成熟，已经没有太大的成长潜力。从 20 世纪 90 年代起,法波电子开始把战略焦点转移到其他未成熟市场,主要考虑到以下两个原因:一是这些新兴市场生产成本低下,容易对法波电子形成较大的威胁,只有寻求具有更大竞争力的地区,才能开展大规模低成本生产;二是这些新兴市场具有良好的销售前景,拥有巨大的增长潜力,因此这些地区也可以当做法波电子的目标市场,而不仅仅是生产中心。另外,法波电子已经积累了大量的市场和行业知识,这是新兴市场所不具备的,因此有助于其实施差异化经营战略。

根据法波电子的经验,不同国家拥有不同的自身特点。例如,巴西拥有几千个税种,这是进入巴西市场的首要考虑因素,而在摩洛哥税收就不再是主要考虑因素。因此,法波电子认为进入目标市场时,寻求本地合作伙伴非常重要。只有无法寻找到合适的本地合作伙伴时,法波电子才会独闯该市场,比如秘鲁就是非常典型的例子。

对于法波电子来说,选择合作伙伴时,双方具有共同的价值观以及相似的经营领域尤为重要。有时候,寻求合适的合作伙伴需要依靠一定的机遇与巧合。例如,法波电子拓展摩洛哥市场就是如此。在一次商务旅行中,戴维·拉莫先生认识了一个朋友,他们相处非常融洽,彼此产生了合作意愿。

法波坚石:法波电子的中国化之路

法波电子进入中国市场,机遇性与目的性兼具。一方面,中国市场是他们不愿意错失的良机;另一方面,他们又不想单枪匹马闯入中国市场,倒不是担心资金或者技术方面的问题,而是在采取何种销售与市场手段上还犹豫不决。因此,法波电子在旅华意大利人的帮助下,列出了一个潜在合作伙伴名单。对相关信息进行分析之后,法波电子控股集团与这些潜在合作伙伴进行了联系,最后选择了位于浙江宁波市的一家民营企业——坚石电子有限公司(后简称坚石电子),开始了这桩跨国"婚姻",选择坚石电子的主要目的是他们具有良好的行业背景与商业政策。

1996 年,意大利的法波电子控股集团与中国的坚石公司联合成立了一家合资企业——法波坚石电子有限公司(后简称法波坚石),其中 55% 的股份属于法波电子,45% 属于坚石公司。法波电子控股集团总裁戴维·拉莫先生全程参与了合资公司的组建。从起初寻找潜在合作伙伴,到后来拜访、评价有潜力的中方合作者,再到最后与坚石电子确定了合作关系,整个过程中他都积极参与,建立并加深了双方的私人关系以及相互信任。

1997年3月10号,法波坚石在浙江省宁波市举行了首家工厂的奠基仪式;截至2009年,在宁波市已经拥有了三家工厂,占地面积达到10万平方米,雇用了2500多名中国员工。2001年8月,在上海成立了中国商业与营销总部,拥有38家商业代表团,2000家经销商与批发商。2007年,销售额达到1.6亿元人民币。从1997年起,质量、设计与创新就被视作法波坚石的制胜法宝。到2009年,拥有了80多项国家级专利发明,所有的生产工厂都通过了ISO9001认证。

从成立以来,法波坚石保持了稳步地成长,销售收入得到了持续地攀升。1998年,销售额仅为几百万人民币,但是到了第一个五年计划期结束时,总销售额达到了5亿元人民币,年增长率为60%。2009年,中国市场总规模为60亿元人民币,该品牌的产品占据了约25%的份额。面对来自同行业其他对手的激烈竞争,法波坚石当年的销售收入达到了1.8亿元人民币。这对于法波坚石来说,中国市场潜力无限。在第二和第三个五年计划期中,法波计划保持了30%稳定的年增长率,预计2012年年销售收入将实现10亿人民币。最重要的是,法波坚石从成立第二年起就实现了持续性盈利。

法波坚石销售收入持续成长的同时,产品生产规模与员工队伍也不断扩大。为了满足市场需求,工厂数量从最初的一家增加到了三家,生产能力也得到了成倍增长。内部员工也从1997年成立之初的30人扩大了80多倍。目前,中方子公司的生产能力在法波电子控股集团所有子公司中排名为第二,销售力量排名第一。

目前,中国市场竞争相当激烈,已有几千家企业参与了这个行业的竞争。在高端细分市场,不少欧洲、美国与日本公司历来比较保守,很少推出创新产品,因此他们的销售规模一直没有太大起色;另外,还一些国际知名品牌没有适应中国本地市场,面临着被收购的威胁或者已经主动准备出售企业。像法波坚石这样一直保持较高增长率的成功例子还非常少。在低端细分市场,多家企业正在拼价格战,竞争异常激烈。尽管该市场具有较高的潜力,但是未来的不确定性也非常大。法波坚石目前所取得的成就让现任总经理周康民先生对公司未来前景充满自信。

法波坚石：法波电子控股集团与中国坚石电子的融合之道

法波电子拥有七十多年成功的市场知识与经验，发展道路上走过的每个里程碑都代表着知识与经验的不断积累。通过中意双方管理人员与技术人员之间的交流，这些知识与经验在法波坚石得到了传承。据法波坚石现任总经理周康民先生称，法波电子的成就同样令中方团队也感到非常自豪，在"发现问题是什么，如何解决问题"上，他们积极地与其他子公司分享经验。对于中方人员来说，这是学习、反馈以及为自身问题寻求快速解决方式的有效手段。如何在中国市场取得成功，不仅对国外管理人员来说是一个长期的过程，对于中方管理人员来说也是如此。即使以前的知识与经验再好，双方同事之间的关系再融洽，一些主要问题也难以回避，即双方都发现难以理解对方的思维模式。

首次中国"会议"

法波坚石建立之初，也就是在法波电子刚与坚石建立联系时，这个问题便初见端倪。导致彼此误解的主要原因不仅仅是语言障碍，更有可能源于双方不同的表达方式。

像大多数同时代的其他中国商人一样，坚石电子的老板林守业先生并不会讲英语。在与戴维·拉莫先生进行交流时，往往依赖于精通意大利语与汉语的翻译人员提供相应的帮助。翻译人员的翻译水平很高，由于中意两国不同的商业背景和情境，双方对许多技术、管理方面细节的理解还存在很大的差异。拉莫先生初次来到浙江宁波时，希望能够按照进度计划高效地完成任务。然而，林先生却希望对法波电子的产品、技术了解得更为详细一些，款待"来自远方的朋友"方式也非常热情。但是，双方经常在协议与一些表面上看似无关的问题上争执不休，会议往往被无限延长，并且没有实现任何预期结果。有时候，尽管双方也能达成一致，但是接下来，这些问题又会不断出现，需要重新进行讨论。拉莫先生不得不经常来中国参加每个会议，也就是说每隔三周就来一趟中国，花一周左右时间进行谈判，这让合作难以取得显著性进展。

尽管双方在合作上都表示出了共同的兴趣，但是一些细节操作性问题导致双方难以达成一致,合资经营一度被搁浅。意大利合作伙伴归咎于中方的谈判技术;但是即使不断对中方伙伴施压,结果依然不理想,之前达成的一致意见依旧不断被推翻,双方谈判经常处于崩溃的边缘。

瑞斯先生是环球商业(中国)咨询公司的总裁与合伙人,该公司主要为在中国经营的跨国公司提供相应的咨询业务。瑞斯先生具有广泛的项目咨询经验,早在 20 世纪 80 年代,他就来到了中国。20 世纪 90 年代,意大利在中国掀起了一阵投资热潮,他丰富的经验终于有了用武之地,他致力于帮助进入中国市场的意大利公司理解中国人的思维模式,更好地与中国商人打交道。在意大利和中方人员之间的谈判首次出现僵局时,他就开始实施干预了。他从外部较远的角度审视问题,给出了客观的专家建议。

瑞斯先生发现,谈判双方尽管语言不通,然而实际上都在表达同样一回事。因此,在双方的谈判中,他依然通过翻译人员来推动沟通,但是他经常会问翻译人员:"林先生的意图是什么?"而不是直接问:"林先生说了什么?"例如,当林先生说"好的,我们以后再谈"时,他的真实意图可能是"好的,我们将在以后讨论细节";或者也可能意味着他不愿意再继续推进这个话题,这么说是为了转移对方注意力。在这种情形下,必须选择具有较强的语言敏感性与语境熟悉性的中方翻译人员,这样他能很好地捕捉林先生想要表达或回避的真正意图。同样,拉莫先生每趟旅行参加会议的时间也进行了延长,以确保谈判时间充分,每个细节都能得到确认。四个月之后,谈判顺利结束。

建立信任

尽管戴维·拉莫先生讲意大利语,而林守业先生讲汉语,但是两人都拥有工程师的背景。尽管他们经常会从不同角度和立场看待问题,并且会发生一些争执,但是双方都具有相同的产品与技术常识。所以,当他们开始谈及法波电子的产品时,林先生便会变得非常热情。经过一段时间的谈判、接触以及拜访之后,双方建立了深厚的私人关系。拉莫先生表示,法波电子并不想高估自己的技术、设备以及专有技术;林先生也表示自己是一个诚实的商人。

林先生深知,坚石是一家小公司,如果没有外界帮助,很难在竞争日益激烈的中国市场得到快速发展。在了解了法波电子的文化与拉莫先生的为人之后,他决定向法波电子交出合资公司法波坚石的绝大部分股权,条件是由他来继续出任该公司的高管,并且按照之前达成一致的规则进行经营。作为法波坚石的创始总经理、中方合伙人,林先生负责法波坚石中国市场,每月向意大利法波电子控股集团汇报经营情况。这不仅为新公司贡献了他个人的发明,并且还带来了与当地政府的良好关系。后来他一直担任法波坚石的总经理,直到2004年因病去世。

拉莫先生从意大利频繁地访问中国,成为实现面对面沟通,更好地增进彼此理解的先决条件。林先生则以亲密的关系、专业的态度以及私人的接触,赢得了拉莫先生的尊重与信任。尽管法波电子拥有合资公司的大部分股权,但是从来没有把意大利的管理风格与标准强加于法波坚石,反而借助于集中化企业资源计划(ERP)中的财务控制系统,赋予林先生在日常管理工作上完全的自主性。

商业计划

在合资公司宪章性协议签署时,法波电子便意识到需要在合资公司正式经营前制定相应的商业规划。但是,当时双方之间还有不少差距没有全部填补。中方的林守业先生具有传统的中国商人思维模式,他急于引进法波电子的技术、生产设施以及行业专有技术,但是依然想在坚石电子之前业务领域内开展工作,根本没有想过制定新的商业规划。而在欧洲思维模式中,新公司经营之前必须制定严谨的商业规划,规划中需要充分考虑到市场、财务控制、销售预测、产品生产及物流规划等方面的细节。因此,在商业规划构想方面,双方没有达成共识。

瑞斯先生很理解双方的观点,他强调实现双赢是最好的结果,也是最为重要的目标,"总之,法波坚石需要获得成功,因此双方都必须采取诚实的行动"。通过大量密集的沟通之后,双方在所有这些方面采取了承诺的态度,彼此都学着在日常经营中友好相处,从此再也没有遇到过任何极端的情况。

在瑞斯先生的调停下,中方管理人员被送往佛罗伦萨法波电子总部学习企业文化,让他们了解意大利法波电子总部如何经营。最后,中方人员接受了法波电子的企业文化与经营方式,双方确定了法波坚石的商业规划。之后,双方还制定了五年期战略规划。伴随着资金、技术以及人力资源源源不断地注入，法波坚石展现出了巨大的商业潜力以及稳定的发展态势。林守业先生也认识到，合资公司法波坚石将比原先的坚石电子发展得更快，走得更远，因为原先的坚石电子仅仅是一家资源与经验有限的中国本土小企业。

组织结构

法波坚石目前的组织结构类似于法波电子控股集团。专设办公室来辅助总经理履行职责以及向董事会进行汇报，董事会由销售与市场、财务与IT、人力资源中心、制造中心、研究开发与采购中心等部门的管理层组成。

法波坚石执行董事会由6个人组成，负责制定战略决策与修订财务报告。董事会会议通常在位于中国的法波坚石举行。瑞斯先生作为执行董事之一，经常要来中国列席年度董事会会议，有时与法波电子总部的其他成员一同前来。年度会议负责审查上一年度的财务账目，以及下一季度的投资规划与预算。除了年度会议外，董事会还定期举行一些小型会议，通常情况下，每隔两个月举行一次，解决经营中出现的问题。

1998年以来，法波电子控股集团全球运营总监马奇先生加入了中国项目的组建过程，此后他与他的团队一直是连接法波电子与法波坚石之间的纽带，协调各母子公司之间的国际经营事务。马奇先生带领的团队是一个全能型团队，拥有市场、产品、技术等多方面的知识。他们每月或者一个半月就会来中国一趟，与法波坚石中方管理人员一起工作，为中方人员提供所需要的各项支持。尽管中方管理团队享有高度自主性，但是法波电子在选择财务控制人员以及战略方向抉择上仍然非常严格。拉莫先生称："如果不能很好地了解中国公司经营情况，就会加大法波电子在意大利对中国业务的管理难度。"法波电子向中方提供技术、市场策略以及其他要素比较容易，但是从意大利或以意大利方式监控中方管理层难度就比较大了。因此，管理最好方式就是向中方团队进行充分授权。

人事交流与沟通

法波电子的哲学是："聚集的人越多，事情就越好办。"尽管法波电子并没有为中国子公司的员工制定特定培训方案,但是中方员工一直都有机会到意大利接受正式或非正式的培训。培训需求主要来源于实际工作,申请流程非常简单。培训申请一旦被接受,中方管理人员与员工就可以飞往佛罗伦萨,接受特定领域的专有技术培训。此外,这个流程中最为关键的部分是回顾性地比较总部与中国子公司之间的异同,理解意大利工厂的运作方式以及了解意大利总部工作人员的做事方式。

如果技术性问题具有一定的复杂性,中方技术人员会在意大利停留足够长的时间,与法波电子控股集团的技术人员近距离工作,以便于频繁地交流意见,直至问题得以解决。

经过艰苦卓绝的工作之后,根据中国本土市场的特征,开发了完全不同的电子材料目录。例如,由于中国市场的不同需求,设计了与其他市场不同的电源插座与包装。

但是,当意大利销售与沟通风格没有被法波坚石的市场与销售团队理解与接受时,问题就产生了。双方对语言与文化感知非常不同,因此在不同情境中,对颜色、风格、标语的解读也具有不同的含义。例如,在意大利法波电子总部,随处可见"法波电子,享受电力"这样的标语;而在中国,标语则是"法波电子,创立于1936年,来自于佛罗伦萨。"导致这种差异的原因是,意大利市场非常成熟,法波电子通过向顾客提供创新型产品,让他们享受电力带来的美好生活,而在市场上获得了明显的领先地位;而在中国,法波电子定位为高品质创新品牌,悠久的艺术传统出身会更容易引起顾客的共鸣,因此在这个拥有悠久历史与丰富文化的新兴市场,强调公司的悠久历史与来源于激情意大利和艺术佛罗伦萨显得更为重要。为了让市场人员理解这些方案,他们往往会被送往意大利进行学习。这并非简单地复制法波电子模式,而是通过解读意大利做事的方式,以及分析中意双方的差异,明确在中国需要做哪些事情。

这些交流推动了双方对解决方案的寻求,并且让中方员工意识到他们的知识是法波坚石成功的关键。一开始,在知识份额与决策推动中,法波电子拥有较大的权重。经过几年持续交流之后,中方团队一步步地全面接管了法波坚石的经营与管理,并且完全代表了法波电子的精神与文化。拉莫先生认为:"这个转变本身就是法波电子的巨大成就。"目前,尽管英语是主要工作语言,但是不少中方员工可以流利地讲意大利语,这充分证拉莫先生的观点。

品牌、服务与自我实现

法波坚石取得的成就不仅是量的积累,更是质的飞跃。在中国市场,法波电子这个品牌从一开始的无人知晓已经发展到了家喻户晓。法波电子在一向重视高品质的高端细分市场的一贯定位,带来了如今非常高的品牌认知度,并且进入了一些知名的中国建筑工程,例如在 2008 年夏季奥运会中投入使用的国家体育馆(也称作"鸟巢")。

基于高水平的质量控制、设计与创新,法波电子这个品牌让分销商与零售商赚取了大量的利润。售前与售后的专业服务也大大提高了顾客满意度,同样又再次提升了品牌知名度。与法波电子一同成长的态度让法波坚石的员工在经济与精神两方面都得到了丰富。在法波电子工作,让很多人体会到了自我实现带来的满足感。

法波坚石的人力资源

作为应用于所有子公司的全球契约的一部分,尽管法波电子控股集团制定了全球人力资源战略,但是法波坚石的人力资源战略焦点还是相对独立的。由于之前法波坚石的规模比较小,所以在一开始,人力资源管理还不是很正式,灵活性比较大。随着公司的不断成长,员工队伍也在不断壮大。一般而言,新加入的员工具有较高的能力素质,但是他们的期望也相应比较高。为了跟上这种趋势,管理体系也必须随之进行调整。

2000 年 4 月,陈莎拉女士加入了法波坚石,担任人力资源总监,主持设计了人力资源战略、规划以及实施方案。之前,她曾在可口可乐公司以及一家西欧在华公司从事人力资源工作,具有丰富的人力资源工作经验。任用陈女士就是为了固化并加强人力资源对法波坚石的战略贡献。

与其他中国公司一样,法波坚石也面临着较高的员工流动这个挑战。为了解决这个问题,陈女士把人力资源工作的焦点放在了促进员工之间的沟通、强化企业文化建设与职业生涯规划这些方面。由于销售与市场团队在绩效评估上面临着更大的压力,因此给予了他们特别的关注。另外一个人力资源规划行动建立并推行任职资格体系,把薪酬、晋升与评价结合在一起;职业生涯阶梯的正式化为每名员工提供了透明、清晰的职业生涯发展目标。

戴维·拉莫先生认为:"法波坚石的人力资源政策变得与欧洲法波电子的政策越来越相似,当然,差异还是存在的,但是最终人们的追求将趋于一致:在工作中获得良好的感受与公平的报酬。"

外派管理人员

法波坚石的员工队伍已经实现完全本土化。在 1996 年公司起步阶段,意大利管理人员扮演了财务控制者的角色。但是,工业投资的回报期往往比较长,意大利人几乎没人愿意作为外派人员,在异国他乡生活超过四年。"我们规模还不大,没有那么多外派管理人员。外派人员往往出去一段时间后会寻求回国的机会,大约三年吧。我们公司还吸纳不了那么多的外派回国人员。我们在 10 个国家建立了子公司,意味着我们要每年吸纳三名外派回归人员。此外,如果任用本土人员担任经理还可以提高他们对公司的认同度",戴维·拉莫先生解释道。

合格的员工队伍

在意大利懂得英语与汉语两种语言的意大利管理人员非常稀缺,因此招聘到合适的高级经理难度比较大,支付条件也比较苛刻。法波坚石非常欢迎拥有相似资历与能力的中方管理人员,只要他们具有透明性、工作意愿与激情,拥有相应的经营能力与管理技能。

职业生涯发展与整合的企业文化有助于激励并留住合格的员工。新的人力资源体系实施以来,留任率从 50% 提高到了 75%。陈女生认为,一定水平的流动有利于保持工作团队的活力与健康。

法波坚石的领导艺术

为满足公司发展吸引大量的同时懂得中西方文化的领导者,是人力资源工作最艰难的一项任务。简单来看,中国并不缺乏人才。懂得销售、财务等领域专门知识的管理人员越来越多;但是掌握综合管理技能的管理人员却非常缺乏。

此外，在其他个体特质中，最宝贵的资产是态度、思维、人格以及良好的沟通技能。法波电子控股集团认为，对中方领导者以及部门负责人进行培训一直被视作法波电子成功的决定因素。这意味着中方管理人员在法波坚石具有完全的独立性，但是这是他们从一开始在法波电子的帮助下实现的，让他们掌握了如何做事情的经验，也就是法波电子的企业文化：勤奋、执着、务实、创新。

在创始总经理林守业先生身患重病去世之后，周康民先生被任命为法波坚石新任总经理。从 1998 年起，周先生就一直在法波坚石工作，刚开始担任生产总监，直到 2004 年被任命为总经理之前，一直负责物流与行政事务。周先生英语非常流利，在加入法波坚石之前，他曾经效力于多家跨国公司，这些工作经验非常有利于他理解西方的管理风格与生活方式，更有效地与母公司进行沟通交流。

法波坚石的企业文化

早年法波坚石的经营方式还比较粗犷，他们认为，任何市场战略在现实中都无法完全实施，即使他们使劲换身解数，顾客也不会认可这个欧洲品牌。但是员工们在勤奋、信念、压力与目标的驱使下，情况发生了转变。在企业文化上，双方还缺乏共识，因此还需要做很多事情来改善这种状况。

在法波坚石成立之初，产品质量还需要不断改善，销售规模也需要不断提高；销售人员还需要骑着自行车去建设项目上推销产品。在这种情况下，员工流动率非常高，忠诚度也非常低。法波电子一直强调信任是实施控制体系的重要工具，这个理念通过不断地沟通在法波坚石各部门之间频繁重复。快速扩张之后，企业文化与管理哲学逐渐变得非常重要，因为技术、市场、价格或项目认定已不存在问题，而人事相关问题却不断增加。

周先生认为，法波坚石的成功主要取决于外方与中方管理团队的相互信任、各项政策的稳定发展、专业化的管理水平以及管理体系的创新。"此外还有其他的关键因素，例如保证产品质量也同样非常重要，但这并不是公司的最终目的"，周先生解释道，"然而如果缺乏拥有强势企业文化、团结一致的团队，情况将非常危险"。

强势企业文化以及组织认同感的建立可以被看做是提高员工对法波坚石忠诚度的驱动因素,也是帮助他们克服当前瓶颈的关键因素。2006年是法波电子成立70年周年庆典,借这个机会,中国市场的前十大分销商被邀请到欧洲法波电子总部参观,感受真实的合资企业,了解欧洲企业文化的真正意义,这是企业文化沟通的一个关键手段。

基于之前的《市场杂志》,法波坚石新办了一本公司内刊——《法波电子(中国,双月刊)》,已经出版了四期。公司还制定了员工指南,把每名员工的个人目标进行了量化,并与他们的报酬结合了起来。这项政策正在实施,陈女士把该政策描述为"萝卜加大棒":在激励员工勤奋工作实现目标的同时要给予他们全力支持。总经理周先生希望强势的企业文化能够帮助法波坚石克服目前的瓶颈,实现未来的成功。

法波坚石的未来之道

周先生认为自己加入法波坚石的管理团队非常幸运,因为法波坚石从来没有在重大问题上犯过严重错误。这些因素共同促使法波坚石在过去保持了较高的销售增长率,直到2005年遭受了发展瓶颈。法波坚石之前取得的成就主要归功于法波电子的企业文化。为了实现未来的成功,法波坚石也需要拥有像法波电子一样的强势企业文化。

市场变化风云莫测,法波坚石成长非常迅速。在第一年访谈之后,很多信息也需要重新升级。在上海飞往佛罗伦萨的途中,我看到了法波坚石未来无限的发展天地。

讨论问题

1. 在案例中,存在哪些跨文化的问题? 这些问题又是如何解决的?

2. 这些跨文化因素是欧洲企业在中国特有的,还是普遍存在的?

3. 案例中的中国总裁要通过企业文化的建立来适应公司的未来发展,请分析企业文化和跨国文化差异如何融合,会不会产生冲突?

附录 1　案例教学概述

采用案例进行教学首创于哈佛大学法学院。采取这种面向实际环境的教学方法,学生可以通过研究真实情境下的相关问题,将自己置身在问题中,面对具有冲突性的问题提出综合性解决方案。由于实际参与到全程的思考,主动式的探索性学习比起单向的知识灌输,能够起到更好的效果。目前,案例教学法在全球各大商学院都得到了较为广泛的应用。

案例教学法与传统教学法的比较

传统教学方法强调知识传授者的灌输作用。一般认为,教师和学生处于知识的两极,教师通过各种形式将知识传授给学生,通过测试得到学生掌握水平的信息反馈。学生被假设为知识的需求方,对今后职业生涯中所需要掌握的知识都处于一种未知的状态,需要通过经验丰富的教师加以传授知识、技能和各种技巧。

这一假设在信息资源不够丰富,或者学生缺乏足够的自学能力时,能够在最短的时间内,利用更高的效率完成知识的传播。但是这种低成本、高效率的教学方式也有其自身的缺陷。首先,学生并不是简单地处于知识的接受方,随着信息技术的发展,学生可以通过各种渠道获得自身想知道的各种信息,对教师的依赖程度大大下降。其次,信息的单向传播导致反馈迟缓,学生仅仅需要被动的接受,简单地说,就是将教师头脑里的知识"复制"到学生脑袋里。这种方法导致学生不断通过加强记忆能力来获得更好的考试成绩,进而忽略了学习的根本目的。第三,参与的主动性受到抑制。传统的课堂上,教师和学生角色分明,学生被训练成要遵守课堂纪律、认真听讲、勤做笔记,这样的行为被认为是"标准的"课堂教学规范。但是这恰恰忽略了学生在学习过程中的参与性。只有通过做,学生才能够真正理解知识,而不是记忆知识。更为重要的是,在做的过程中,才会发现那些问题的核心。

当前,网络游戏在年轻人中盛行,但这不仅仅是一个网络游戏,更为重要的是在游戏过程中,人们可以学习到更多的知识和经验。例如暴雪公司的《魔兽世界》,在全球拥有巨大的游戏人群,玩家操纵着游戏中的虚拟化身,与其他玩家所操纵的虚拟化身进行合作与竞争,从而获得虚拟世界的精神成就感和满足感。在此过程中,如何进行合作、如何设定目标、如何管理"工会"、如何交易等等,都可以在网络的实际操作过程中学习。有的人甚至认为,读一个 MBA 所学到的知识,甚至都不如在网络游戏中管理一个工会学到的更多。这也许就是"做中学"的魅力所在。

新技术推动了教育理念和方法的发展。当代的教育理念更加倾向于如何在一个仿真的环境下使学生获得更多的经验,通过参与,沉浸在"真实的"环境中,创造性地获得问题的解决方法。

案例教学法的优势

当前,信息传播从传统的单向媒体时代(例如报纸、电视、广播等)朝着双向传播和网状传播模式的发展,教育领域也在面临着一次时代的变革。单纯的知识讲授已经对学生没有太多的吸引力,知识或者信息也不再是一种稀缺资源。现在,更重要的是产生知识的能力,即如何创造和利用知识。学生在学校里学习的不再是记住若干的结论,而是发现如何达到这一结论的途径,并且寻找出最优途径的方法。

使学生掌握这一能力的最佳方法是将其放到实际的工作场合上去,亲身经历。但是由于实体资源的有限,以及错误途径可能对实体造成永久性损害,这一做法的成本及风险太高,难以作为标准模式广泛推广。

采用案例教学在某种程度上实现了将实际环境和问题进行情景再现,学生通过在这一虚拟情境下的思考,作出相应的战略选择或者对策。这种方式允许学生设计和思考问题的不同解决方法,并通过案例的讨论相互激发,在教师的指引下,逐渐学会问题的解决办法,进而在问题的驱动下,掌握相应的理论。并且还可以将学生自行思考的问题解决方法和实际案例中的方法、对策以及后续的后果进行比较,使学生能够更好地思考,研究不同方案的代价与收益。

如果案例是足够有趣的,并且是具有挑战性的,学生探索未知的好奇心会驱动学生像读小说一样了解案例发生的背景以及经过,将问题的方案和结论空出。学生在完全或者不完全信息条件下,将自己置身于事件的主人公,根据现有的资料进行缜密的分析,结合自己的知识与经验,提出问题的解决途径,以及可能的结果,并对提出的方案进行评估和讨论。

这一方法广为采用的原因在于,通过案例的研讨,学生会主动探索与发现问题的核心,提出创造性的问题解决方法。而教师所扮演的角色是在学生需要提供帮助时进行点拨,以及教学过程中的控制。

如何撰写案例

一个好的案例教学离不开优秀的案例。如何能够开发出一个"好"案例,是需要大量投入的。案例不同于小说,可以天马行空和肆意捏造,而是应该以实际企业为背景,发掘企业里的真人真事,了解企业中的真实问题,然后通过案例撰写者对这些信息进行重新组合与整理。为避免对实际企业造成经营上的困扰,案例撰写者还需要在合理的范围内对企业的真实数据进行技术处理,必要时隐去企业的敏感真实信息,例如人名、企业名、关键产品等等,只将需要解决的问题展现给学生。

哈佛案例库的每一个案例上都会有一个注脚,说明案例中所列的内容不能够成为实证研究的可靠数据。

由于案例的教学需要在有限的时间内完成,过于复杂的案例描述会导致时间大大超过允许的范围,因此,需要根据教学主题的需要,对案例的内容进行适当的简化,以使学生能够更好地聚焦在所需要掌握的知识点上。

要做到以上的要求并不容易。首先,需要确定要讲授的知识点和主要原理,围绕要求学生掌握的理论开始寻找可能的案例来源。其次,在目标明确的条件下,采取媒体搜寻、企业调研等多种形式发现可以利用这一理论解决的冲突性的问题。案例撰写者需要通过一手或者二手收集的资料进行案例的编撰,通过与案例中的实际相关者进行交流与讨论,发现冲突的核心,并且将冲突的情况用平实的语言描述出来,根据学生所处的层次,确定案例的难度。利用 M. Leenders 的案例难度模型(CDC),对案例的概念(Conceptual)、分析(Analytical)、表现

(Presentation)三个维度进行研究区分,合理把握案例撰写的难度。

撰写一个好案例需要作者能够提出一个具有挑战性的问题,最好是关于决策的行动。为了能够提出好的问题,案例的作者需要清楚地了解理论。

在写案例时,首先要阐述清楚本案例所关注的问题。其次,在分析时,需要重点强调这些问题;最后,要为学生提供相关的数据资料,使得学生在进行案例分析时有足够的信息,并且要告诉学生,这些信息或者数据从何处可以获得。

案例本身并不提供任何的分析技巧,这些都应该在教师的教学训练中,并且由教师在课堂上展现出来,但是需要提供给学生恰当的分析工具,使学生可以利用相应的工具对问题进行分析。

在写作案例时,有一个大的忌讳:把案例写成研究。作为研究报告来说,需要阐述清楚例如"×××公司在产品设计过程中是如何做的……"之类。案例写作不是将你已经知道的东西写下来——确认,告诉学生这是一个最佳实践还是一个失败的实践。应该是让学生尝试自行去探索一些未知。

教学案例和研究案例是两个不同的概念。研究案例的目的是为了使研究者可以更加深入理解某一现象。

案例是对现实商业的一个模拟,它也有其局限性。首先是学生并不对所提出的方案负有真实的责任,在想法和实际间仍然存在着巨大的差异性。

好的案例设计需要让学生能够迅速进入状态。其重要的表现在于学生在案例分析的时候,提出"我们应该……"这说明学生已经能够将自己放在案例的主角位置上。

在设计案例时,应考虑到学生的不同层次,安排不同的主角。例如,面对MBA 的案例教学,如果把主角设定为一个仅仅高中毕业的员工,MBA 的学员们就很难以进入角色,他会说,"我不会有那样的情况出现"。

针对本科生来说,在教学案例中的理想角色是大学刚刚毕业不久新入职的管理者,这样学生会觉得案例更加具有挑战性,能够投入更多的精力参与到案例的分析和讨论过程中。

多长的案例合适? 一般来说一个 7～12 页的案例是合理的。过长的案例尽管容易写(因为可以将更多的信息融入到案例中),但存在的缺陷是学生很难从大量的信息中抓住重点，并且需要花费更长的时间来准备案例，他们不得不花更长的时间来阅读案例，相应地就缩短了思考的时间。

为了能够成功撰写一个案例，需要案例编写者付出巨大的努力。对于简单的情况而言，例如为了让学生学习会计账目的基本处理，教师可以把相关问题放在一个完全假设的环境下，这种案例仅仅是为了给学生一个场景，因此，无需非常真实可靠的背景资料。但是，对于大多数管理案例来说，凭空杜撰的案例往往会露出很多破绽，或者由于案例不够精彩，导致学生读起来索然无味。这些都会大大影响到案例教学的效果。每个人都喜欢听故事，如果能将企业里真实发生的事情用一种引人入胜的方式阐述出来，学生才有可能对其产生兴趣，进而产生解决问题的欲望。

为了达到这样的目的，案例编写者就必须能够和企业接触，通过与企业中的相关人员进行访谈，发现能够作为案例的问题，并形成案例的大纲，进而带着所需要获取的问题再次和企业相关的人员进行交流，当然，其中一个重要的问题是，所发布的案例必须要能够得到相关企业的书面授权，以避免可能出现的法律方面问题。

有时候，写案例并不是像我们想象的那样可以按照一个标准的程序进行，可能开始撰写案例的动机仅仅是认为某一个企业是一个值得研究的对象，或者这个企业处于一个备受关注的行业，或者是某个案例主角很值得采访。

每一个案例都会有两个主要组成部分：一个引人入胜的故事和一个需要学生作出的决策以及问题的解决方案。

如何利用案例教学

案例教学是一个需要师生全程互动的教学模式。开发出了好的案例还需要能够充分利用好案例，使学生能够从案例中得到更多有价值的体验，从而获得更好的教学效果。

一个完整的案例教学分为课下和课上两个部分。课前的学生准备阶段是最为重要的。作为教师，在课程开始前需要和学生进行沟通，将课程的案例教学计划告知学生，并事先分发案例。为了能够增强学生的团队合作能力，需要对学生进行事前的分组,对复杂的案例,应鼓励学生进行相互间的合作,共同完成案例的分析和讨论。

一般说来,案例讨论小组的人员组成不要超过 4 个,组员太多会导致搭便车现象,而组员太少则失去学生间相互讨论和启发的机会,并且工作量会超出学生能够利用的时间。

在展开案例教学之前,需要让学生了解案例教学的基本方法和流程。在第一次案例教学课上,教师可以利用一些较为简单的案例,展示应该如何进行案例讨论,以及在案例分析时应如何有效地抓住问题的重点。同时通过展示较为成功的案例分析报告和演讲提纲,使学生掌握一般的案例分析的过程和方法。

给学生以明确的时间节点上的要求,使学生有较为充裕的时间来准备案例的分析。但是也不要认为在第一次课上就可以把问题全部解决。教师需要在每一个组开始案例课讨论的前一周时间再次和学生加以确认,以保障讨论的质量,以避免由于学生未能够充分准备导致课上讨论效率下降,影响到案例教学的效果。

在案例研讨的课下准备时,教师需要对学生提出明确的要求。例如,需要每个人在案例分析中真正参与,并形成一个小组意见,通过分工合作完成课上讨论所需要展示的课件,并且在课上讨论过程中,每个组员均需要展现出自己的工作;同时教师需要根据每个学生的表现对其加以评分,鼓励学生积极参与案例式教学,转变其被动式学习的想法。

在课堂上,每个小组需要向全班同学简要介绍案例的背景和主要问题,进而给出小组的分析,有调理地向全班同学介绍其分析过程和主要结论。在阐述完成后,应由其他同学对其感兴趣或者是困惑的地方进行提问。教师在全程对其进行观察,并进行恰当的引导。在学生完成之后,教师需要对学生完成的情况进行点评,对学生的工作进行肯定,并且对有疏漏的地方进行补充,重要的是告诉学生为什么会这样考虑。进而强调这一案例和需要掌握的理论之间的联系,使学生能够通过解决实际问题来强化对抽象理论的认识。

为了能够有效监控学生的案例教学的效果,需要让每一个学生至少对课程中所有案例都通读一遍，在最后的课程测试中加入案例的相关知识点考核，以检查学生对案例的了解程度。

学生该如何利用好案例

案例不同于以理论为主的课本，案例提供了鲜活的真实素材，这些素材围绕着某一特定的主题展开，通过研究案例中提供的相关信息，研究问题出现的场景以及主角所处的特殊环境，将自己放在主人公的角色来研究案例所提出的问题。一般来说，所提出的这些问题往往都带有一定的冲突性，通过在一个两难环境下进行较优决策的训练，学生可以不断培养主动探索以解决问题的能力，通过对案例的研究来了解和掌握相应的理论。案例教学可以使学生明白，理论是在实际工作中不断总结、对问题的本质进行深入挖掘后所找到的一般性的规律。学生通过对感性材料的自行探索，尝试利用已有的问题分析的理论框架对其提出解决方案，从而达到更高的问题处理效率。

不过学生仍然需要清楚地知道，教学中所提供的案例是经过人为处理所提供的信息，与真实环境还是有较大的不同。并且，为了能够降低案例的难度，案例编写者也可能对问题进行了加工，使问题仅仅局限于某一个点上，而并不一定能够涵盖全局性问题。例如在研究企业成本优化的问题上，如果从企业财务经理和企业销售经理的不同角度观察，往往会得到迥然不同的结论。

案例教学是一种"适应性训练"。为学生在今后工作中遇到相似的问题提供了一种解决方法的参考，但绝不是一种可以套用的模式。这种"纸上谈兵"式的教学方式，使学生在理论和实际间找到了一个较好的平衡点，把抽象理论和实际环境相结合，培养了学生的实际应用水平，通过理论运用，可以帮助学生更好地内化理论知识，变成自己的东西。

学生还需要清楚地知道一点，在案例学习中，由于错误决策并不造成实际上的后果，所以决策的随意性较大，因此，可能在理解案例主人公的决策上为什么会选择较为保守的方法上存在一定的困难。对"潜在损失"的担心会造成许多用正常理性思考却难以解释的问题。例如许多学生在学习证券投资课程时，会进入到模拟股票市场或者期货市场上进行虚拟交易，交易系统上除了账户里的资金是虚拟的,其他一切都和真实的市场波动相同。在这样的市场中,绝大多数学生都是可以实现盈利的,学生所习得的理论都可以在此得到很好的验证。但是一旦由虚拟盘切换为实盘交易,出于对损失的担心和对盈利的贪婪,大多数人无法完全遵守学到的理论,从而导致损失的不断扩大。在管理问题上同样存在着类似的现象,进行一项冒险性的革新可能会将企业拉出当前的困境,但是一旦失败或者未能在预期的时间内达到目标,这种后果所带来的影响将需要由决策者个人来承担。

在企业信息化过程中,流传着这样一句顺口溜:"企业进行 ERP(企业资源规划)的改造是找死,不改是等死",在类似这样的案例分析中,学生往往都会提出各种 ERP 上线的方法和途径,但是实际从事这样工作的人却往往不情愿主动地进行这一项看上去很美的工作。造成这一现象的原因是多方面的,其最根本的原因还是在个人利益与风险的权衡上。

学生通过案例学习的不仅仅是知识,还需要培养一些与"潜质"相关的东西,例如勇气、果敢性等等。

主要案例库简介

全球共有三个主要的商业案例库,以下是各主要案例库的介绍。

1) 欧洲案例中心(The European Case Clearing House,ECCH)

网址:http://www.ecchcranfield.ac.uk

邮件:ECCH@cranfield.ac.uk

ECCH 是一个致力于推动案例教学方法的非营利性组织。它收集大量的管理案例和学术文章,为采用案例教学的教师提供丰富的教学资源。

ECCH 的案例主要来自于哈佛商学院、INSEAD(法国)、ICFAI 商学院(印度)、IESE 商学院(西班牙)、IMD(瑞士)、毅伟商学院(加拿大)、Darden 商学院(美国)。

自 1991 年起,ECCH 就获得了欧洲杰出案例开发奖。奖项包括了 9 大管理类别:

(1) 经济、政治和商业环境;

（2）企业家能力；

（3）伦理及社会责任；

（4）金融、会计控制；

（5）知识、信息与沟通系统管理；

（6）人力资源管理与组织行为；

（7）市场营销；

（8）生产及运作管理；

（9）战略及一般管理理论。

2）哈佛商学院

网址：http：∥www.hbsp.harvard.edu

邮件：custserv@hbsp.harvard.edu

哈佛大学是最早开始采用案例教学的学校，在全球商界中享有盛誉，被认为是培养领袖的学校。在哈佛的 MBA 课程中，通过大量案例式的教学来培养学生对实际问题的分析和思考能力，对不同类型案例进行分析，掌握商业环境中可能会面对的各种问题，在较短的时间内综合理论、实际经验以及理性思考，提出问题的解决方案。

哈佛商学院出版社是一个以思想驱动的公司，致力于改进管理实践，主要面向的客户包括教育机构、企业和职业经理人。其出版的最为著名的一本刊物是创刊于 1922 年的《哈佛商业评论》，在每一期的杂志上，均会提供一个与商业管理密切相关的案例，并且邀请不同的专业人士对案例进行分析与评论，为读者提供其他企业的一些可供参考的实际经验。

3）毅伟商学院

网址：http：∥www.ivey.uwo.ca/

邮件：info_iveyspencer@dolce.com

毅伟商学院是加拿大最好的商学院。毅伟商学院以案例教学为主，它拥有超过 80 年的商业案例教学经验，案例数目位列全球第二，仅次于哈佛商学院。

毅伟商学院可供采用的案例有大约 2 200 个，其中的亚洲商业案例包括香港上海汇丰银行、香港海洋公园、中国家乐福、香港迪士尼乐园以及因特尔等知名案例。而案例库中也有不少国际企业的案例供学生研读，包括有星巴克、戴尔公司、多伦多的 Spin Master 玩具公司等。毅伟商学院鼓励学生分析全球不同企业，累计宝贵经验，通过案例教学激发学生学习的热情和积极性，通过合作、互动及教授的引导达到最大学习效益。

附录 2　跨文化管理理论概述

我们为什么要研究跨文化问题？

早在中国古代，无论是玄奘的西天取经还是鉴真和尚东渡日本，抑或是直通中亚的丝绸之路，都是在不同的文化环境下进行的交流。这种交流包括了政治、经济、文化等诸多方面。但是受制于缺乏足够便捷的交通工具和信息传播手段，这种交流只能够是极少数人的事情，它们起到了联系不同文化的桥梁作用。

跨文化及跨文化管理的基本概念

随着世界政治经济一体化进程的加快，国际间的交流与合作也变得越来越频繁。面对这样一种高度一体化的环境，如何进行有效的沟通，减少合作中的障碍，成为国际商务领域研究的重点内容。

在不同国家之间由于地域、环境等因素的差异导致对问题有不同的理解，这一差异从表象上看，来自于经济发展程度的不均衡、意识形态的差异、语言的差异等因素。但是从更本质的角度去理解，造成这一差异的核心在于文化的异质性。

不同的领域对文化有着不同的定义，从哲学角度解释文化，认为文化从本质上讲是哲学思想的表现形式。由于哲学的时代和地域性，从而决定了文化的不同风格。一般来说，哲学思想的变革引起社会制度的变化，与之伴随的有对旧文化的镇压和新文化的兴起。

从存在主义的角度，文化是对一个人或一群人的存在方式的描述。人们存在于自然中，同时也存在于历史和时代中；时间是一个人或一群人存在自然中的重要平台；社会、国家和民族（家族）是一个人或一群人存在于历史和时代中的另一个重要平台；文化是指人们在这种存在过程中的语言或表述方式、交往或行为方式、意识或认知方式。文化不仅用于描述一群人的外在行为，文化特别包括作为个体的人的自我的心灵意识和感知方式,一个人在回到自己内心世界时的一种自我的对话、观察的方式。

功能主义学派认为,文化包括物质和精神两个方面,不论是具体的物质现象,如手杖、工具、器皿等,还是抽象的社会现象,如风俗习惯、思想意识、社会制度等,都具有满足人类实际生活需要的作用。

由于长期在某一文化环境下生活,个体便继承了某一文化中的主要特征,并将文化作为一般行为模式的参考,认同并适应某种文化理念。

由于交通运输和通讯手段的迅速发展,不同文化之间的交流变得越来越多,越来越频繁,由此造成的文化间的错误理解也经常出现。这制约了国际商务的顺利开展。因此研究跨文化交流与沟通,能够意识到不同文化的差异,并且研究这些差异背后的规律性的东西,使跨文化能力成为从事于相关领域工作的人员的一项必备潜能。

对跨文化问题的研究应该需要从一些基本的现象入手,进而深入挖掘出不同文化的特性,以及在跨文化问题中需要注意的要点,并且掌握相应的跨文化交流技巧。

面对企业跨国经营的需求日益增加,找到企业面对不同文化时需要考虑的一般性问题,提供一种常识性的解决方案,为跨国经营奠定基础,也是一项当务之急。

跨文化管理的理论概述

国外许多专家学者对于跨文化管理均提出了不少的理论与实践。较为著名的是霍夫斯泰德所提出的模型,他认为,可以将不同的文化划分成 5 种不同的维度,不同国家在这 5 种不同维度上会有不同的曲直,通过比较图形的差异了解两国或者两个文化间的差异,并针对不同象限的差异提出了有针对性的解决方案。

有的学者从实践的角度出发,将不同文化下行为模式的主要差异进行了经验总结和对比,使读者在即将进入到一个完全陌生的国家之前,能够对所要去的国家有大致上的了解,尽力避免下意识地使用自己的行为模式来解释其他文化中的同一种行为。

下面我们就介绍几个在国际上比较权威和流行的跨文化管理的理论。

霍夫斯泰德的国家文化模型——文化差异上的五个维度

霍夫斯泰德全名为吉尔特·霍夫斯泰德（Geert Hofstede），是荷兰文化协会研究所所长。他分别用 20 种不同语言从态度和价值方面对 40 个国家的不同层次的工作人员进行了共 116 000 份调查问卷；并在此基础之上得到了著名的五维度理论。霍夫斯泰德在他的书中给文化下了一个定义：文化即是在同一个环境中的人们所具有的"共同的心理程序"。文化并非是指某种个体的特征，而是具有相似文化背景和社会经验的众多人所共有的心理程序。不同的群体由于拥有不同的宗教文化、教育程度、实践经验，因而具有不同的心理程序，从而具有不同的思维模式。而这种差异可以被划分成为五个维度：权利距离，不确定性避免，个人主义与集体主义，刚性与柔性，长期取向与短期取向。

（1）权利距离。

权利距离就是在一个社会中的权利集中程度或权利分配情况，以及这个社会群体中的成员对这种权力分配不均的这一现象的接受程度。接受程度越高说明权利距离越大，在这种社会中往往等级分明；反之则说明权利距离越小，人们越追求社会地位和权利的平等。每一个国家或是社会地区由于所受到的文化熏陶和受教育程度的影响与限制，因而会形成特定的价值观，进而会影响群体成员对于权利差距的接受程度。例如中国，中国有着几千年的封建王朝历史，从古代社会起就有森严的社会等级，严守等级制，社会的权利距离大。而相较于中国社会，欧美等一些西方国家，社会群体往往更加重视和追求打破社会等级制，建立一个人人平等的社会，他们对社会中权力分配不均的接受程度较低，故拥有较小的权利距离。

（2）不确定性避免。

在每一个社会中，全体成员对于模糊的不确定的情景都会本能地感到一种威胁感，并会试图避免这种不确定性的发生。但是对于不同的社会或地区这种避免不确定性的迫切程度不同，即对于这种不确定的情景的忍受程度不同。在不确定避免程度较低的社会，人们富有冒险精神，对未来存有积极的幻想；与此相反的是在不确定性避免较高的社会中，人们通常比较保守，并存有高度的紧迫感和进取心。美国社会就是一个低不确定避免社会的典型代表,大多数的美国人富有冒险精神,当他们挣了一块钱的时候往往会花更多的钱用于消费支出,他们对于自己所面临的未来情况往往持很乐观的想法。再来看中国社会,人们更加趋向于"防患于未然",国民的收入很大比例用于储蓄,人们更加希望过一种稳定的生活,可以说中国社会的不确定性避免的程度就很高,在这一点上大多数东方国家均是如此。

(3) 个人主义与集体主义。

"个人主义"是指社会群体成员更加关注个人的需求与目标,整个社会组织呈现出一种松散的状态;而"集体主义"恰恰与之相反,群体成员往往更加关注整个全体的需求和目标,由于拥有共同的需求和目标而紧密地凝聚在一起,从而呈现出一种紧密结合的社会组织形态。根据霍夫斯泰德的研究发现,美国人在个人主义上得分最高,百分制中的得分高达 92。而受中国文化影响的一些亚洲国家和地区得分最低,其中中国台湾只有 29 分。

(4) 刚性与柔性。

刚性与柔性是指社会上占据主流的价值观或价值标准,它能够反映出社会的特征是男性特征或是女性特征。在刚性社会中,主流的社会价值是具有男性特征男子气概,例如"攻击性"、"自信"、"武断"等等;而柔性社会则恰恰与之相反。

在一个社会中,两性性别角色的差异和分工均与社会是刚性社会还是柔性社会有关。在刚性社会中,男性与女性之间的价值观差异较大,他们认为男人应该表现得自信,注重物质成就,而女人则应该谦逊、温柔,关注生活质量;而在柔性社会中,这种差异就会小得多,他们认为无论是男人还是女人都应该表现得谦逊,关注生活质量等。美国和中国就分别是刚性与柔性社会的典型代表。在美国这样的刚性国家中,往往都是由企业的高层为企业作出重要的决策,员工则缺乏对于企业的认同感;而在中国这样的一个柔性社会,人们对于社会伦理道德以及和谐发展往往看得比较重,追求积极入世,这时就让员工积极参与企业的管理往往会收到较好的效果。

(5) 长期取向与短期取向。

顾名思义,这个维度指的是人们在做一件事的时候是否会联想到未来,还是只想到当下而不考虑未来。这个维度是由彭迈克（Michael H. Bond）通过对中国社会价值观的研究而首先得出的。他通过数据统计得出中国和受中国文化影响很深的一些亚洲国家和地区具有这种明显的长期取向的特点，因此他又将这个维度称为"儒家精神动力"。

霍夫斯泰德的国家文化差异模型的研究充分证实了不同地区国家有着不同文化宗教信仰背景的不同民族之间的确存在着很大的文化差异，这种差异在人们的心中早已经随着时间的增长而变得根深蒂固，很难被改变。这种差异是经过漫长的历史积淀以及不同的社会发展进程而造就的，它已经渗透到人们生活的每一个细枝末节之中。从霍夫斯泰德的研究中我们可以看出，东西方社会的文化差异是十分明显的。就算是同一个社会中不同公司的公司文化差异也是很大的。因此管理者对于这种跨文化管理应该更加重视。

特罗姆彭纳斯和汉普顿-特纳的文化架构理论

荷兰管理学家特罗姆彭纳斯和他的搭档汉普顿-特纳在霍夫斯泰德的国家文化差异模型即五因素的基础之上又对其理论进行了扩展，在 1997 年提出了文化架构理论。此理论对于文化差异描述得更为具体，在划分上也更为细化。这对于跨文化管理的帮助还是很大的。在他的理论中，他将国家和民族的差异划分成了以下七个维度：

维度一：普遍主义与特殊主义；

维度二：个人主义与集体主义；

维度三：中性与情绪化；

维度四：局部主义与整体主义；

维度五：平等与等级；

维度六：长期取向与短期取向；

维度七：主观能动和外部影响。

在这七个维度中，我们在讨论前面霍夫斯泰德五因素模型时已经涉及了其中的三个，即：个人主义与集体主义，长期取向与短期取向，以及主观能动和外部影响。我们将在这里集中介绍余下的四个因素。

（1）普遍主义与特殊主义。

普遍主义与特殊主义最初是由社会学家帕森斯于 1951 年提出的,之后被特罗姆彭纳斯应用于跨文化管理理论之中。它指的是一个国家对于法律和法规的看法与应用,在普遍主义国家,人们视法律法规高于一切,这些法律法规适用于一切人,不因人而异,即"法律面前人人平等"。相反,在特殊主义社会人们强调的是"具体问题具体分析",更多时候是因人而异,视具体情况而采取特殊的对待。美国就是典型的普遍主义社会,而以中国为代表的一些东方国家就是特殊主义国家,人们认为没有什么事情是绝对的而是相对的,也就是所谓的"条条大路通罗马"。

在企业管理中主张普遍主义的企业更强调规章制度的制定与完善,对于细节都有所规定,强调没有人可以凌驾于这种制度之上,对于企业制定的规章必须严格地遵守与执行。而在特殊主义的企业之中,往往更加强调的是人性化的管理,企业虽然制定了规章制度,但是往往只停留在形式上,换句话说就是这种制度的弹性更大。

(2) 中性与情绪化。

这个维度主要指的是人际交往过程中人们对于情绪表达的程度。情绪表达比较含蓄温和的文化叫做中性文化,而情绪表达十分明显夸张的被称作情绪化文化。以意大利、西班牙及一些南美国家为代表的是情绪化国家,而以中国等一些东南亚国家为代表的是中性化文化国家,美国则介于这两者之间。在中性文化中人们会尽量避免激烈明显的情绪表达而追求的是内敛和含蓄的表达方式,只有这样才会被认为是稳重、自我控制能力强;而在情绪文化中则反之,人们通过外露的情绪,和一些夸张的肢体动作来表达自己的观点,如果不表露自己的情绪则会被看做是缺乏人情味和无趣的象征。

(3) 局部主义与整体主义。

局部主义与整体主义这个维度描述的是人们在日常人际交往过程中的不同方式,人们是否对私人空间和公共空间有着明确的区分。已故德国社会心理学家科特卢温(Kurt Lewin)提出的圆圈拓扑理论对这个维度进行了很好的阐释,它具体描述了两类人际交往方式:U 型(局部主义)及 G 型(整体主义)。U 型局部主义的人将私人空间和公共空间进行了明确的区分,工作是工作,生活是生活,人们更加倾向于就事论事只是针对某一件事进行讨论及判断;而对于

G 型整体主义的人来说,这样的区分往往不是很明显,私人空间与公共空间彼此渗透,人们在对某一件事情进行考量时往往考虑的层面比较多,会根据自身的社会定位和所扮演的社会角色出发进行多方面的考虑,人们重视"面子"就是这一主义反映出来的典型现象。

在日常的管理工作中,人们在面对这两种不同主义的情况时也要进行区别式的管理。对于局部主义,人们在工作中人与人的关系比较疏离,只关注于自己的工作,不会把个人的个性特征和情绪带到工作中去,对于这样的文化在管理中就应该制定和发布细致清楚的工作细则,明确报酬。而对于整体主义的文化导向中,人们认为管理是一种艺术,在日常的管理工作中需要不断地在实践中进行修改和完善,没有一成不变的管理方式。而且在管理中更注重"面子"问题,给别人留面子也给自己留面子,不会在公众面前对于某个人进行批评。人们更倾向于通过私人关系和非正式渠道解决问题。

(4)平等与等级。

在这个维度中区分一个社会是平等的文化还是等级制的文化,关键就在于一个人所取得的社会地位或受尊敬程度是否是由于其个人成就所决定。平等社会的等级形态较等级社会而言相对扁平,而等级社会的社会形态则更加陡峭一些。此外,与平等文化社会相比,一个人在社会中的地位与受尊敬程度,往往取决于一个人的出身、血统、性别、年龄等因素,而与其自身所取得的成就无关。

在实际管理中,平等文化导向中,有真才实学能力突出的人会取得比较高的社会地位,不管这些人的性别、年龄、毕业学校、受教育程度等等如何,人们还是很尊重这一类人,而且由于处在这种社会文化中的人们尊重的是能力与成就,而不是盲目的崇拜权威,因此员工更容易提出自己的不同想法,往往容易取得成绩与创新,通过自身的努力取得成就。而在社会等级森严的社会文化中,一些学者认为这样的文化会延迟信息传递的时间,最终这样的形态陡峭的组织会被相对扁平的组织形态所取代。

特罗姆彭纳斯和汉普顿-特纳通过对于这七个维度的描述和界定,将文化差异更加细化,为后人的进一步研究奠定了很好的基础。

其他代表理论

除了以上两大理论以外,国际上还有很多其他学者对于跨文化理论做出了杰出的贡献,通过人们对不同事物的看法总结出了很多界定不同文化的标准,得出了很多经典理论。以下就是对其中一些理论概括性的总结。

代表人物	理 论 总 结
克拉克洪和斯乔贝	六大价值取向理论: 1. 对人性的看法 2. 人们对自身与外部自然环境关系的看法 3. 人们对自身与其他人之间的关系的看法 4. 人的活动导向 5. 人的空间观念 6. 人的时间观念
蔡安迪斯	个体主义-集体主义理论: 1. 个体对自我的定义 2. 个人目标和群体目标的相对重要性 3. 个人态度和社会规范决定个体行为时的相对重要性 4. 完成任务和人际关系对个体的相对重要性 5. 个体对内群体与外群体的区分程度
施瓦兹	十大价值导向理论: 1. 权利 2. 成就 3. 享乐主义 4. 刺激 5. 自主导向 6. 普遍主义 7. 仁慈 8. 传统 9. 遵从 10. 安全

参 考 文 献

学术期刊（Academic Journals）

Andreosso-O'Callaghan, B. , F. Nicolas and X. Wei, （2006）, The sustainability of EU-China Economic Relations in the 21st Century-Between Complementarity and Rivalry in Deferaigne. P（eds）EU, China and the Quest for a Multilateral World, IFRI, Paris, ISBN 2-86592-173-5.

Agyenim, B. , & Wang, Q. , & Yang, T. 2008. Cross-border M&As by Chinese firms: An analysis of strategic motives and performance. *Thunderbird International Business Review*, 50(4): 259-270.

Boisot, M. H. , & Meyer, M. W. 2008. Which Way through the Open Door? Reflections on the Internationalization of Chinese Firms. *Management and Organization Review*, 4 (3): 349-365.

Buckley, P. J. , Clegg, J. , Cross, A. R. , Liu, X. , Voss, H. , & Zheng, P. 2007. The determinants of Chinese outward foreign direct investment. *Journal of International Business Studies*, 38(4): 499-518.

Buckley, P. J. , Cross, A. R. , Tan, H. , Liu, X. , & Voss, H. 2008. Historic and emergent trends in Chinese outward direct investment. *Management International Review*, 48(6): 715-748.

Cai, G. 1999. Outward foreign investment: A novel dimension of China's integration into the regional and global economy. *The China Quarterly*, 160: 856-880.

Cardoza, G. , & Fornes, G. 2009. The internationalization of SMEs from China: The case of Ningxia Hui Autonomous Region. *Asia Pacific Journal of Management*（Published online: 20 October 2009）.

Chen, Y. , & Young, M. 2009. Cross-border mergers and acquisitions by Chinese listed companies: A principal-principal perspective. *Asia Pacific Journal of Management* （Published online: 4 June 2009）.

Child, J. , & Rodrigues, S. B. 2005. The internationalization of Chinese firms: A case for theoretical extension. *Management and Organization Review*, 1(3): 381-410.

Cui, L. , & Jiang, F. 2009a. FDI entry mode choice of Chinese firms: A strategic behavior perspective. *Journal of World Business*, 44(4): 434-444.

Cui, L. , & Jiang, F. 2009b. Ownership decisions in Chinese outward FDI: An integrated conceptual framework and research agenda. *Asian Business & Management*, 8(3): 301-324.

Cui, L. , & Jiang, F. 2009c. Behind ownership decision of Chinese outward FDI: Resources and institutions. *Asia Pacific Journal of Management* (Published online: 5 March 2009).

Deng, P. 2004. Outward investment by Chinese MNCs: Motivations and implications. *Business Horizons*, 47(3): 8-16.

Deng, P. 2007. Investing for strategic resources and its rationale: The case of outward FDI from Chinese companies. *Business Horizons*, 50(1): 71-81.

Deng, P. 2009. Why do Chinese firms tend to acquire strategic assets in international expansion? *Journal of World Business*, 44(1): 74-84.

Ge, G. , & Ding, Z. 2008. A strategic analysis of surging Chinese manufacturers: The case of Galanz. *Asia Pacific Journal of Management*, 25(4): 667-683.

Gibbert, M. , Ruigrok, W. , & Wick, B. 2008. What passes as a rigorous case study? *Strategic Management Journal*, 29(13): 1465-1474.

Globerman, S. , & Shapiro, D. 2009. Economic and strategic considerations surrounding Chinese FDI in the United States. *Asia Pacific Journal of Management*, 26(1): 163-183.

He, W. & Lyles, M. A. 2008. China's outward foreign direct investment. *Business Horizons*, 51(6): 485-491.

Hong, E. , & Sun, L. 2006. Dynamics of internationalization and outward investment: Chinese corporations' strategies. *The China Quarterly*, 187: 610-634.

Huang, Y. 2003. *Selling China: Foreign direct investment during the reform era*. Cambridge: Cambridge University Press.

Khanna, T. , & Palepu, K. G. 2006. Emerging giants—Building world-class companies in developing countries. *Harvard Business Review*, October: 60-69.

Kim, J. C. 2006. The political economy of Chinese investment in North Korea. *Asian*

Survey, 46(6): 898-916.

Kumar, N. , & Chadha, A. 2009. *India's* outward foreign direct investments in steel industry in a Chinese comparative perspective. *Industrial and Corporate Change*, 18 (2): 249-267.

Li, P. P. 2007. Toward an integrated theory of multinational evolution: The evidence of Chinese multinational enterprises as latecomers. *Journal of International Management*, 13: 296-318.

Lieberthal, K, & Herberg, M. E. 2006. China's Search for Energy Security: Implications for U. S. Policy. *NBR Analysis*, 17(1): 5-42.

Liu, X, Buck, T. , & Shu, C. 2005. Chinese economic development, the next stage: outward FDI? *International Business Review*, 14: 97-115.

Liu, L. , & Tian, Y. 2008. The internationalization of Chinese enterprises: the analysis of the UK case. *International Journal of Technology and Globalization*, 4(1): 87-102.

Liu, X. , Wen, X. , & Huang, X. 2008. Entrepreneurship and internationalization of indigenous Chinese private-owned firms. *International Business Review*, 17 (4): 488-508.

Luo, Y. , & Tung, R. L. 2007. International expansion of emerging market enterprises: A springboard perspective. *Journal of International Business Studies*, 38(4): 481-498.

Luo, Y. , Xue, Q, & Han, B. 2009. How emerging market governments promote outward FDI: Experience from China. *Journal of World Business* (*Published online*: 17 May 2009).

Mathews, J. A. 2009. China, India and Brazil: Tiger technologies, dragon multinationals and the building of national systems of economic learning. *Asian Business & Management*, 8 (1): 5-32.

Morck, R. Yeung, B. , & Zhao, M. 2008. Perspectives on China's outward foreign direct investment. *Journal of International Business Studies*, 39(3): 337-350.

Niosi, J. , & Tschang, F. T. 2009. The strategies of Chinese and Indian software multinationals: implications for internationalization theory. *Industrial and Corporate Change*, 18(2): 269-294.

Nolan, P. , & Zhang, J. 2002. The Challenge of Globalization for Large Chinese Firms. *World Development*, 30(12): 2089-2107.

Nolan, P. , & Zhang, J. 2003. Globalization Challenge for Large Firms from Developing Countries: China's Oil and Aerospace Industries. *European Management Journal*, 21 (3):285-299.

Rugman, A. M. , & Li, J. 2007. Will China's multinationals succeed globally or regionally? *European Management Journal*, 25(5): 333-343.

Rui, H. , & Yip, G. 2008. Foreign acquisitions by Chinese firms: A strategic intent perspective. *Journal of World Business*, 43(2): 213-226.

Sauvant, K. P. 2005. New sources of FDI: the BRICs. Outward FDI from Brazil, Russia, India and China. *Journal of World Investment and Trade*, 6: 639-709.

Schuler-Zhou, Y, & Schuller, M. 2009. The internationalization of Chinese companies: What do official statistics tell us about Chinese outward foreign direct investment? *Chinese Management Studies*, 3(1): 25-42.

Soderman, S. , Jakobsson, A. , & Soler, L. 2008. A request for repositioning: The emerging internationalization of Chinese companies. *Asian Business & Management*, 7 (1): 115-142.

Steinfeld, E. S. 2004. China's shallow integration: Networked production and the new challenges for late industrialization. *World Development*, 32(11): 1971-1987.

Sutherland, D. 2009. Do China's "national team" business groups undertake strategic-assetseeking OFDI? *Chinese Management Studies*, 3(1): 11-24.

Taylor, R. 2002. Globalization strategies of Chinese companies: Current developments and future prospects. *Asian Business & Management*, 1: 209-225.

Teagarden, M. , & Cai, D. 2009. Learning from dragons who are learning from us: Developmental lessons from China's global companies. *Organizational Dynamics*, 38 (1):73-81.

Tolentino, P. E. 2008. The determinants of the outward foreign direct investment of China andIndia: Whither the home country? *UNU-MERIT working paper series 049*, UN.

Von Wuntsch, M and X. Wei (2010), Transnational Companies, Shareholder Value and the Chinese Innovation Policy in Andreosso, B and B. Zolin (eds.), Current Issues in Economic Integration: Can Asia Inspire "The West"? ASHGATE

Wang, M. Y. 2002. The motivations behind China's government-initiated industrial investment overseas. *Pacific Affairs*, 75(2): 187-206.

Warner, M. , Ng, S-H. , & Xu, X. 2004. Late development's experience and the evolution of transnational firms in the People's Republic of China. *Asia Pacific Business Review*, 10(3): 324-345.

Wei, X (2007), A case study of German investment in China and the CEECs, International Journal of Chinese Culture and Management, Volume 1, Number 1/2007.

Wei, X (2009), FDI and China's Global Trade Competitiveness: Evidence from Measuring Sino-EU15 Intra-Industry Trade in Alon, I (eds.) China Rules: Globalization and Political Transformation, Palgrave Macmillan, August, 2009.

Wei, X (2010), Three short articles on SinoChem International, China Petroleum & Chemical and Petro China in Zhang, W and I. Alon (eds.) *A Guide to Top 100 Companies in China*, World Scientific.

Wei, X, Andreosso-O'Callaghan, B and M. von Wuntsch (2007), German Investment in Ireland and in the Central and East European Countries, Intereconomics, Springer Berlin/Heidelberg, Volume 42, Number 3/May 2007.

Wei, X and Andreosso-O'Callaghan, B (2008), Modelling EU FDI Deflection: Chinese provinces vs. the EU MNCs, Intereconomics, Springer Berlin, Volume 43, Number 3/May/June 2008.

Wei, X and I. Alon (2010), Chinese Offshore Direct Investment: A Study on Macroeconomic Determinants, International Journal of Business and Emerging Market, Vo. 2, 2010.

Wu, F. , & Sia, Y. H. 2002. China's rising investment in Southeast Asia: Trends and outlook. *Journal of Asian Business*, 18(2): 41-61.

Yamakawa, Y. , Peng, M. W. , & Deeds, D. L. 2008. What drives new ventures to internationalize from emerging to developed economies? *Entrepreneurship Theory and Practice*, 32(1): 59-82.

Yang, M. 2009. Isomorphic or not?: Examining cross-border mergers and acquisitions by Chinese firms, 1985-2006. *Chinese Management Studies*, 3(1): 43-57.

Yang X. , Jiang, Y. , Kang, R. , & Ke, Y. 2009a. A comparative analysis of the internationalization of Chinese and Japanese firms. *Asia Pacific Journal of Management*, 26: 141-162.

Yang, X. , Lim, Y. , Sakurai, Y. , Seo, S. 2009b. Internationalization of Chinese and Korean firms. *Thunderbird International Business Review*, 51(1): 37-51.

Yeung, H. W-C. , & Liu, W. 2008. Globalizing China: The rise of mainland firms in the global economy. *Eurasian Geography and Economics*, 49(1): 57-86.

Young, S. , Hood, N. , & Lu, T. 1998. International development by Chinese enterprises: Key issues for the future. *Long Range Planning*, 31(6): 886-893. 92-99.

Zhan, J. X. 1995. Transnationalization and outward investment: The case of Chinese firms. *Transnational Corporations*, 4(3): 67-100.

行业报告 (Industry Report)

Anonymous (2006a). , Schleichender, Kauf Deutschlands' durch Chinesische Unternehmen (Ⅱ). "URL: http://www. investinchina. de/OneArticle. aspx? ID=398 (as of March 22, 2006).

Boston Consulting Group (2006). , The New Global Challengers. How 100 Top Companies from Rapidly Developing Economies Are Changing the Word. "May 2006.

Corporate Leadership Council (2006). , Chinese companies entering the German market. "May 20, 2006: 1-5.

Deloitte (2007a). , East meets West. "Published: 9/2007.

Deutsche Bundesbank (2008a). , Zeitreihe RJ1994: Unmittelbare und mittelbare deutsche Direktinvestitionen im Ausland/China, Volksrepublik. "URL: http://www. bundesbank. de/statistik/statis- tik_zeitreihen. php? lang = de&open = aussenwirtschaft&func = row&tr=RJ1994 (as of January 06, 2009).

Deutsche Bundesbank (2008b). , Zeitreihe RJ7429: Unmittelbare u. mittelbare ausländische Direktinvestitionen in Deutschland/China, Volksrepublik. "URL: http://www. bundesbank. de/statistik/statistik_zeitreihen. php? lang = de&open = aussenwirtschaft&func = row&tr=RJ7429 (as of January 06, 2009).

Fuchs, H. J. (2007). , Die China AG. "Munich, FinanzBuch Verlag.

Gose, M. (2006). , Die andere Richtung: China als Auslandsinves-tor. "Ispo China (Messe München GmbH), June 15, 2006.

Hambrecht, J. (2006). , Wir unterschätzen den Entwicklungs-stand in Asien [über Investitionen asiatischer Unternehmen in Deutschland]. "FAZ Online-edition, August 31, 2006. URL: http://www. faz. net/s/RubEC1ACFE1EE274C81BCD3621EF555C83C/ Doc~E072CE9C2A91C4D4382FCC1F603FA161A~ATpl~Ecommon~Scontent. html (as of August 08，2008).

Hein，C. (2005).，Chinas Griff nach der Industrie des Westens. "FAZ. NET-Spezial，July 19，2005. URL：http：// www. faz. net/s/RubE-C1ACFE1EE274C81BCD3621EF555C83C/ Doc～E321434851057422DBE22AAB1B282A974～ATpl～Ecommon～Sspezial. html（as ofAugust 08，2008).

Hirn，W. and Müller，H. (2007).，Westwärts. China. Eine neue，Übernahmewelle aus Fernost rollt heran. "manager-magazin04/2007：120-128.

Klotz and Partner (2007).，Wirtschaftspartner China—Deutschland. "4. Edition. Klotz und Partner KG，Berlin.

Lange，K. (2006).，Spiel ohne Grenzen（100 Global Challengers). "manager-magazin Online-edition，May 26，2006. URL：http：// www. manager-magazin. de/unternehmen/artikel/0，2828，417077，00. html (as of August 08，2008).

Lunding，A. (2006).，Chinesische Firmen auf dem Vormarsch. Investitionen chinesischer Firmen im Ausland. "Deutsche Bank Research，September 07，2006，Aktuelle Themen 364：1-8.

Müller，O. (2006).，Neue Macht des Südens. Aufstrebende Konzerne aus den Schwellenländern schreiben die Spielregeln des Wirtschaftslebens um. "Handelsblatt，November 29，2006，No. 251：20.

OECD Directorate for Financial and Enterprise Affairs，Investment Division (2008).，OECD FDI Outflows and Inflows Research Record Highs in 2007 but Look Set to Fall in 2008. In：OECD Investment News. Results of the Work of the OECD Invest-ment Committee，June 2008，No. 7. URL：http：// www. oecd. org/dataoecd/18/28/40887916. pdf (as of December 02，2008).

Schönert，E. (2005).，Chinesische Firmen entdecken Deutschland als Standort. "Welt am Sonntag online edition，July 03，2005. URL：http：// www. welt. de/print-wams/ article129477/Chinesische_Fir-men_entdecken_Deutschland_als_Standort. html (as of August 08，2008).

Schüller，M. and Turner，A. (2005).，Global Ambitions. Chinese Companies Spread Their Wings. "CHINA aktuell 4/2005：3-14.

Weidenfeld，U. (2005).，Die Chinesen kommen—und bleiben. "Tagesspiegel online edition，February 24，2005. URL：http：// www. tagesspiegel. de/wirtschaft/；art271，2193338 (as of January 08, 2009).

Wenk, K. (2005)., Diskrete Investoren aus dem Reich der Mitte. Chinesische Investoren kauften bisher unbemerkt knapp 300 deutsche Betriebe. "Die Welt online edition, November 08, 2005. URL: http://www.welt.de/print-welt/article176366/Diskrete_Inves-toren_aus_dem_Reich_der_Mitte.html (as of January 08, 2009).

Wirtschaft International (2007)., China in Frankfurt und Frank-furtRheinMain. "Industrie und Handelskammer Frankfurt/M. 2007.

Zhu, M. (2006)., Das Ende der Einbahnstraße. Immer mehr chinesische Firmen lassen sich in Deutschland nieder. "AsiaBridge, China Spezial 6/2006: 36-37.

Dürkopp Adler

Anonymous (2006c)., Rot ist ihre Hoffnung. "Focus, May 21, 2006, No. 21: 122.

Anonymous (2006d)., Der Anzug für Dürkopp Adler passt. "West-falen Blatt, October 28/29, 2006, No. 251.

Anonymous (2007c)., Grenzenloser Erfolg: Bielefelder Nühm-aschinen für Fernost—Joint-Ventures mit chinesischer Shang-Gong-Gruppe: Dürkopp Adler AG auf Erfolgskurs/Innovationen sich-ern Technologieführerschaft/Deutsch-chinesische Doppelspitze. "Bielefeld Marketing GmbH, October 09, 2007.

Anonymous (2008b)., Financial statements for SGSB Group Co. Ltd. "BusinessWeek Online. URL: http://investing.businessweek.com/research/stocks/financials/financials.asp?symbol=600843.SS (as of July 15, 2008).

Anonymous (2008c)., An interview with Bob Black, CEO of Juki Americas. "URL: http://www.jukiamericas.com/Interview_Bob-Black.pdf (as of July 15, 2008).

Dürkopp Adler (2002)., Annual report 2002. "Bielefeld. Dürkopp Adler (2003)., Annual report 2003. "Bielefeld. Dürkopp Adler (2004)., Annual report 2004. "Bielefeld. Dürkopp Adler (2005)., Annual report 2005. "Bielefeld. Dürkopp Adler (2006)., Annual report 2006. "Bielefeld. Dürkopp Adler (2007)., Annual report 2007. "Bielefeld.

Dürkopp Adler (2008a)., DGAP-Adhoc: Dürkopp Adler in 2007 weiter auf Wachstumskurs. "Bielefeld, March 28, 2008.

Dürkopp Adler (2008b)., Unternehmensgeschichte. "URL: http://www.duerkopp-adler.com/de/main/company/history.html (as of July 15, 2008).

Giesecke, D. (2008). , 22. Oktober 1867: Nikolaus Dürkopp und Carl Schmidt gründen den Nähmaschinenbetrieb, Dürkopp & Schmidt' in Bielefeld. "URL: http://www. bielefeld. de/de/biju/stad-tar/rc/rar (as of July 15, 2008).

Hennersdorf, A. (2007). , Mehr Respekt. "Wirtschaftswoche Son-derausgabe China, October 01, 2007, No. 1: 62-63.

SGSB Group (2008). , Profile. "URL: http://www. sgsbgroup. com/en/about. asp (as of July 15, 2008).

Waldrich Coburg

Anonymous (2006g). , Werte vernichtet. "Wirtschaftswoche Son-derausgabe China, October 02, 2006, No. 1: 68-71.

Anonymous (2006h). , Chinesen kaufen Traditionsfirmen. " Han-delsblatt, November 06, 2006.

Brossmann, C. (2007). , Auf den Gesellschafterwechsel folgte der Auftragsboom. "Coburger Tageblatt, January 13, 2007.

Fröndhoff, B. and Hardt, C. (2007). , Welche Erfahrung der Maschinenbauer Waldrich Coburg mit seinem chinesischen Eigentümer macht. "Handelsblatt, October 29, 2007, No. 208: 17.

Giesen, C. (2008). , Die Chinesen lassen uns alle Freiheiten. "Frankfurter Allgemeine Zeitung, March 22, 2008: 11.

Waldermann, A. (2007). , Glücksbringer aus China. "Spiegel Online, March 26, 2007.

Waldrich Coburg (2004a). , That's Waldrich. "Edition C/01, spring 2004.

Waldrich Coburg (2004b). , That's Waldrich. "Edition C/02, win-ter 2004.

Waldrich Coburg (2006a). , News by Waldrich Coburg. "Edition C/03, summer 2006.

Waldrich Coburg (2006b). , News by Waldrich Coburg. "Edition C/04, winter 2006.

Waldrich Coburg (2007). , News by Waldrich Coburg. "Edition 5, September 2007.

Lenovo

Anonymous (2005b). , Übernahme der PC-Sparte von IBM, in line' und, on time'. Interview mit Kathleen Peters (Lenovo) auf n24. de, June 22, 2005.

Anonymous (2006e). , Lenovo verkauft erstmals weltweit Com-puter unter eigener Marke.

"February 23, 2006. URL: http://www. treiber-koenig. de/news. php? extend. 347 (as of August 08, 2008).

Anonymous (2006f)., Mit aller Kraft. "Wirtschaftswoche Sonder-ausgabe China, October 02, 2006, No. 1: 72-73.

Feng, S. and Elfring, J. (2006)., The Legend behind Lenovo. The Chinese IT company that dares to succeed. "2. Edition. Hongkong.

Fischer, M. (2007)., Von Legend zu Lenovo. Unternehmensdarstel-lung. "Presentation on March 01, 2007in Berlin.

Heuer, S. (2007)., Die gelbe Hoffnung. In China ist der PC-Hersteller Lenovo der Größte, überall anders ein No-Name. "Brandeins 02/07: 34-39. URL: www. brandeins. de/ ximages/191821_034b10207l. pdf (as of August 08, 2008).

Hexter, J. R. (2008)., Integrating purchasing in M&A: An interview with Lenovo's chief procurement officer. "McKinsey Quarterly, May 2008: 1-7.

Lenovo (2008a)., Annual report 2007/08. "Beijing, P. R. China.

Lenovo (2008b)., Lenovo group fact sheet. "URL: http://www. pc. ibm. com/ww/lenovo/ investor_factsheet. html (as of June 20, 2008).

Lenovo EMEA Communications (2006)., Lenovo von A bis Z. "Courbevoie, France.

Liu, C. Z. (2007)., Lenovo: An example of globalization of Chinese enterprises. "Journal of International Business Studies 38: 573-577.

Maier, A. (2008)., Lenovo buhlt um Europas Privatkunden. "Financial Times Deutschland, June 05, 2008.

Maier, S. (2007)., ThinkPad Center werden zu Lenovo Stores. "IT-Business, February 12, 2007. URL: http://www. it-business. de/news/hersteller/unternehmensmeldungen/ unternehmensstrat-egien/articles/57678/ (as of August 08, 2008).

Orr, G. and Xing, J. (2007)., When Chinese companies go global: An interview with Lenovo's Mary Ma. "McKinsey Quarterly, April 2007: 18-22.

Quelch, J. and Knoop, C. I. (2006)., Lenovo: Building a global brand. "Harvard Business School Case, October 19, 2006: 1-28.

Schmid, S. and Grosche, P. (2007)., Lenovo: Ein neuer Global Player aus dem Reich der Mitte. "In Schmid, S. (Ed.): Strategien der Internationalisierung: Fallstudien und Fallbeispiele. 2. Edition. Munich, Oldenbourg Verlag: 127-142.

跨文化管理精品案例

Wanner, C. (2008)., Lenovo rüstet sich für, Übernahmen. "Finan- cial Times Deutschland, May 23, 2008.

Yang, Y. (2006)., Sustainable growth through strategic leadership & innovation. "Presentation at CeBit, March 2006.

Baosteel

Anonymous (2005a)., Hamburg-Eine Brücke zwischen China und Europa. "China Radio International, October 13, 2005.

Anonymous (2006b)., Baosteel: Aktienoptionspläne für Führung-skräfte. "China Daily, December 21, 2006.

Anonymous (2008a)., Stahlbranche boomt wie nie. Im Gespräch mit Meng Ye, Präsident der BAOSTEEL Trading Europe. "URL: http: // www. hamburg-china-info-pool. com (as of July 11, 2008).

Baoshan Iron & Steel (2006)., Fact book 2006. "Shanghai, P. R. China.

Baosteel Group (2006)., Annual report 2006. "Shanghai, P. R. China.

Baosteel Group (2008a)., Adhering to and carrying for-ward Baosteel's culture. "URL: http: // www. baosteel. com/group_e/04culture (as of July 11, 2008).

Baosteel Group (2008b)., Meaning and characteristics of Baosteel's culture. "URL: http: // www. baosteel. com/group_e/04culture (as of July 11, 2008).

Baosteel Group (2008c)., Development of Baosteel. "URL: http: // www. baosteel. com/group_e/04culture (as of July 11, 2008).

Baosteel Trading Europe (2008a)., Address by president. "URL: http: // www. baosteel. eu/baosteelEurope/portal2/mana (as of July 11, 2008).

Baosteel Trading Europe (2008b)., Profile of the headquarter. "URL: http: // www. baosteel. eu/baosteelEurope/portal2/mana (as of July 11, 2008).

Baosteel Trading Europe (2008c)., Profile of the company. "URL: http: // www. baosteel. eu/baosteelEurope/portal2/mana (as of July 11, 2008).

Boyd, M. (2003)., Case study 1—Champion in training: Baosteel. "China Economic Quarterly Q3: 31-33.

Hoffbauer, A. (2006a)., Chinas Stahlriese greift an. "Handelsb-latt, November 15, 2006, No. 221: 1.

参考文献

Hoffbauer, A. (2006b). , Baosteel strebt an die Weltspitze. "Han-delsblatt, November 15, 2006, No. 221: 15.

Hoffbauer, A. (2007a). , Baosteel-Chefin Xie Qihua tritt überra-schend ab. "Handelsblatt, January 18, 2007, No. 13: 14.

⊙ 跨文化管理精品案例